上海对外贸易学院世贸组织教席计划之国际经贸智库建设文库

国际经贸重大议题 2011 年报

Ricardo Meléndez-Ortiz（梅林德）
张 磊 成帅华 主编

对外经济贸易大学出版社
中国·北京

图书在版编目（CIP）数据

国际经贸重大议题2011年报／（哥）梅林德，张磊，成帅华主编．—北京：对外经济贸易大学出版社，2012
（上海对外贸易学院世贸组织教席计划之国际经贸智库建设文库）
ISBN 978-7-5663-0485-8

Ⅰ．①国… Ⅱ．①梅… ②张… ③成… Ⅲ．①国际贸易－世界－2011－年报 Ⅳ．①F746－54

中国版本图书馆CIP数据核字（2012）第235700号

国际经贸重大议题2011年报

Ricardo Meléndez-Ortiz（梅林德） 张 磊 成帅华 **主编**

责任编辑：郭华良 崔紫方

对外经济贸易大学出版社
北京市朝阳区惠新东街10号 邮政编码：100029
邮购电话：010－64492338 发行部电话：010－64492342
网址：http://www.uibep.com E-mail：uibep@126.com

北京市山华苑印刷有限责任公司印装 新华书店北京发行所发行
成品尺寸：170mm×240mm 17印张 315千字
2012年10月北京第1版 2012年10月第1次印刷

ISBN 978-7-5663-0485-8
印数：0 001－1 000册 定价：38.00元

本书出版得到日内瓦国际贸易和可持续发展中心（ICTSD）、世界贸易组织（WTO）和上海对外贸易学院的支持。

ICTSD

International Centre for Trade and Sustainable Development

上海对外贸易学院 Shanghai Institute of Foreign Trade

World Trade Organization
Organisation Mondiale du Commerce
Organización Mundial del Comercio

WTO Chairs

本书感谢世界贸易组织教席计划、上海市高校“085工程”项目、上海市教师专业发展工程的资助

梅林德（Ricardo Meléndez-Ortiz）
国际贸易和可持续发展中心（ICTSD）总裁

梅林德（Ricardo Meléndez-Ortiz）先生是国际贸易和可持续发展中心（ICTSD）的创办人、总裁。之前，他曾合作创办了拉丁美洲之未来基金会（Quito）并任职总裁。他曾任职哥伦比亚常驻日内瓦首席代表，参与了关贸总协定的乌拉圭回合、联合国环境与发展议程、贸易与发展会议、气候变化公约以及蒙特利尔议定书的谈判。他曾担任77国集团的发言人，并且是联合国大宗商品和贸易优惠常委会的主席。

早期，他曾担任哥伦比亚经济发展部部长首席顾问，及哥伦比亚总统办公室主任。自1997年以来，梅林德先生一直是《桥》和其姊妹刊物的出版商，同时任职于多家国际政策机构，包括知识产权观察组织的董事会、英国国际发展部构建全球贸易和金融体系委员会、以及联合国可持续发展知识伙伴关系的指导委员会。梅林德先生是世界经济论坛全球议程贸易理事会成员，以及该论坛贸易和气候变化工作组的成员。他还曾担任联合国秘书长千年发展计划贸易工作组和世界贸易组织总干事顾问团成员。

梅林德先生毕业于哈佛大学和波哥大德洛斯（los Andes）大学。他最近的出版物包括《可持续发展的贸易与环境议程之展望》（与Najam和Halle合著，Palgrave Macmillan出版社，2007），《重建全球贸易：构建一个更公平和更可持续之未来的提案》（与Deere共同编辑，牛津大学和国际贸易和可持续发展中心出版，2009），《WTO绿箱中的农业补贴：确保与可持续发展目标相符》（剑桥大学出版社，2009），《知识产权与可持续发展：变动世界中的发展议程》（Edward Elgar出版社，2010），《世界贸易组织中的争端解决：发展中国家的经验》（剑桥大学出版社，2010）。

成帅华博士

成帅华博士先后就读于复旦大学和牛津大学，是瑞士国际贸易和可持续发展中心（ICTSD）中国及亚洲事务董事总经理，负责为总裁提供战略规划，主管中国和亚洲事务，并分管该机构的全球经济治理改革、气候变化和可再生能源全球技术平台项目。

成博士还担任经济合作与发展组织（OECD）中国投资咨询委员会成员、洛桑国际管理发展学院（IMD）客座研究员、奥地利萨尔茨堡学会研究员、伦敦可持续发展学院（Sustainability）特聘顾问和上海市政府发展研究中心的特聘国际专家。成博士还兼任瑞士私人银行家协会顾问、瑞中金融协会高级顾问。

鉴于成博士在促进可持续发展和国际合作方面的杰出成就，纽约的亚洲学会（Asia Society）授予他“21世纪亚洲青年领袖”称号。

成博士曾发表有关国际贸易与投资、全球经济治理、清洁技术转让和合作以及欧洲和全球碳市场金融领域的著作。

张磊

世界贸易组织教席主持人（WTO Chair Holder，由世界贸易组织秘书处任命）。上海对外贸易学院 WTO 研究教育学院院长、教授。担任联合国世界知识产权组织仲裁员、联合国贸发会议虚拟学院协调人、联合国亚太经社理事会 ARTNeT 联络人等多个国际学术职务。中国商务部企业知识产权海外维权援助中心专家库成员、中国世界贸易组织研究会理事、中国知识产权研究会高级会员、中国司法鉴定人、中国法学会会员、上海市曙光学者。先后获华东师范大学世界经济专业硕士学位、上海财经大学产业经济学专业博士学位（其间1999年任香港城市大学 Research Associate）。2003年上海财经大学工商管理（会计学专业）博士后流动站出站，后入中国社会科学院法学所法学博士后流动站。先后在瑞士洛桑大学、WTO 秘书处和美国乔治城大学国际经济法研究所做访问学者。2011年获世界知识产权组织、国际劳工组织、意大利都灵大学知识产权法硕士，为世界知识产权组织培养的中国第一位高校教师。现为荷兰马斯特里赫特大学国际经济法专业博士。工作外语为英、法、日。

从事 WTO 法经济学、争端解决机制、贸易救济、知识产权研究。兼任上海财经大学会计学（MPAcc）专业硕士生导师、瑞士公共管理学院（洛桑大学）公共管理专业博士生导师。独立或合作出版《产业融合与互联网管制》、《多哈回合谈判的最新进展》、《WTO 争端解决机制的法理》等著作多部，在国内外学术期刊发表中英文论文数篇，承担世贸组织、中瑞科技合作基金等多项国内外课题。

序言一

与发达国家以及印度、巴西、拉美国家甚至非洲国家相比较，我们中国和东亚地区的学者、民间机构和企业代表在国际事务讨论中的声音还相对较少。

这一方面说明了，改革开放三十多年，咱们中国人埋头做事，一心一意搞建设，在发展经济、商贸投资、技术创新、基础设施、城市规划等各方面取得了举世瞩目的成绩。而另一方面，随着中国经济、社会与世界市场接轨的广度和深度逐渐进入了一个前所未有的新阶段。放眼未来，这需要我们不仅要埋头做事，也要抬头看路。特别是新生代的学者、企业领袖和政府官员，将有机会更多地参与国际商贸业务和政策性讨论。这对于中国自身的发展是有利的，同时也有利于促进国际经济政策制度的不断优化。

正是在这样的背景下，我所在的国际贸易和可持续发展中心（ICTSD）从 2011 年起开始实施“桥中国网络”（Bridges China Network）项目，增加中文出版物的数量，有选择地将我们的新闻分析、会议文章和研究报告翻译成中文，通过 ICTSD 中文网、《桥》（贸易和可持续发展双月刊）等形式与华语世界的读者分享。我们感谢上海对外贸易学院、世界贸易组织教席项目等对该项目的大力支持与专业合作。

《国际经贸重大议题 2011 年报》是一个尝试，对重大国际经贸事件、涉及贸易和可持续发展的重要议题进行“一站式”分析和梳理。从时间跨度上，涵盖了 2011 年 4 月至 2012 年 3 月，内容包括多哈回合谈判、WTO 部长级会议、联合国气候变化框架公约会议、争端解决以及贸易和环境重大事件，可谓是一应俱全。

除了上述的新闻分析性文章，本书也包含了中外专家撰写的重量级的政策性文章，集中关注了 WTO 的挑战和未来、原材料出口争端、贸易和气候变化、航空业纳入欧盟碳交易市场的法律分析、以及入世十年对中国和全球贸易治理的影响。

代表国际贸易和可持续发展中心，我们想感谢所有作者贡献的时间和智慧。书中的作者有（按照文章在本书中出现的先后顺序排列）：

* James Bacchus，前美国国会议员和 WTO 上诉机构主席

* Roderick Abbott，欧洲国际政治经济研究中心高级研究员
* Kevin P. Gallagher，波士顿大学国际关系教授
* Magda Shahin，开罗美国大学教授、前埃及大使
* Robert Z Lawrence，哈佛大学肯尼迪学院国际贸易和投资教授
* Ricardo Meléndez-Ortiz，国际贸易和可持续发展中心总裁
* Ingrid Jegou，国际贸易和可持续发展中心
* Lorand Bartels，剑桥大学三一学院教授
* 张磊，上海对外贸易学院 WTO 研究教育学院院长、教授
* 于洋，上海对外贸易学院 WTO 研究教育学院法学博士
* 成帅华，国际贸易和可持续发展中心项目官员
* 梁国勇，联合国贸易和发展会议经济 务官员
* 易小准，中国常驻 WTO 代表团大使
* Harsha V. Singh，世界贸易组织副总干事
* Paul Blustein，布鲁金斯学院研究员
* 孙振宇，中国世界贸易组织研究会、前中国大使
* 高树超，新加坡管理大学法学教授
* Razeen Sally，欧洲国际政治经济研究中心
* Scott Kennedy，美国印第安纳大学中国政治与商业研究中心
* Gary Hufbauer，华盛顿彼得森国际经济研究所高级研究员
* Jared Woollacott，华盛顿彼得森国际经济研究所研究员
* Faizel Ismail，南非常驻 WTO 代表团大使
* Roberto Azevedo，巴西常驻 WTO 代表团大使
* Jean-Pierre Lehmann，瑞士洛桑国际管理发展学院（IMD）教授
* 胡涛，中华人民共和国环境保护部环境与经济政策研究中心研究员
* 冯陆炜，上海对外贸易学院 WTO 研究教育学院教师
* 汪明，上海对外贸易学院 WTO 研究教育学院研究生

除了上述的署名文章之外，没有署名文章的原文来自我们 ICTSD 的 Bridges 系列期刊（http://ictsd.org/news）、会议报告和政策研究报告。部分文章已经在 ICTSD 中文网或者 ICTSD《桥》中文双月刊发表（http://ictsd.org/chinese/china/qiao）。

本书得以完成，要特别感谢上海对外贸易学院 WTO 研究教育学院院长、世界贸易组织教席主持人张磊教授。张教授的务实敬业和专业素养对本书的编写起到了关键的作用。也要感谢他的团队对本书部分文章的翻译和校对提供的巨大支持，包括冯陆炜老师、于洋副教授、王茜副教授、何易副教授、

张立秋老师，以及参与翻译工作的上海对外贸易学院WTO研究教育学院2008级、2009级、2010级和2011级研究生。他们对专业知识的把握和精湛的语言文字能力给我留下了深刻的印象。

在本书的准备出版期间，国际贸易和可持续发展中心总裁梅林德先生亲自给予了指导和帮助，并期望本书可以成为中文读者了解国际贸易和可持续发展议题的桥梁，从而把握国际谈判和政策研究的最新发展，更好地为全球贸易体制的积极发展作出贡献。

我要感谢我在日内瓦的团队，管仪、乐笑、连慧婷、Sofia Alicia Baliño，Jonathan Hepburn和Andrew Aziz等在撰稿、翻译和校对过程中兢兢业业，作出了重要贡献。

由于本书的内容丰富，跨越经济、贸易、法律、环境等多个学科，准备过程时间仓促，如果有错误和不准确之处，欢迎读者朋友不吝指正。文章的观点属于作者本人，不代表编者或编者所在单位。

最后，我们也感谢对外经贸大学出版社编辑郭华良先生高效率的工作，以及在出版过程中给予的帮助。

希望在大家的共同努力下，这个年报可以继续办下去，并且越办越好，可以作为中国和世界经贸合作迈向可持续发展的同行者和见证人。

成帅华

2012年8月28日于瑞士日内瓦

序言二

突破性推进国际协同创新，创建世界一流 WTO 学科及贸易决策咨询中心

（一）

本书的出版是与欧洲著名国际贸易政策类智库“国际贸易和可持续发展中心”（ICTSD）合作的结晶，也是世界贸易组织教席计划的一项成果。

2005 年年底，我受国家留学基金委员会公派至位于瑞士日内瓦的世界贸易组织秘书处专攻贸易救济和 WTO 争端解决机制。时值中国刚刚入世不久，秘书处对中国学者的到来予以高度重视，其经济研究与统计司专门为此设立了中国访问学者项目（China Visiting Scholar Programme），除指定 Zdenek Drabek 博士（现为 WTO 顾问）作为我的合作导师外，还安排了副总干事辛格、经济研究与统计司 Patrick Low 司长、A Handbook on Anti-Dumping Investigations 的作者 Johann Human 先生（现为秘书处规则司司长）等多位官员进行了学术交流。在我回国之际，秘书处专门派出 Zdenek Drabek 博士和技术培训与合作司 Gerardo Thielen 先生与我正式谈话，考虑到中国在 WTO 的地位将逐步提高，秘书处希望在中国政府批准的前提下继续保持双方的学术合作，并有更多的中国学者融入 WTO 的全球学术网络之中。

经我国 WTO 事务主管部门商务部世界贸易组织司批准，我于 2006 年回国后在上海对外贸易学院 WTO 研究教育学院与 WTO 合作举办了“中国大学教授 WTO 事务高层研讨会”、“中国大学教授 WTO 专业方向研究生课程开发项目”、“中国 WTO 专业方向研究生暑期学校”等学术活动。2008 年 10 月上旬，WTO 秘书处根据“一国一人”的原则，邀请我参加了该组织举办的“全球学术网络构建和学术支持动议”会议，即世贸组织教席计划（WTO Chairs Programme）的预备会议。这次会议旨在征求各国专家意见，研究如何进一步在全球范围内与 WTO 分享学术资源和经验，并决定在全球范围内选择教席院校及学术带头人，由 WTO 秘书处对其提供资助。2009 年 3 月初，WTO 秘书处公布世贸组织教席计划的申请通知，经请示我国政府主管部门，上海对外贸

易学院获批提出申请，并由本人负责填制申请书。教席申请过程竞争激烈，来自全球各地的70多国家和地区的大学提出了申请。WTO秘书处专门邀请了全球WTO领域内的22位著名学者组成顾问委员会，负责对各校提出的教席申请书进行严格的国际同行评议，其中包括教席依托学校的基本情况、教席计划的设计内容、教席主持人的教育背景、国际学术交流经历、学术成果等。

2009年11月13日，WTO秘书处技术与培训司司长Hakim Ben Hammouda先生、经济研究与统计司司长Patrick Low先生联合函告我申请结果：上海对外贸易学院申请“世界贸易组织教席计划”成功，最终入围全球首批12所世贸组织教席院校，成为WTO（含关贸总协定）历史上的首批教席院校，本人则获首批WTO教席主持人（WTO Chair Holder），成为由WTO秘书处培养的12名国际学术带头人之一。这一结果标志着上海对外贸易学院正式进入WTO秘书处全球学术网络的核心层，与新加坡国立大学、越南国立大学、印尼UGM大学共同成为WTO在亚太地区的4所教席院校。

教席制度是西方著名大学提高教育和科研实力的重要手段之一。教席教授通常都是国际著名教授和国际同行公认的知名学者，学术水平在国际上处于领先地位；取得过国际学术界公认的研究成果，掌握本学科的发展趋势，在学科建设上具有创新的、前瞻性的眼光；具有学术民主，具有团结协作精神，有组织和领导学术队伍的能力。世界贸易组织此次设立教席计划旨在通过在全球范围内筛选院校设立WTO教席并与之长期合作，以此推动国际贸易和贸易合作领域的教育、研究和信息传播来加强发展中国家的学术界、公众、政策制定机构对贸易体制的认知和理解。对教席主持人而言，则是注重将其培养为国际学术带头人。

上海对外贸易学院是国内最早开展WTO研究教育的高校。多边贸易体制研究历来是该校的优势和特色，它充分发挥中国自身的优良学术传统，遵循开创、传承、创新的发展路径，最终为国际学术界所承认。中国商务部世贸司司长柴小林在2010年7月举行的世贸组织教席中国启动仪式上指出，上海对外贸易学院荣获“世贸组织教席”是中国在世贸组织学术领域多年努力的重要成果之一，是世贸组织与中国合作的又一个新的尝试。这既是国际学术界对中国学术机构在世贸组织领域教学与研究水平的认可，也是对中国学者孜孜不倦、严谨求实的治学精神的褒奖，对中国在世贸组织领域的教学和研究必将起到重要的推动作用。竞争教席的成功反映了我国国际贸易地位的提升和在世界贸易组织中影响力的日益提高，也反映了我国政府有关主管机构商务部世界贸易组织司和中国常驻WTO代表团卓越的外交能力。伦敦政治经济学院和德国哥廷根大学有关学者将其评价为中国WTO教学与研究的里程碑式事件。

世贸组织对教席工作高度重视。2009 年 12 月中旬，WTO 派拉米总干事办公室主任冈萨雷斯女士专程赴沪考察上海对外贸易学院世贸组织教席的准备工作。WTO 还专门指定冈萨雷斯女士、经济研究与统计司别马提尼博士（Alberta Piermartini）、上诉机构亚诺维奇博士（AlanYanovich）为中国教席主持人的协调人，协助教席主持人完成教席任务。上海对外贸易学院迅速成立了世贸教席领导小组，由孙海鸣校长、叶兴国副校长亲自担任组长、副组长，就教席涉及的人财物事项进行了相应布置。我国政府主管机构也非常重视，中国首任常驻 WTO 大使孙振宇先生、原中国常驻 WTO 代表团张向晨公使、商务部世贸司司长柴小林等有关领导对教席工作均多次作出过指示。上海对外贸易学院有关中国世贸教席的各项活动内容丰富，组织得力，效果显著，得到了国内外的广泛肯定。2011 年 6 月，WTO 在日内瓦举行世贸组织教席第二次年度会议，拉米总干事出席会议并讲话，点名表扬了中国世贸组织教席的工作。他说："我特别关注的是在教席计划框架之内的全球各高等院校之间的合作。这种合作的一个例子是上海对外贸易学院和巴塞罗那大学的合作。此外，我们还希望通过联合教席院校加强对发展中国家的技术合作和培训活动，以此加深和扩大世界贸易组织教席计划的有关活动。我知道内罗毕大学、上海对外贸易学院和印尼 UGM 大学已经实施或者正在规划这些活动。"在 2012 年 6 月份刚刚结束的世贸组织第三次教席工作年会上，我校世贸教席工作获得了高度满意（Highly Satisfactory）的评价。

（二）

世贸组织在世贸组织教席申请指南里明确指出，世贸组织教席院校应与发达国家的智库建立起紧密联系。同时，结合担任联合国世界知识产权组织仲裁员、联合国贸易发展会议虚拟学院联络人、联合国亚太经社理事会贸易研究与培训网络联络人等国际组织学术职务的工作经验。我对这句话的理解是，发展中国家缺乏能够影响国际经贸治理的智库。一个国家的国际智库能够施加的影响至少包括能够在国际层面上影响广义上的国际组织、区域性国际组织的国际经贸治理，或再进一步，尚需要能够影响在全球经贸治理结构中发挥主要作用的国家的经贸政策制定过程（如布鲁塞尔、华盛顿）。显然，这是一个发展中国家普遍面临的全球性问题，传递到国内应该上升为一个国家层面的战略问题。

上海对外贸易学院世界贸易组织教席在这方面迈出了重要一步。2010 年，WTO 总干事拉米先生专门致函本人就该组织和经济合作组织的促贸援助政策进行评估。此次评估目的是为了对全球促贸援助活动的结果及其影响进行评估，研究结果直接用于 2011 年全球促贸援助政策审议会议，研究结果已由两个国际组织发表，预期对未来全球贸易援助政策产生实质性影响。2011 年，本人受国际贸易学家瑞士国际关系与发展发展高级学院 Richard Baldwin 教授和圣加伦大学 Simon Evenett 教授的邀请，与全球其他 11 位著名国际贸易专家联合编写了《世界领导人必须阻止多哈回合的延缓》一书。在当年 4 月 29 日举行的世贸组织非正式贸易谈判委员会会议上，世贸组织总干事拉米专门提及该书，借以敦促各国谈判代表充分考虑到国际学者的呼吁，不要让多哈回合无果而终。2012 年 6 月 25 日，总干事拉米在世贸组织教席第三次年度工作会议上专门指出，各教席院校已经开始加强发挥贸易决策咨询中心的作用（"the Chairs are strengthening their roles as reference points on trade-related matters vis-à-vis their respective communities"）。

把我国世贸组织教席建设成世界级贸易决策咨询中心应该具备以下内容：

1. 增强教席参与国际贸易政策过程的能力，进而影响国际贸易体系；

2. 促进教席在国际贸易和贸易合作方面的教学、研究和公开辩论水平，加深我国学者、公民对贸易制度的认识和了解；

3. 为年轻学者提供更多的国际组织和世界一流大学学习、研究和实习的机会以与国际学术界保持同步；

4. 与国际智库保持紧密的合作关系，吸引国际经贸类智库将分部设在我国教席，更重要的，积极探索创建我国自己的世界级国际智库；

5. 培养一批能够在全球各个角落促进中国国际经贸政策传播的本土学者；

6. 凝聚一批能够在全球各个角落促进中国国际经贸政策传播的国际学者。

本着上述宗旨，教席与"国际贸易与可持续发展中心"达成并签署了学术合作协议。合作旨在建立一个动态的学术网络，使之能够在贸易和可持续发展问题领域，促进中国学界、国内学术机构和人员以及政策事务参与者之间的知识资源共享，为中国研究人员及其所在研究机构架起沟通国际政策研究网络的桥梁。一方面将双方高质量的全球贸易政策分析成果介绍给我国读者，另一方面可以将双方的创新观点和专业思维带向更广阔的全球受众。

感谢 ICTSD 梅林德总裁（Ricardo Meléndez-Ortiz）对本书顺利出版的支持。感谢该中心中国及亚洲事务董事总经理成帅华博士、《桥》刊编辑管仪女士的合作。同时，请允许我借此机会感谢中国商务部世界贸易组织司各位领导、中国常驻 WTO 代表团各位领导、世贸组织上诉机构现任主席张月姣大法官、上海市商委领导、上海对外贸易学院等领导和同事对世界贸易组织教席工作的大力支持。本书的出版同时获得了上海地方本科院校"十二五"内涵建设项目中上海市商委共建WTO研究教育学院项目的资助。我所在的WTO研究教育学院近50名教师和研究生参与了本书的翻译和校对工作。同时，我也深信，翻译和写作这些贸易政策文章本身就是一个愉快的过程。我希望本书的读者们阅读之后亦作如是观。

张 磊
世界贸易组织教席主持人
上海对外贸易学院WTO研究教育学院教授、院长
联合国世界知识产权组织仲裁员
联合国贸易发展会议虚拟学院联络人
联合国亚太经社理事会贸易研究与培训网络联络人
2012年8月，上海

目　录

第一部分

多哈回合谈判与多边贸易体制

日内瓦对多哈回合的回顾和展望

2011 年 4 月 27 日，WTO 总干事拉米（Pascal Lamy）公布了一系列文件，着重披露了久拖不决的多哈回合谈判的最新进展情况。尽管这些文件长达数百页，涵盖了从工农业产品到贸易便利化乃至渔业补贴的各项谈判议题，但总体来看却乏善可陈。

这些文件包括了各个谈判小组主席提供的一系列文本和最新更新，以及由总干事拉米所撰写的封面述评。就在公布这些文件之前，拉米与各主要成员方代表举行了单独会晤，即通常所说的“坦诚交流”，以研判各方所能做出承诺的幅度及达成最终协议的共同基础。但是，拉米在其后表示距离最终达成一致还存在着不可逾越的鸿沟。拉米在述评中说，“现在的状况十分糟糕，虽经多方付诸努力，但是本轮谈判依然无法实现其初衷。事已至此，我们只能直面事实，和衷共济。”

拉米在封面述评中强调，无论是为了在时下不稳定的政治环境中取得多边体系的实质性胜利，还是为了扩大全球贸易及其他相关利益，结束多哈回合谈判都具有非常重要的意义。拉米呼吁，各成员方应切实考虑多哈的前景，以免将十年的谈判成果付诸东流。他还强调说，“尽管现在还不明确多哈回合会达成怎样的最终协议”，但他的确感觉到成员方愿意寻找解决办法。同时，拉米指出，多哈回合既无法“按部就班地解决，也不能随便推倒重来”。

拉米：非农产品（NAMA）上的分歧“难以弥合”

在针对各谈判小组主席报告的述评中，拉米直言不讳地说，目前在非农产品（工业品）市场准入方面存在着“难以弥合”的巨大分歧。虽然还有其他悬而未决的议题，但拉米相信它们可以通过谈判加以解决。然而，各方目前对于 NAMA 的分歧严重阻碍了谈判的进程，成为笼罩在今年是否能够结束多哈回合上的阴云。

WTO 总干事拉米曾在另一份报告中表达了类似的观点。他曾与七个主要成员就 NAMA 谈判中最具争议性的问题进行过一次磋商，这些问题集中表现为：在所有工业部门大幅度削减关税甚至消除关税的提议其必要性何在？特别是诸如中国、印度和巴西这样的发展中大国参与其中的话能起到多大的作用？

在所有要求这些处于快速增长的新兴经济体签署上述几个部门削减方案的发达国家中，美国的呼声最为强烈。而中国、巴西和印度则直指谈判规则的明确规定，认为应该本着自愿原则来决定是否参与部门削减方案，并且认为发达国家所承诺的微弱农业改革并不足以换来 NAMA 市场准入自由化程度的提高。

目前，各方就 NAMA 谈判提出的框架协议给出了两种关税减让方式：其一，发达成员和三十多个发展中成员对所有产品适用同一个关税减让公式（给予后者有限的灵活性从而使得一些税则号产品免于大幅度关税削减）；其二，根据部门进行关税减让。此外，在 NAMA 谈判中也涉及通过减少非关税壁垒来促进市场准入。

拉米指出，“各方在部门减让问题上存在着巨大预期差异”。

发达成员方和发展中成员方之间的分歧

一部分成员认为，之所以现在还需要实行关税减让是因为根据标准公式进行关税减让使得对发展中成员方的减让要求太低，而对发达成员方的减让要求太高。虽然拉米并没有明说哪些成员方持有这样的观点，但是很明显美国应该是阵营中首当其冲的一员。这一利益集团希望，新兴经济体能够最大程度地广泛参与部门减让并最大幅度地削减所涉及行业的关税，以此缓解上述不平衡。对于这种观点，拉米认为“部门关税减让谈判的目的是为了让新兴经济体‘赶上’发达成员方的市场开放水平”。

导致上述成员不满的原因可部分归结于在过去十五年中许多发展中成员方已经对实际进口关税实施了减让措施，这样多哈回合进行关税削减的基准应该为这些成员方约束关税的上限税率。否则，在使用标准公式计算这些成员方实际进口关税的减让幅度时就会远远不及按照约定关税计算所能达到的减让程度。

与此相反，另一些成员则认为“瑞士”关税减让公式（Swiss Tariff Reduction Formula）应该“成为 NAMA 谈判中决定总体关税减让水平的主要因素”。对于发达成员方和发展中成员方，“瑞士公式”可以采用两种不同的“系数”，而且未来可以设定大部分关税的上限税率。对于这种观点，拉米表示，“通过公式得出的关税减让计算结果，应当同时将部门因素作为补充参照”，将大部分关税降低为零实则根本不可行。

根据文本中提到的瑞士公式系数，发达成员方适用系数是 8，发展中成员方适用系数在 20 至 25 之间（系数越高，免于适用标准关税削减的产品就越少）。第二类成员认为，在第一类成员主张的化学品、工业设备、电器和电子产品等争议产品的关税减让方面，适用系数应分别为发达成员适用 4 和发展中成员适用8。

拉米在述评中指出，“双方在部门关税减让方面的预期有着根本性差异……它不可能简单地通过在技术上调整部门组成加以解决。总的来说，各成员方对于目前瑞士公式所能达到的目标、各成员方承担的义务是否恰当和平衡以及部门所能起的作用等方面的认识存在着根本性差异。”

B计划的猜想

复活节假期之后，WTO 主要成员方在2011年4月28日（星期四）举行一系列非正式“绿屋”会议。4月29日，总干事拉米将主持全体成员方参加的 WTO 贸易谈判委员会会议。这次会议将解决多哈回合谈判下一步该怎么办的问题。

同时，贸易专家和媒体开始在一些非正式场合推测如何解开多哈回合症结而将多边机制继续下去。多哈回合始于2001年的卡塔尔，至今已进行了十年。欧盟贸易委员会委员 Karel de Gucht 于4月初向欧盟成员国提出了“B计划”的观点，得到了其他方面的广泛响应。据来自日内瓦的消息，有一种观点认为可以筛选出能够达成一致的问题，达成一个较窄的协议以结束本回合谈判，即绕过那些存在严重争议的问题，例如非农业产品市场准入以及农业问题。在一些人看来，部分地挽救谈判成果远远比全盘放弃甚至宣告本轮回合崩溃要好得多。

资深贸易专家、前美国贸易代表 Susan Schwab 在2011年5月份和6月份合刊的《外交》杂志上也发表过类似想法的文章。她在文章中指出，部分较窄协议有可能、也应该予以挽救。她特别指出了贸易便利化、限制农业出口支持和渔业补贴，以及与环境有关的产品和服务的关税削减等问题。Schwab 认为，对议题广泛、包罗万象的谈判付诸“单一承诺”的模式已经不再奏效了，取而代之的应当是 WTO 主持下的、根据各自意愿达成的诸边协议。她总结道，“多哈回合也许会最终失败，但通过接受心知肚明却不愿承认的事实这一过程还是促进了多边贸易体系的发展，为其注入了新的活力。”

瑞士圣加伦大学国际贸易教授 Simon Evenett 在一篇在线文章中明确地为 WTO 提出了类似的行动方案，他着重指出了以下必要性：应努力挽救多哈回合中可以达成共识的部分协议；为成员在某些较窄议题上展开“自下而上”的谈判提供机会；增强 WTO 秘书处在收集和分析贸易数据等方面的功能。

与此同时，早在 WTO 公布多哈回合的相关文件之前，《金融时报》4月18日曾发表过一篇评论性文章，直言不讳地指出多哈回合已经失败，应该另辟蹊径。该报认为，相比总是执著于多边谈判却又迟迟不能达成共识的僵局，如果 WTO 能在较窄范围的诸边议题或者就某些部门进行谈判，并且聚焦于不断涌现的双边和区域性贸易问题以及私有部门和自愿标准检测等问题，那么可能更能发挥其作用。故此，“脚踏实地要比永无止境地纠缠于终将破裂的谈判好得多，因为失败的谈判只会对多边贸易体系的核心原则造成伤害。”

核心议题

非农产品（NAMA）市场准入

如上所述，成员方之间在部门谈判上的分歧如此严重，以至于 NAMA 谈判小组主席、瑞士大使 Luzius Wasescha 在其 4 月 21 日公布的谈判文本报告中尽量不予评论（成员国之间的分歧使他无法发布一份新的综合性草案协议文本）。报告中还附带了一份 2008 年 12 月文本，囊括了瑞士关税减让公式系数。至于对公式及其相关灵活性的最新评论，Wasescha 只提及了南非、阿根廷、委内瑞拉及刚刚摆脱最不发达国家称号的马尔代夫等国家的呼吁，他们要求允许作出较之通常情况下更温和的自由化承诺。

过去的几个月里，美国不断地试图通过化工、机械及电子产品领域的所谓部门协定敦促大型新兴经济体提供更高的市场开放。然而，巴西、中国及印度等国仍继续抵制此项要求。

Wasescha 的文本大部分围绕着非关税壁垒（NTBs）展开，这是一个自 2009 年年初以来谈判代表们一直关注的一个争议相对较少的议题，其中部分议题已经取得了一定的共识。

Wasescha 在其报告中指出，成员方在 NTBs 上的差异至少是可弥合的，他说，“目前存在着一个潜在的但又触手可及的重要的 NTB 计划，它将对《技术贸易壁垒协议》的作用起到一系列的改善，促使立法者优先参考国际标准，并且减少对国际标准的偏离倾向”。

报告新增了一些协议草案（尽管有一些“打了括号的”问题尚未解决），成员方也在三个议题上达成了重要共识：用于快速调解非关税措施所导致的贸易摩擦的“横向机制”拟议；关于在采用新技术法规时的透明度的一般规则（从而不对贸易伙伴构成冲击）；以及关于纺织品、服装、鞋类和旅行用品等的标记协议。

报告没有另行起草新的协议草案，相反，只是通过全文附录其后的 2008 年 12 月文本（TN/MA/W/103/Rev. 3）简单地列出了各成员方提出的各种 NTBs 相关提案。

报告在“关于促进解决非关税壁垒程序的部长级决定”草案中确定了建立“两步走”程序的流程帮助各成员方解决与 NTBs 有关的问题，其中第二步需要在第三方调解人的帮助下进行。文本预留了某些进一步问题，譬如促进机制与常规 WTO 争端解决之间的关系，以及对发展中成员方特殊和差别待遇条款的阐述。关于透明度的条款规定成员方应尽快的、清晰的公布新的技术法规，以及考虑给出年度法规和标准变更列表。它还要求建立“专用世贸组织门户”，提供关于技术法规和合格评定程序有关的信息。Wasescha 建议，成员方必须考虑他们是根据具体部门作出透明度决定，还是采取包含所有部门在内的“横向”方式，其中至少应包括那些已经在 NTB 谈判中涉及的部门。

在纺织品、衣物、鞋类和旅行物品的标记方面，“谅解”草案要求成员方尽力保证标记规定不会构成不适当的贸易壁垒。比如，它建议政府应当要求纺织品和衣物标记只需注明纤维含量、原产地、型号和保养说明。

Wasescha 没有起草有关问题的潜在协议文本，但是，他强调成员方已经达成广泛共识，愿意强化《TBT 委员会关于国际标准开发的六项准则》以更好地促进标准制定机构和技术性贸易壁垒委员会之间的合作。同时，发展中成员方应当更多地加入国际标准制定机构。

成员方在其他一系列议题上的共识不太明显，比如“再制造货物”贸易。除了纺织服装业之外，关于其他具体部门特别是化工、汽车产品、电子产品等的非关税壁垒的建议更是含糊其辞。

至于 NAMA 谈判的下一步工作，Wasescha 指出成员方将会讨论如何继续在贸易谈判委员会中加以推动。他暗示 NAMA 谈判小组可能希望继续在 NTBs 上努力，“在不久的将来即能取得进展”。

农业问题谈判小组

对密切留意贸易谈判的观察家来说，农业问题谈判小组主席、新西兰大使 David Walker 发布的报告了无新意。在与 WTO 成员进行了一系列协商之后，他总结了就农业问题达成一致所需要解决的一些关键问题。

Walker 承认，尽管在过去两年中各成员方都投入了相当的精力，但是让人“遗憾”的是，这些进展成果都未能付诸文本。该主席说，目前需要开展更多协商以推进谈判。

各成员方代表在接受《桥》杂志访问时纷纷表示，Walker 主席报告及其附件文本并无出人意料之处，其中还包括了 2008 年模式草案。

Walker 的报告谈及了谈判模式开发的重要性及相关验证工作的收益，这是被许多人认为在谈判过程中唯一可以不用作出让步的一点。

报告没有将重点放在诸如市场准入、国内支持和出口竞争等谈判的主要领域，而是关注了目前处于待定和备注状态的九个问题上。

在该主席看来，WTO各成员仍然在关税上限和制定新的关税配额上严重分化。一方面，日本和加拿大还在寻求用敏感产品和服务的附加弹性换取更多配额；反过来，其他成员尚不明确是否应该以及怎样获得配额扩大。

类似的问题也发生在一些特殊商品上，此类商品被选定为小幅关税削减对象，目的是为了保护农民生计、食品安全及开发。有关这类产品的谈判意见已经趋于稳定，但是减让幅度仍不确定。

据Walker大使称，有关特殊保障机制的问题，即在产品价格抑制或进口激增的情况下允许提高关税的一个政策工具，各成员已经同意进行“有效的分析讨论”，并且愿意提升到“解决问题”的层面。特殊保障机制曾被认为是造成2008年谈判破裂的主要原因。

在其他领域，例如针对将复杂关税转换为其从价等值税率的关税简化问题，代表们仍在继续努力，但是目前尚未达成任何可以进一步与更多成员探讨的具体成果。

一直以来，发展中成员方都期望发达成员方扩大其热带农产品的市场准入。但是，香蕉贸易问题以及日渐趋冷的热带农产品贸易争论等还未能在多边范围内达成一致。该主席注意到，一些成员方，即便自身不涉及香蕉贸易问题，也在期待该问题得到更好的解决。印度和巴基斯坦在这一议题上表现得最为活跃。

有关“蓝箱”（Blue Box）问题，即只要补贴支出符合产量限制计划要求就不设补贴增长上线的补贴方式，Walker在报告中指出，在这个问题上无需技术投入，各成员可以自行选择一个“打了括号的”（Bracketed）数值即可。

尽管四个西非棉花出产国（C-4）对棉花这一商品的谈判缺乏进展提出了不满，但Walker指出“目前没有新的技术性或实质性进展”。

鉴于过去两周的各项工作，Walker大使和其他成员都急切地等待贸易谈判委员会提供更多的“指导意见”。

规则谈判小组

在向贸易谈判委员会报告的过程中，规则谈判小组主席Dennis Francis提交了三项文件，分别探讨了在反倾销、补贴与反补贴措施、渔业补贴方面的进展状况。第一份关于反倾销的文件是修订后的法律文本，其他两份文件是报告。然而，Francis明确指出，虽然形式上有所不同，在反倾销上仍有大量工作要做。他还指出，之所以未能以法律文本而是以报告的形式提交文件，是因为在补贴与反补贴措施和渔业补贴方面缺乏实质性的共识。但是许多评论家认为，他关于渔业补贴的报告实际上反映了各成员对这一领域加强监管的普遍支持。

反倾销

在报告的前言中，Francis 解释说他本来打算准备一份关于反倾销的法律修订文本以如实吸收谈判结果。但他补充到，“这并不意味着我承认在重大‘政治’问题上有达成显著共识的迹象”，相反，值得注意的是，新文本也像“2008 主席文本”一样包含了 12 个“打了括号”的问题。

许多拟议的修改仅仅简化和澄清了一些现存文本措辞，而其他的修改则更具争议性。对反倾销采取“归零法”（Zeroing）的意见仍呈现高度两极分化，一方“坚持无论使用何种比较方法，在所有程序上都应全面禁止归零法”，另一方则“要求归零法应在所有情形下得到特别授权”。

其他有歧义的议题包括各成员政府在判定国内生产商是否遭受产业损害时，除了考虑倾销进口产品的数量，是否还应考虑其他因素。在计算得出的反倾销税率足够抵消国内产业损害的情况下，是否应强制征收较低幅度的反倾销税，对此观点也不尽相同。发展中成员方特别支持强制征收较低反倾销税的观点，但许多其他成员方则针锋相对。在决定是否应征收反倾销税来保护国内产业的问题上，对于是否应当使诸如国内进口商这样的利益相关方参与到程序中，各成员的意愿存在激烈分歧。

在“反规避”（Anti-circumvention）规则方面，在美国等支持反规避规则的成员和那些反对对源自第三方成员产品的出口使用此项措施的成员之间，相互的分歧也没有缩小。至于反倾销税是否应在一定执行期后自动取消的意见也高度不统一。许多代表团认为应自动取消，但其他代表团则辩护说他们在决定税令是否延期、取消或修订之前有权实行所谓的“日落审查”（Sunset Reviews）。

发展中成员方认为，作为一项特殊和差别待遇措施，他们的调查机构应该享有更多灵活性。但其他成员方坚决反对，他们认为现在许多发展中成员方正是反倾销救济措施最积极的使用者。

补贴与反补贴措施

Francis 在关于《补贴与反补贴措施协议》修订提案谈判进展状况的详细报告中指出，“2008 主席文本”中“打了括号的”问题并未能够达成明显共识。他还认定一些“未打括号的”问题中的措辞对于一项新的谈判草案来说太具争议性。此外，规则谈判小组还没有来得及仔细审议过去几个月中提出的多项新提案。

未解决的“打了括号的”问题中出现了关于政府金融机构提供贷款和贷款保证的新条款。相关业务并非基于独立的、商业化基础，而属于由政府向国有企业提供后者无法通过商业贷款机构得到的融资，并为国有企业带来了利益。该项提案由欧盟提出，但受到许多拥有庞大国有企业数量的成员方的反对。

该主席说，埃及、印度、肯尼亚和巴基斯坦提议以连续五年而非两个日历年的移动平均值为基础来决定产品的出口竞争力，对此提议成员间也缺乏共识。这将会产生一项新的机制，它允许一种产品在丧失其曾有的出口竞争力时，可以再次启用对其的出口补贴。

由巴西提出的两项关于出口信贷的议题仍未得到解决。该成员认为，在认定出口信贷和担保等禁止性出口补贴时应以受补贴方的获益作为确认基础，而不再像目前这样以政府开销为基础。其他成员则主张在修改和引用《经济合作与发展组织官方支持出口信贷协定》条款之前须由 WTO 通过。

该报告总结了“2008 主席文本”中的其他修改建议，也说明了五项新提案的最新状况。这五项新提案是：发展中成员方出口融资基准、反补贴程序、退税方案、附件 7 列表成员方（其国民人均产值达到 1 000 美元）的出口补贴撤销期限，以及严重损害推定。

渔业补贴

尽管最近渔业补贴问题的谈判取得了显著进展，Francis 还是在该议题的序言中解释道：“在一些技术层面上几乎没有任何共识，在核心的实质性议题上更是毫无共识可言，因此无法达成一个由下至上的、达成共识的法律案文。”虽然基调不甚乐观，该文件仍然囊括了近几个月内在渔业补贴问题谈判上取得的重大进展、WTO 成员就此问题的重要性和紧急状况达成的一致意见，以及为达到目的所需付诸的联合行动。

报告写道：“所有成员都认识到它对全人类来说是一个严重危机，尤其对许多成员方中那些主要依赖渔业维持生计的穷人来说更是如此。如果补贴谈判成功的话，就会出现一个利润增长、经济和环境均衡稳定发展并互相促进的良好局面，从而不断创造可持续财富。”

Francis 不点名批评了某些成员方因不敢放弃短期收益而不愿做出让步的政策方针。“很难想象这些政策如何能维护社会稳定和保障就业，更不用说保证长期的食物来源和稳定的经济增长。”Francis 在报告中这样写道。

因不愿屈于压力制定一份折中文件，加上他对于渔业补贴问题谈判紧迫性的强硬措辞，该主席被环保组织大为称赞。

“主席报告明显地为 WTO 制定严格的渔业补贴规则打开了窗口，”世界野生动物基金会的 David Schorr 说，“特别是由于多哈回合谈判的结果越来越扑朔迷离，报告彰显了隐藏在渔业补贴谈判下的愈来愈紧迫的环境保护压力。”

根据该主席报告，在谈判中分歧依然很大的重点领域包括：禁止和一般例外、特殊和差别待遇（S&DT）、普遍原则（不利影响）、渔业管理、通知和监管，以及争端解决条款和过渡条款。

争端解决机构（DSB）

2011 年 4 月中旬发布的关于多哈回合分组谈判现状的文本中包含了争端解决机构小组主席就《关于争端解决规则与程序的谅解》（简称 DSU）的复审文本。这些谈判旨在修订 WTO 争端解决机制的现行规则。然而，它并不包括有关该议题的新草案，而仅局限于哥斯达黎加大使 Ronald Saborio Soto 主席的陈述性报告。

由大约 42 个成员组成的小组在根据各成员方提议汇编而成的文本草案的基础上进行了一系列正式及非正式的谈判，这些草案由谈判小组主席于 2008 年 7 月加以整理。

该主席文本反映了 2010 年 5 月以来 6 项议题的进展，分别是“适用顺序”（Sequencing）、“后报复问题”（Post-retaliation）、“有效执行”（Effective Compliance）、“时间性规定”（Timing）、“第三方权利”（Third Party Rights）以及“灵活性”（Flexibility）。不同的成员方积极参与了各自所关注议题的谈判。自 2008 年 7 月草案汇编以后，仍有 7 个议题未被触及。

在成员激烈讨论的这 6 项议题中，只有“适用顺序”（Sequencing）这一议题取得了实质性进展，关于该问题的法律文本即将达成最后方案。然而，这并不算出人意料，因为成员们已在持续进行的诉讼程序中找到了解决适用顺序的临时方案。

争议最大的非“有效执行”（Effective Compliance）问题莫属，它包括“联合或集体对抗措施”（Collective and Group Countermeasures）、“交叉报复”（Cross-retaliation Options）和“货币补偿”（Monetary Compensation）。目前看没有任何显露端倪的协议。工作小组主席的报告指出，“关键的分歧点”已经确定，围绕有关问题也已开展了“建设性的”工作。在此过程中，墨西哥在 2010 年 11 月提呈了一份修订文案，提到了其他成员所关注的义务中止及其与“合理期限”（Reasonable Period of Time，RPT）之间的关系。然而在这点上也未能达成任何协议。

自 2008 年文本汇编完成至今一直未加讨论的条款很大程度上聚焦在改进发展中成员方参与争端解决的前景上。这其中包括为发展中成员方创立争端解决基金的提议，以及希望给予发展中成员方特殊和差别待遇的提议。根据主席的报告文本，谈判必须在涉及“发展中成员方利益”的领域内开展工作，以便各成员能圆满结束谈判。

启动 DSU 复审的谈判原本并非多哈回合谈判的正式组成部分，最后之所以启动部分是为了提高发展中成员方利用争端解决机制的能力。然而，这两者之间却有着事实上的关联。官员们坚信在困难重重的全球贸易谈判中，没有取得广泛的一致意见是不能结束谈判的。

《与贸易有关的知识产权协定》（TRIPS）理事会

自 2001 年多哈回合启动以来，在 TRIPS 的一系列谈判中有三项议题已基本处于停滞状态，分别是葡萄酒与白酒地理标志多边注册体系（Geographical Indications，GIs）的建立；将 TIRPS 协议规定的对葡萄酒和白酒地理标志的保护延伸到对其他所有产品的保护（GI Extension）；以及 TRIPS 协议和《生物多样性公约》（Convention on Biological Diversity，CBD）的关系。

以上问题由来已久，而解决问题的方案和决定因素也是过去十年中广泛讨论的主题。

对这三个议题的讨论存在着两种不同的路径。葡萄酒与白酒地理标志多边通报及注册体系曾在知识产权理事会特别会议中加以讨论。4 月 21 日，知识产权理事会特别会议主席、赞比亚大使 Darlington Mwape 做了专门报告，并附带一份用于未来注册的综合草案。在另一份报告中，世贸组织总干事拉米对剩下的两个问题进行了讨论，即所谓的多哈执行问题。

在报告中，主席 Mwape 认为综合文本草案“为谈判的进行提供了良好的基础”。不过，他强调要想达成最终协议仍然有很长的路要走。

综合文本草案阐明了主席所指出的 6 项“有可能纳入文本”的未来注册要素，即：“通报”（Notification）、“注册”（Registration）、“法律效力/注册后果”（Legal Effects/Consequences of Registration）、“费用和成本”（Fees and Costs）、“特殊和差别待遇”（Special and Differential Treatment）以及“参与”（participation）。在注册或注册后果的法律效力这一部分，与草案的大部分内容一样，并未达成一致的概念。与此同时，在涉及对发展中成员方和最不发达成员方特殊和差别待遇的部分中，特别提出了过渡时期以及技术和财政援助。

在“地理标志延伸”（GI extension）方面，拉米详细阐述了过去两年的相关讨论，包括结构及其技术问题的澄清过程。他在最后的评论中总结道，各代表团对此次讨论仍持不同意见，对地理标志延伸的有效范围等具体问题并无明显共识。然而，他指出，通过商标制度保护地理标志的合法性已经得到确认，同时，各成员有权利选择自身履行 TRIPS 协定义务的方式。

关于 TRIPS 协定与 CBD 的关系，拉米强调各成员将一如既往地支持 CBD 的原则和目标，包括事先公开同意原则及利益公平分配原则。他们一致认为必须采取必要的措施避免专利错误，包括合理利用数据库来避免对当前的传统知识或遗传资源客体进行专利授权。然而，对于具体披露机制，尤其是针对遗传资源及相关传统知识的披露机制是否能够有效地促使专利制度推动《生物多样性公约》目标的实现，或是应该采用其他机制，各成员方仍持不同意见。

考虑到这三个议题及近期的报告，与前期陷入的僵局相比较，注册问题的解决似乎已经处于一种更加积极的状态。总算开始有成熟的文本接受公众的监督，这表明了在谈判中所取得的巨大进步，尽管仍与最终目标相距甚远。至于其他两个议题，各成员之间难以理解彼此的差异，分歧依然存在，前景扑朔迷离。

服务贸易理事会

据服务贸易理事会主席 Fernando de Mateo 递交给贸易谈判委员会的报告称，自从一些成员方在 2008 年“标志性会议”上表示过如果多哈回合在其他领域上取得令人满意的结果，他们便会同意在服务贸易自由化方面作出让步之后，服务贸易市场准入谈判并未取得实质性进展。一份汇总了 18 个部门的特定市场开放要价的最新谈判进展状况文件表明，整个理事会仍弥漫着重大意见分歧。这 18 个部门包括了从会计、营销、建筑到教育和电信等部门。

一些成员方表示，他们不再愿意以 2008 年 7 月做出的有条件潜在让步为基础进一步探讨其自由化问题。许多承诺都已经低于现行非约束性市场开放条件。

发展中成员方广泛认为，在谈判缺乏进展背后的一个主要原因是，要价方（大多是发达经济体）在服务谈判上谋求的雄心已大大超越他们自己在农业市场准入方面所做出的让步，并且这些提出要价的成员无意消除针对临时工人入境（即所谓服务供应的模式四）的障碍，而消除这一障碍是由一个完全由发展中成员方组成的群体所发起的唯一一个多边自由化要价。

提案联署方期望今年的谈判会取得一些进展，但“反复重申自己立场的提案接受方并没有发出任何改进的实质信号”。提案方认为满足服务贸易模式四的要价在一定程度上被看作是“体现多哈发展议程‘发展’方面的指示灯”。他们认为，在这一问题上取得积极成果对平衡服务谈判的市场准入具有重要意义。

这一报告还提到在制定国内法规上的一些进展，然而在《服务贸易总协定》（GATS）的实质性改进方面的讨论却毫无进展。据主席先生所说，各成员方重点讨论了紧急保障措施、政府采购以及服务补贴三个方面，但他的整体看法是倡议者们不可能说服其他成员方在这三个方面的任何一方制定纪律。

他指出，“由于在目标和预期谈判成果上的基本分歧，服务贸易总协定工作小组无法进入到可以产生谈判文件的程序”。

另外，所谓的最不发达成员方免责机制还需要投入更多的努力，它要求WTO成员能够对来自最不发达成员方的服务以及服务提供者给予更优惠的市场准入。成员方仍然在寻求对免责机制所覆盖措施的范围以及适用何种原产地规则进行澄清。该主席还指出，一些成员已经表明剩余议题的分歧“在合适的情况下是可以弥合的”。

贸易与发展委员会（CTD）

在多哈回合的初始阶段，发展中成员方指出共有88项与WTO协定中特殊与差别待遇规定有关的条款需要加强，并使之更加准确、有效和可具操作性。随后，38项提议被提交到其他谈判小组和WTO各机构以供考虑。2003年，贸易和发展委员会原则上就28个提议达成协议，剩下大约22项条款留待进一步洽谈。在这22项条款中，有6项“特别协议”被立即优先加以考虑，其余条款均被搁置并希望各成员能提出新的意见或文本措辞。然而，迄今为止毫无进展。前贸易与发展委员会主席Thawatchai Sophastienphong在2010年3月的报告中指出，“这在很大程度上是因为在这些提议中，许多属于其他部门正在谈判的核心议题”。

对于该6项优先考虑的特别协议，贸易与发展委员会主席Shahid Bashir在他递交给贸易谈判委员会的报告中指出，尽管“各成员具有积极和建设性的精神，但离达成共识还有很长一段距离，而且目前也不可能弥合差距”。一些成员方认为这些提议处于“相当稳定的”状态，其中大多数问题涉及动植物卫生检疫规则和进口许可证。其他一些成员方则声称，目前提案已经不能准确反映其最初动议，为了达成共识，还需要做更进一步的工作。

这就使得一项在监督机制方面的试行协议成为继2005年香港部长级会议之后唯一一项取得实际进展的工作。这一机制不会作为谈判机构，但会对监督WTO协议中各项特殊与差别待遇条款是否得到切实实施起到重要作用。事实上，它包括贸易与发展委员会特别会议每年举办至少两次会议。会议期间，各成员方会向总理事会和 WTO 的其他机构提出行动方案，以加强或者改善特殊与差别待遇条款的实施。这一监督机制还可以建议 WTO 的其他机构对其审议的一些条款进行商议。

贸易与环境委员会（CTE）

贸易与环境委员会主席 Manuel A. J. Teehankee 所做报告涉及了《多哈部长级宣言》第 31 条中两大主要议题的进展：《多边环境协议》（MEAs）和《与环境有关的货物和服务》（EGS）。

MEAs 专家组

第 31 条（i）款规定了现存 WTO 规则与 MEAs 协议中规定的特定贸易义务之间的关系。第 31 条（ii）款规定了 MEA 协议秘书处与相关 WTO 委员会之间例行信息交流的程序，以及授予协议观察员身份的标准。

作为 WTO 技术援助和能力建设机制的补充，“贸易与环境专家组”（GETE）可就 MEAs 协议项下特定贸易义务与 WTO 规则之间的关系接受所有成员的咨询，最不发达成员方和发展中成员方还享有优先权。例如，专家组可以协助 MEAs 协议下与气候变化有关的特定贸易义务的谈判，以及协助与发展中成员方国际贸易息息相关的环境补贴问题的谈判。

主席报告附有关于第 31 条（i）款和第 31 条（ii）款的部长级决议草案，但这并非各方达成一致后的文本，也不是最终版本。

EGS：货物的认定

《多哈部长级宣言》的第 31 条（iii）款规定了对与环境有关的货物和服务（EGS）的关税和非关税壁垒措施的削减和取消。第 31 条（iii）款会产生何种成果目前仍属未知，但是各方意见和关注要点已经被阐述得越来越清晰了。

对于与环境有关的货物认定的问题，报告向各成员提供了一个此类货物的“参照系”（Reference Universe），该文件由各成员提交的 6 位 HS 税则号汇编而成。已经提交的货物分为六大类：空气污染控制、可再生能源、废弃物管理和水治理、环境技术、碳气回收和储存，等等。

有一些成员从“参照系”中另行罗列出了其他税号下的货物，这些货物都将单独加以考虑。针对这些货物的初步讨论结果显示，该系列货物可能会被各成员认定为清洁环境产品——即“单一用途”的环境产品。

与环境有关的货物的认定还存在很多技术难题。这方面的工作有待进一步深入，其中包括 HS 货物描述的验证，以及对编码目录外分类和次级分类的定义。

“三赢”

根据主席报告，各成员一致认为 EGS 协议的谈判成果应当带来环境、发展和贸易三赢的效果。首先，谈判有利于环境，使得各成员方能够以低成本获得高质量的环境产品，或是提升了各成员方环境友好型产品的生产、出口和贸易能力。这一点能够直接提高全球各国人民的生活品质，因为他们因此可以获得更清洁的环境、更安全的水源和干净卫生的能源。

与环境有关的货物和服务贸易自由化可以协助发展中成员方获得解决环境问题的必要技术设备，鼓励他们将环境问题列为发展战略的首要任务，因此将有利于发展。

最后，由于产品成本改进和效率提高，技术开发商可以开发新的市场。另外，环境产品的贸易自由化将鼓励使用环境技术，反过来促进了创新和技术转移。

就产品范围达成协议的“紧迫性”

报告称，目前急切需要代表团考虑的首要问题是就确定产品范围的方法达成协议。最近提出的混合方式和混合方式两项提议旨在将现有各类提议相互连接，因此可能会开启解决协议涵盖问题的新讨论。

混合方式下会出现两种环境产品列表，一种适用于发达成员，一种适用于发展中成员。两种列表都从参照系中自行产生，对发达成员来说适用于一个协定的 alpha 最低税则产品数量，对发展中成员来说适用于一个协定的 beta 最低税则产品数量，alpha 大于 beta。

为了尽力将目前所有提议中的各类元素都组合在一起，混合方式包含了以下元素：(i) 所有成员对指定环境产品做出承诺，这些指定产品形成一份经协商一致的核心产品列表；(ii) 另外形成一份补充的自选列表，发达成员将从中自行选择一些产品实行关税削减，同时也鼓励发展中成员参与；(iii) 作为核心列表的补充，补充列表上的产品将通过一种“出价－要价”式的程序来决定，该结果将根据最惠国待遇原则被纳入多边体系；(iv) 通过环境工程总结和确定核心列表、补充自选列表或者“出价－要价”列表，以及确定单边自由化产品。

待遇

尽管有关待遇模式取决于最终的产品结构，但所有备选提案都包括下列条款，即部分产品的关税削减至零，或者将 X 为零代入公式之后得出的关税再削减 50%，并且在设定期限内对关税实行免除。

各成员已经注意到在一些行业内存在非关税贸易壁垒（NTBs），并提出了消除 NTBs 的大致构想，例如增加透明度。

特殊和差别待遇（S&DT）

在发展中成员的特殊和差别待遇问题上，Teehankee 的报告指出下调关税减让幅度、缓期执行以及其他形式的灵活操作都是可选方案。正在考虑中的方案还包括适当豁免发展中成员产品关税和减少贸易自由化税则范围。对于最不发达成员和弱小经济体来说，还可以考虑其他的灵活操作方案。

环境技术转移的问题的重要性已经在历次讨论中予以强调，并被视为最终成果不可或缺的一部分。

与环境有关的服务

在与环境有关的服务方面，目前主要工作集中在服务贸易委员会特别会议上。一种方案是由该委员会草拟文本来佐证其工作是否与提高对环境服务的承诺有关；另一种可能方案是将提高环境服务承诺与环境货物参照系或环境货物分类以及经协商一致的环境货物目录中的环境货物相联系。

贸易便利化谈判小组

在 4 月 21 日发布的 14 份文件中，只有贸易便利化谈判小组主席 Eduardo Ernesto Sperisen-Yurt 提交了完整的谈判文本草案。该文件长达 35 页，分两部分概述了贸易便利化协议。第一部分清楚地阐释了成员有义务使得货物能够方便快捷地通关；第二部分包括对发展中成员方以及最不发达成员方的特殊和差别待遇条款。最重要的是，文本坚定地强调了发展中成员方以及最不发达成员方执行协议的职责与发达成员方足够的资金支持和技术援助之间的联系。

这些职责包括“即时公布程序”（Timely Publication of Procedures）、“适用关税”（Applied Tariffs）、“费用及收费”（Fees and Charges）、“进出口限制措施”（Import and Export Restrictions）、“提高透明度的措施”（Measures to Enhance Transparency）、“货物延误或扣留的信息”（Information on Delays or Detention of Goods）、“风险管理”（Risk Management），以及其他“有效的进出口管理”（Efficient Management of Imports and Exports）。

特殊和差别待遇部分明确了“履行义务的时间和程度应与发展中成员方

以及最不发达成员方执行能力相关，不得强迫发展中成员方以及最不发达成员方进行超越其能力的基础设施项目的投资”。发达成员方“应当提供”支持与援助，如果未能履行这一要求，发展中成员方和最不发达成员方可免除履行其义务。

虽然草案中的诸多条款仍包含“打了括号的”方案，文案还需要重新排序，但目前很明显最后协议的达成没有太大问题。许多人建议这一“发展友好型”协议应尽早达成，“提前收割”的成果将增强成员信心，且也有可能是多哈回合唯一的提前收获。但是，迄今该主张还未赢得一致支持。

多哈“B计划”提前遇阻

日前，世贸组织成员同意就多哈回合全球贸易谈判中的某些议题在年内达成一致，同时推迟达成一揽子综合协议的努力。这样，他们面对的挑战变成为决定哪些议题可能成为所谓的“早期收获计划”的一部分（如果距离原定谈判期限7年后还能被叫做早期的话）。

日内瓦的一些贸易官员认为，要在WTO 153个成员中间就剔除哪些议题达成一致意见的困难程度不亚于达成一揽子协议，后者虽历经10年谈判至今仍难产。

事实已经证明确实如此。2011年6月7日，WTO总干事拉米推迟了原定于6月9日召开的多哈回合监督机构贸易谈判委员会（TNC）的一次正式会议。从磋商的情况来看，他认为成员方还没有能够就如何朝希望的方向推进谈判找到方向感。当日亦没有公布新的会议日期。

考虑到世贸组织2011年8月份的假期，各成员方政府尚有近5个月的时间在一些特定议题上达成一致，以便能够及时在2011年12月中旬召开的部长级会议获得通过。

拉米在2011年6月初的TNC会议上，发言指出时间有限，为了在12月取得早期收获，他敦促成员方尽量避免找寻涉及众多议题的那棵“圣诞树”（A “Christmas Tree” of Multiple Issues）。在与各方磋商的基础之上，他提出最不发达成员的问题具有优先权，早期收获计划应包括无关税配额的市场准入、简化的原产地规则、最不发达成员服务产品出口豁免和在棉花产品上的大幅度让步等议题。另一方面，他建议农业、非农产品市场准入、农业和服务业、贸易救济和知识产权等争议问题将置入“慢车道”，原因是这些议题不太可能在年内达成一致。

更加晦暗不清的是12月份早期收获计划中除了欠发达成员问题以外的“中间跑道”（Middle Lane）的有关内容。拉米把该问题留给成员方继续商议，原因在于他们需要在12月以前达成一个“囊括重大发展成分的‘超LDC’一揽子计划”。

“超LDC”一揽子计划内容惹争议

在上周贸易谈判委员会的正式会议上，一项可能的“超LDC”方案所涵盖的内容成为争论焦点。对于哪些议题技术上已经成熟且足以纳入该方案，世贸组织成员各持己见。

比如，美国称限制政府向渔业提供补贴的新规则已经可以纳入 12 月份协议，日本和韩国则持相反意见，反对加强渔业补贴方面的纪律。台面上其他待选的议题包括贸易便利化，发展中成员方的特殊和差别待遇条款的更新，农业出口支持，区域性贸易协定条款、环境产品与服务自由化，等等。

很多谈判代表发出警告，将过多的议程塞入 12 月协议将最终什么也得不到。

当《桥》刊问及 12 月份“超 LDC”一揽子协议的雏形时，一位贸易代表叹道，“要是有人知道就好了”。

该代表称，农产品谈判中应该有可能包括出口竞争方面达成的纪律，至少逐步取消出口补贴与欧盟正在进行的共同农业政策改革的目标一致。凯恩斯集团和农业谈判中的 G20（多哈回合谈判中的一个发展中成员联盟，请勿与由发达国家和发展中国家组成的 20 国集团相混淆）一直力争将此议题纳入。但有消息称，出口补贴是否会出现在 12 月份协议中目前还不得而知，主要是因为政治上需要对所做出的妥协进行平衡。

即便有保证，谈判授权仍然岌岌可危

所谓 A 计划，是指眼下不可能实现的一个综合性计划。因此，当世贸组织成员转而为多哈回合制定“B 计划”时，他们无法回避的一个棘手问题就是，12 月份的早期收获计划如何与剩余的谈判授权相关联。

拉米称“没有人想放弃多哈回合谈判”，也“没有人想要打破一揽子协议”，即一次性就所有议题达成一致。他注意到，多哈授权在本轮谈判完成之前达成的早期收获可以“临时地或确定性地执行”（多哈部长宣言，第 47 条）。

但是，一个谈判代表告诉《桥》刊，将哪些议题纳入 12 月份的一揽子协议的有关决定既不会脱离对潜在协议所持有的决心，也离不开致力于解决多哈谈判未决议题的工作方案。

另一位贸易外交官对“超 LDC”一揽子协议可能成为本轮谈判的唯一成果表示担忧。这就意味着，经由乌拉圭回合谈判才得以纳入多边贸易规则范围的农业补贴和关税问题又将再一次逃脱实质性纪律的约束。

据报道，拉米将继续就下一步的谈判走势与各方展开磋商。

拉米指出多哈谈判导致 WTO“瘫痪”

——12 月部长级会议焦点轮换

由于 WTO 成员已经承认，自 2011 年 5 月下旬以来各方为之努力的多哈缩略方案（Doha Mini-package）看似已无法提上 2011 年 12 月部长级会议日程，深陷困境的多哈回合谈判在 2011 年 7 月底因此又走到了十字路口。WTO 正值 2011 年 8 月休假，各方关注不免都转向了如何将持续十年之久的谈判从屡屡受挫中扭转到正常轨道的紧迫问题上。

2011 年 5 月下旬，经 WTO 各成员协商同意，无论 2011 年 12 月部长级会议取得何种可实现的成果，最不发达成员方（Least-developed Countries, LDCs）的需求都应当成为此次会议的前沿问题。然而各成员仍未能就缩略方案的具体内容达成一致。

各成员在与最不发达成员方无关问题上产生的分歧被指责为造成各成员间意见相左的主要原因。此类问题如果存在，则应当归入多哈谈判的分列议题，也即最不发达成员方以外问题方案当中。然而，在周二的贸易谈判委员会（Trade Negotiations Committee, TNC）会议上也披露（该委员会是负责多哈发展议程的专门机构），各成员之间对应当优先讨论哪些涉及最不发达成员方的议题持有异议。

回顾过去几周的协商，其间经历了一次“绿屋会议”、各国代表团和谈判集团协调人会议，WTO 总干事帕斯卡·拉米开诚布公地表达了他对谈判现状感到沮丧。

拉米向各成员坦言，“无论市场准入问题，还是规则制定问题，我们目前经历的正是 WTO 谈判机制瘫痪的恶果。这反映出 WTO 在适应和调整全球优先贸易问题时的无能为力”。

他补充道，各成员在 2011 年 8 月休假之后应当做些更成熟的准备，而不是再来问接下来怎么办的问题。

在贸易谈判委员会会议上，拉米提出了一项从现在到 12 月部长级会议期间的双轨制方案。第一条规轨道解决非多哈议程问题，WTO 最高决策机构总理事会主席、尼日利亚驻 WTO 大使 Yonov Frederick Agah 已经在 7 月 27 日的总理事会会议上征询和讨论了各成员意见，另一条轨道则用于解决如何继续部长级会议之后的多哈回合谈判。

拉米还敦促各方继续同时开展对话，从而尝试在 12 月会议上提出多哈回合有关最不发达成员问题的可行方案。

其他 LDC 可行方案？

美国是反对在 12 月部长级会议上寻求仅仅着眼于达成最不发达成员方案的国家之一。美国驻 WTO 大使 Michael Punke 向贸易谈判委员会强调，虽然他能够理解“各方本能地希望谈判继续下去”，但同时若不顾前景成败而一味追求“提前收获”将付出巨大代价，亦将会耽误部长级会议筹备的实质性工作。

但 Punke 大使也承认，即使确保“提前收获”看来也希望渺茫，“我们依然欢迎有关发展议题的新对话”。

WTO 各成员都表达了他们对多哈回合现状的惊慌失措，一些成员甚至认为长达十年的谈判像是一出“肥皂剧”。成员们特别强调，忆及 2005 年香港部长级会议上提出的以发展为重的方案，目前应当在支援最不发达成员问题上有所进展。

中国常驻 WTO 大使易小准敦促各方，“12 月之前若能达成一个缩略方案，多哈回合及其下的一揽子承诺就不会裹足不前”。“再者，如果［第八次部长级会议］对多哈回合毫无贡献、甚至对解决最不发达成员问题都毫无裨益，WTO 的信誉将毁于一旦”。

易大使补充道，从更广义的角度来说，“早在香港［第六次部长级会议］上各成员就已经对保障最不发达成员利益做出了承诺”，12 月部长级会议以及全球贸易体制必须对最不发达成员予以关注。“现在是时候立即执行这些承诺了”。

欧盟也认为有必要在 WTO 第八次部长级会议上推进最不发达成员问题的解决，并坚持认为诸如改进的原产地规则、最不发达成员服务产品豁免，以及最不发达成员关税与配额双免（Duty-free，Quota-free，DFQF）市场准入待遇等问题，“只要 WTO 主要成员做出让步，都应当无条件地达成协议”。

此外，欧盟呼吁推进《贸易便利化协议》（Trade Facilitation Agreement）草案，因为该协议将“在所有参与方有所得也有所失的同时，从总体上给予 WTO 成员一个真正的双赢结果”。印度尼西亚在代表东盟组织做会议发言时，支持了这一观点。

在最不发达成员问题上敦促 12 月会议取得进展的其他成员还有非洲联盟，由肯尼亚做代表性会议发言。肯尼亚表示，如果各方都拿出明显善意，那么缩略方案也许会是可行的，但是如果方案最后被削减到对关税与配额双免（duty-free，quota-free，DFQF）市场准入、服务产品豁免和棉花产品等问题都不能解决，那么最终将导致谈判一无所获。

巴西代表补充道，他仅代表巴西认为，后部长级会议的谈判成果是否可信，将取决于最不发达成员问题如何解决。许多成员都表示，一再耽搁最不发达成员问题将对其造成重大损失。

部长级会议上的非多哈议程问题

在 2011 年 7 月 27 日举行的总理事会会议上，Agah 主席概括了他与各成员协商后可能提上 12 月会议日程的几项非多哈议程问题。他强调，各成员应当“首先就会议目标以及如何实现这一目标达成基本一致”，然后再深入考虑问题细节。

Agah 主席补充道，如果像一些批评家所言，目前已进到了全球贸易体制信用得失的关键时刻，那么 12 月部长级会议与前一次 2009 年会议应有所不同。包括欧盟和中国在内的许多成员都反复强调全球贸易体制的声誉已经处于危难之际，欧盟一直声称在 WTO 的前景如何这个问题上“我们需要统一观点”。Agah 主席说，2011 年部长级会议应当树立起 WTO 的一个形象，即 WTO 不仅只有多哈回合。

总理事会主席希望非多哈议程问题能集中在两大主题上：一是从现在开始到 2011 年年底这段期间内 WTO 的工作重点，二是 2011 年以后到下一届 2013 年部长级会议期间内 WTO 的工作重点。

就前一个主题，从多次协商中已经得出了一些观点，其中包括聚焦发展问题，例如与最不发达成员和弱小经济体（Small and Vulnerable Economies，SVEs）有关的贸易援助主动性，以及改善评价贸易保护主义趋势的贸易政策审议机制和其他监督机制。在讨论过程中，欧盟支持有关区域贸易协定中的透明机制。

对于 2011 年之后的 WTO 工作，Agah 主席认为对各类“21 世纪问题”都应当有所交代，包括气候变化、食品安全和贸易汇率等问题。

会议上，孟加拉国代表强调了食品安全问题对发展中成员方中食品净进口国的重要性，特别是食品价格上涨带来的影响以及其他成员方采取的出口限制。

Agah 主席提醒各成员应该避免在短时间内采取“圣诞树方案”来决定 12 月会议的议程，特别是在拉米总干事将在秋天召集贸易谈判委会就多哈议题进行协商的前提下。

在前一日贸易谈判委员会会议上谈论的多哈回合发展议题延续到了总理事会会议上的非多哈回合议题，成为许多成员发言时的重点。

对于从现在起到12月部长级会议这段时间内着重关注非多哈回合议题的决定，不免让人回想起2009年第七届WTO部长级会议时的情景，当时多哈议题原本是被当做次要议题来解决“内部”事务的。虽然那时多哈谈判还未被提上正式议程，但部长级会议却由于政治动因而获得了意想不到的成果，推进了贸易谈判。

然而，2009年提上议事日程的内部问题只是《与贸易有关的知识产权协议》（Trade-Related Aspects of Intellectual Property Agreement，TRIPS）“不违法之诉”和电子商务关税两个问题的进一步延缓。由于谈判方之间有个不成文的规定，即提请部长级会议审议的问题需要经由谈判方协商一致通过方可递交，因此由印度提出、并由诸多发达成员和发展中成员支持的“加强多边贸易体制”的议案，因为受到玻利维亚、古巴、厄瓜多尔、尼加拉瓜和委内瑞拉的反对而未能提上2009年会议日程。包括《桥》刊编辑在内的观察家们一直以来都强调WTO应当尽快着手商讨2009年的印度提案。“12月举行的第八届部长级会议仍然有望将其向前推进”，国际贸易和可持续发展中心的Ricardo Meléndez-Ortiz这样说道。

第八届 WTO 部长级会议的核心议题

来自世界各地的贸易部长于 2011 年 12 月第三周聚集于日内瓦，出席世界贸易组织（WTO）第八届部长级会议（MC8）。此次会议上，他们将审评 WTO 的各项活动，并欢迎俄罗斯、萨摩亚和黑山共和国加入 WTO。虽然大家普遍认为三天的会议不会在谈判方面有重大突破，但会议之外还是安排了足够的双边和小组会议，为本次高级别会议定下基调。

有 90 多个成员方贸易部长出席此次会议。知情人士向《桥》刊透露，主要贸易大国均委派了部长出席本次会议。先前曾经有人担心，不会有很多部长参加本次会议。

此次会议上，部长们将讨论并通过名为“政治指导要点”的文本。此次部长级会议的主席、尼日利亚财政部长 Olusegun Olutoyin Aganga 称，在两周前的 WTO 总理事会上，各成员同意将上述文本作为“主席文案”的第一部分，由主席团于会议结束时发布。

主席文案的第二部分将包括部长们在大会中提及的议题，以及下述三个平行的工作会议中的议题，即：多边贸易体制与 WTO 的重要性，贸易与发展，以及多哈回合谈判的未来。

大会期间，部长们还将讨论和批准一系列的决议，包括：最不发达成员加入 WTO 谈判，给予最不发达成员服务贸易豁免等。

决议草案

各成员代表们期望在一系列重大的贸易议题上达成决议。吸纳俄罗斯成为世界贸易组织新成员的决议处于重要的位置。此外，还有萨摩亚和黑山共和国分别提出的加入 WTO 的申请。

其他决议草案，包含一小部分关于最不发达成员的可交付成果，其中包括一个豁免，即：允许 WTO 成员给予最不发达成员的服务和服务供应商特别优惠的待遇，而不用恪守 WTO 最惠国待遇原则的规定。

同样，各方期待部长们同意延长最不发达成员执行 WTO《与贸易有关的知识产权协议》（TRIPS）的最后期限，目前的截止时间为 2013 年年中。

原先设定最不发达成员执行 TRIPS 协议的截止时间为 2005 年，但是在当年就决定延长时限，以便这些成员能够界定在保护知识产权方面“优先需要”

哪些财政和技术援助。迄今为止，只有六个国家提交了“优先需要”的清单，导致再次延长期限。

关于最不发达成员加入WTO的决议草案也同样提前发给了部长们：决议将授权最不发达成员委员会“强化2002年LDC加入WTO纲要中的建议，使之合理化和可操作化”，并在货物和服务领域设立承诺的门槛。

同时，前面几次部长级会议遗留的两项问题也留待讨论，即：知识产权协议非违法之诉和电子商务关税。

关于知识产权协议的非违法之诉，可能会延续到下一次的部长会议。这个问题的核心是，提起诉讼的基础是违反了WTO有关知识产权的规则，还是违反了TRIPS协议的具体条款。关于电子商务，部长会议可能会做出决定，继续对网上下载的音像制品、书籍和其他产品免予征收关税。

关于多哈回合谈判的未来

谈判小组和各个阵营在部长级会议之前，已经开始召开单独的会议。从目前的情况看，在如何评估多哈回合谈判的未来方面，WTO成员仍可能存在较大的分歧。

两个发展中成员组在2011年12月14日进行会晤：一个是G20国小组，他们主张发达成员改革其农业政策；另一个是G33国小组，要求允许发展中成员在农产品市场准入方面有更大的灵活度。由发达成员和发展中成员中的农产品净出口国组成的凯恩斯集团定于12月15日开会。其他还有弱小经济体（SVEs）以及以发展为核心且聚集了最不发达成员的G90国集团，包括欧洲所辖非洲、加勒比和太平洋的前殖民地国家，这些团体的背后都有巴西、印度和中国的支持。

根据草案陈述，90国集团强调如果WTO不能圆满结束多哈回合谈判，将会损害WTO的信誉，削弱其未来的工作。这些成员也反对以诸边协议的方式来结束多哈回合谈判。一些WTO成员则建议这种部分解决的方式或许可以给十年多哈回合谈判一个出路。

美国特别提出，除非诸如中国和印度这样的主要发展中成员同意向美国工业产品和农产品开放市场，否则多哈回合不能在现有文本的基础上草草收场。

然而，一位非洲代表认为，许多发展中成员坚信，除非多哈回合成功，否则WTO不能将重心转向其他领域。

一揽子协议，还是早期收获？

与其他发展中成员组织相类似的是，G90国集团认为一揽子协议、发展议题以及包容性的透明决策机制是多哈回合谈判的关键要素，不应当废弃。

观察人士，也包括 WTO 总干事拉米本人，似乎都排除了早期收获的可能性。

虽然仍然有一些成员愿意考虑这种早期收获方式，但是否可行则是一个问题。其中一个困难就是挑选哪项事项达成早期收获协议。

90 国集团很有可能提出，任何“早期收获”都必须给予最不发达成员优先权，比如其出口产品的免关税、免配额的市场准入待遇，以及制定新规则来消除贸易扭曲的棉花补贴。

棉花问题：美国公布新措施

由于其针对美国扭曲贸易的棉花补贴措施改革方案未能达成一致，非洲产棉国接受了大会主席提案中的“政治指导”文本，仅重申 2005 年香港部长级会议宣言的决定，明确应当“大刀阔斧、迅速有效、有的放矢（Ambitiously, Expeditiously and Specifically）”地处理棉花问题。

这个“政治指导”文本没有提及“西非棉花四国”（即贝宁、布基纳法索、乍得和马里组成的 C4 集团）最近所作的提议。该协议要求发达成员的棉花补贴水平“锁定”在目前历史最低位。

美国今天公布了一个旨在帮助最不发达成员的一揽子措施，其中包括继续向西非产棉国提供技术援助项目、扩大最不发达成员出产棉花“零关税零配额”（DFQF）待遇的覆盖范围，以及为寻求最大限度享受美国特惠贸易政策的成员提供额外帮助。

美国贸易代表 Ron Kirk 在一项声明中表示：“我们希望在本周的 WTO 部长级会议上以及未来的日子里，寻求新的契机，加深与最不发达成员之间的贸易伙伴关系”。

然而，有批评人士指出，因为美国是一个棉花净出口国，所以上述的措施不能解决西非产棉国所关切的问题。

由于补贴引起国际市场棉花价格走低，西非产棉四国（C4）集团出产棉花的市场竞争力大受影响。中国是全球最大的棉花进口国，同时从美国和非洲产棉国进口。乐施会（Oxfam）政策顾问 Romain Benicchio 评价道：“美国的棉花市场准入历来都不是主要问题，美国的棉花补贴和倾销才是问题的症结”。

经济低迷笼罩下的部长级会议

这次部长级会议是在全球经济持续低迷的背景下召开的。最近有报道说 G20 集团成员的贸易保护主义有所抬头。

过去几个月里，WTO 各成员忙忙碌碌，一方面是努力推进多哈回合谈判，另一方面也是为本周的会议梳理工作要点。各方已放弃在 2011 年年底结束多哈回合谈判的努力，随后，以最不发达成员为核心的多哈“提前收获”计划也宣告失败。

自从 2011 年 7 月“早期收获”计划落空之后，WTO 总干事拉米明确承认“我们今天所看到的正是 WTO 谈判职能的瘫痪”。

确立今年部长级会议议题的过程也频遭阻力，因为各成员难以就决议草案以及政治纲领的要点达成共识。

仅有的几个共识之一，是今年的会议不会专攻多哈回合谈判。一位与会代表告诉《桥》刊记者：“说实话，目前没有让人喜出望外的大环境”。

另一位官员表示，较之前几届会议，“预热过的部长级会议”将有可能提供更开放的讨论空间。该官员补充道：“我们已经限定了此次会议的成果，这意味着会议气氛将相对宽松。各方可以开诚布公地发表各自观点，因为这些观点与谈判成果没有必然联系”。

但愿这样的氛围能够使部长们切实投入到多哈谈判以外（beyond Doha）的政治指导和内容上来。

国际贸易和可持续发展中心（International Centre for Trade and Sustainable Development，ICTSD）总裁梅林德（Ricardo Meléndez-Ortiz）先生评价道：“WTO 部长级会议提供了一个绝佳机会，使得各国可以审视 WTO 职能运行，以及国际贸易体系的未来发展，其中包括诸边协议和区域性协议的扩展和趋势”。

在荷兰政府的支持下，国际贸易和可持续发展中心在 2011 年 12 月 14 日启动了一个专家会议和分析工作项目，旨在寻求巩固国际贸易体系的方法。“我们期待为 WTO 的非多哈职能注入活力，并且为 WTO 作为首要、核心的经济治理机构所具备的潜质寻找实现其价值途径”，梅林德先生说。

政府采购协议

部长级会议首日，各方期待的焦点之一是，42 个 WTO 成员是否将就数十亿美元的政府采购达成一致。

知情人士透露，在各方开展了数日“密集谈判”之后，政府采购协议下设的谈判委员会计划将于周四早上举行一次部长级别的会谈。各成员将着重开展扫尾工作。

然而，目前的关键问题是欧盟是否能够与美国、日本就政府采购协议涵盖的范围达成一致。上述三方在该问题上的分歧是谈判进展缓慢的主要原因。

最近几个月，中国继续其加入该协议的谈判，引起很多关注。2011 年 12

月的第二周，中国政府提交了一份各方期待已久的“掷地有声的修订后签署提议”，阐述了将被纳入政府采购协议的中国政府机构、供应商准入门槛，以及其他相关细节。

谈判各方希望建立一些国际规则，要求各成员政府在采购货物和服务时遵循无歧视原则，同时兼顾考虑到各成员经济发展水平的差异。该协议将提升公共资金的使用效率和透明度。

协议的早先版本于1996年生效，并在乌拉圭回合谈判期间完成。目前的谈判旨在重续1996年协议版本，并吸纳新成员。

示威者聚集抗议食品危机和金融危机

纵然对多哈回合谈判的结局并不存在很高期望，民间社会团体也聚集在日内瓦，抗议世界贸易组织。不过，比起以前，今年的示威游行要安静得多。

类似与在全球进行的“占领”运动，一个由当地日内瓦示威者搭建的“占领”帐篷也安置在部长级会议中心的外面。参加示威抗议的团体名为“我们的世界不是拿来卖的”（Our World Is Not For Sale），是由农民、工人和社会运动分子和国际工会联合会（International Trade Union Confederation，ITUC）组成。

国际工会联合会（ITUC）的Sharan Burrow在一份声明中表示：“WTO在防止贸易不平衡方面无所作为，反而使得收入差距越来越大”。

日内瓦贸易与发展论坛

2011年12月16日和17日，部长和贸易专家们将参加在WTO召开、由民间机构主办的日内瓦贸易和发展论坛，讨论多边贸易体制的未来、新兴经济体和自由贸易协定等热点议题。此论坛由国际贸易和可持续发展中心（ICTSD）主办。

《政府采购协议》谈判吹响部长级会议号角

世界贸易组织（WTO）第八次部长级会议（MC8）于2011年12月15日上午在瑞士日内瓦开幕。会议首日，与会的42个成员就价值数十亿美元的政府采购合同自由化问题达成一致。这一消息使得起初并不看好本届会议的谈判代表们精神为之一振。

《政府采购协议》涵盖范围扩大

《政府采购协议》（Government Procurement Agreement，GPA）是WTO成立时就有的一个诸边协议，目前有42个WTO成员参加。过去十年，这些WTO成员努力谈判扩大政府采购协议的涵盖范围。昨天达成的协议可以说是GPA的第二代升级版。表现在以下三个方面：

第一是扩大了金额规模。在已经纳入协议范围的5 000亿美元基础上，增加涵盖了价值超过1 000亿美元的政府采购合同。

第二是新的市场机会。这个升级版的GPA涵盖了新的政府部门和机构，开放的服务和货物项目也增加了。

第三，升级版的GPA强化了政府采购中有关透明度和程序的新的简易规则，有助于打击隐性的贸易保护主义和腐败问题。新的协议也将吸引和促进新成员加入到这个诸边协议。

各成员贸易官员为GPA的升级换代欢欣鼓舞，认为它不仅大幅度地扩大了市场准入机会，而且增强了法律责任的约束力。

WTO总干事拉米向媒体表示："GPA谈判有了结果，对我们来说是个久已未见的好消息"。

十年以来，谈判一直面临着很多困难，欧盟、美国和日本之间难以调和的分歧曾经一度把谈判带到崩溃边缘。

GPA谈判委员会主席、瑞士资深外交官Nicholas Niggli说道："每个成员都有得有失。但是，今天的这个成绩对于世界贸易体制来说实在犹如久旱逢甘露！"

欧盟内部市场委员会委员Michel Barnier称，这次修改后的协定是一个双赢机会，将带动经济增长、扩大就业和促进竞争。

他补充道："尽管我们总是可以期待更多，但是所有的欧盟成员国都认识到这是一个平衡各方利益、具有积极意义的协定"。

Barnier 还说，欧盟在获得市场方面得到了实质性收益，特别是日本铁路设备的公共采购，这对欧盟来说是一个重要行业。而且，由于加拿大省级政府采购协议也部分地纳入新的协议，这也给欧盟企业带来新商机。

这一协议的最后审议和法律修订预计将在未来三个月内完成。

中国

中国何时加入 GPA 是一个各方关注的问题，因为中国的政府采购数额庞大。在 2001 年中国入世《议定书》中，中国曾同意通过特别谈判加入 GPA。

很长一段时间，中国都表示尚未做好加入协议的准备，主要是因为先前版本的 GPA 中的规则不是很清晰，比如在涵盖的机构范围以及采购活动方面。

昨天达成的升级版 GPA 细化了有关规则，将促进中国最终完成其加入 GPA 的谈判。下一阶段，加入谈判将以新的升级版文本为基础。

中国于 2011 年 12 月的第二周提交了最新的材料，内容涵盖了地方政府和中央政府下属的相关机构。截至发稿，外界不清楚中国提交的出价清单里包括了哪些具体的机构以及货物和服务项目。

但是，各国对中国的最新清单反应冷淡。美国贸易代表 Ron Kirk 强调，中国加入 GPA "还有很长的路要走"，希望中国的出价要与 GPA 目前缔约方的承诺水平相当。

Kirk 说，美国认为需要改进的方面包括，中国应当将国有企业纳入协议范畴，同时增加更多的地方机构和服务领域，还应降低合同价值的准入门槛。

WTO 官员表示，2011 年 12 月的第四周就可以公开 42 个 GPA 缔约方的出价清单。

拉米：WTO 在世界经济的疾风骤雨中力挽狂澜

一贯喜欢用比喻的拉米在部长级会议的开幕致辞中警告各成员，尽管多边贸易体制帮助"稳定"了各成员的国内贸易政策，但是"疾风骤雨正在动摇锚的稳固性，并有可能将其连根拔去"。

拉米提到，2011 年的世界经济可以用"动荡和飘摇"来形容，其间"全球经济增长举步维艰"，失业率居高不下。

他对济济一堂的与会部长们说："更加自由、公平和关注发展问题的贸易制度将是解决问题的重要途径"。

他列举了 GPA 协议的新版本、俄罗斯、黑山、萨摩亚和瓦努阿图入世，以及 WTO 争端解决机制下贸易争端的和平解决，作为 WTO 成功的例证。

然而，他也批评 WTO 各成员未能处理好困扰多哈回合谈判的症结问题，使之拖延了十年之久。拉米说："至今，你们都无法通过努力实现全球贸易更加平等、开放"。

拉米提醒道，为了使多哈回合走出僵局，各成员必须处理好僵局背后的"关键问题"，即：发展水平不同的成员之间，对于什么才算权利和义务平衡这个问题存在不同的看法。

虽然他说解决问题没有"灵丹妙药"，但他提出了在 2012 年设立一个多方参与的专家组，旨在帮助各成员明确"世界经济当前和未来的驱动力量"，从而"继续使得贸易成为发展、经济增长、创造就业和消除贫困的重要力量"。

"一揽子协议"还是早期收获？

部长聚首，"交火"是意料之中。

先来看美国的核心观点。美国贸易代表 Ron Kirk 说，与启动多哈回合谈判的时候相比，我们身处的这个世界已经发生了"深刻的变化"，影射快速发展的发展中经济体。他说："目前为止的谈判并未能反映这些变化"。

他表示，目前的路径无法促成谈判结果，大家"需要集思广益，从而开辟一条解决问题的新途径"。

舆论普遍认为，目前谈判僵局的核心是在下面这个问题上的分歧：美国企业多大程度上可以进入中国和印度的市场。

印度商务部部长 Anand Sharma 提出了不同的看法："尽管最近几年多哈回合的进展令人失望，但是多哈回合的授权是大家经过艰苦谈判达成的，我们不能弃之不顾"。

印度部长谈到，对于将不同领域内已经达成一致的谈判结果汇总到一起，并推出谈判代表所谓"早期收获"协议的做法，"我们必须三思而后行"。

中国商务部部长陈德铭开门见山，"多哈回合谈判出现了困难"。尽管他申明中国"对新途径保留开放的态度"，但他同时也表示，只有"在多哈回合完成以后"开展新议题才有意义，因而也含蓄地驳斥了有些发达成员方有意在多哈谈判陷入僵局的情况下开展其他与贸易有关问题谈判的设想。

在其他单独声明中，一些联盟也表达了其对 WTO 以及多边贸易体制未来的看法。包括由发达和发展中成员方农产品净出口国组成的凯恩斯集团提出"农业贸易政策改革尚未完成"，并指出：除非通过多哈回合谈判协议最终确定下来，否则例如 2013 年之前取消出口补贴措施的规定仍只会是纸上谈兵。

弱小经济体和 G33 集团（该集团呼吁给予发展中成员方在保护农产品市

场方面有更多的灵活性）也在单独声明中强调了多哈回合谈判中的发展视角。

五个国家宣布不接受主席文案

2011 年 12 月 15 日早些时候，五个拉丁美洲国家发表声明，批评各成员于两周之前达成的有关“政治指导要点”的协议。

在该声明中，玻利维亚、古巴、厄瓜多尔、尼加拉瓜和委内瑞拉提出，主席的政治指导文本“包括有意破坏《多哈部长级宣言》基本准则的内容”，因此“牺牲了一揽子协议原则的优先性”。

一些贸易官员质疑五国声明的意义，指出此项政治指导文件仅作为主席声明最终文本的基础，也仅由大会主席自负文责。官员们还指出，总理事会主席曾给予所有成员修改政治指导文件的机会，但是当时成员都没有提出异议。

有接近这五国的人士告诉《桥》刊，这个声明的目的不是阻碍达成协议，而是唤起人们更多地关注主席总结中的实质性内容以及如何形成主席总结的程序。

部长重申反对贸易保护主义

在会议首日议程即将结束时，22 个成员的贸易部长以及欧盟 27 个成员国提出了“反对贸易保护主义宣言”，并强调必须将其包括在此次部长级会议最终的主席声明中。

签署该宣言的成员占有全球 GDP 的三分之二份额，他们或为主要大国组成的 G20 集团成员，或为亚太经合组织（APEC）成员，有的同时为两个组织的成员。

该宣言切实反映了这两大集团反复想要表达的措辞，即承诺“抑制在货物和服务贸易领域设立新的壁垒、避免在出口方面设置限制措施以及避免在所有领域（包括刺激出口）实施与 WTO 不一致的措施”。

部长们一一谴责了贸易保护主义，加拿大部长更是称其为“毒药”。部长们也对多哈回合谈判僵局感到遗憾，并呼吁新的办法来推动谈判。

当被问及“锁定”承诺是否会对一些依靠关税收入度日的发展中成员太过严苛时，澳大利亚代表回应道，以政策空间名义为掩护的诉诸贸易保护主义行为，等于是“向着错误方向行进”。

随着大会首日议程落幕，目前各方注意力已经转向了旷日持久的俄罗斯入世问题，毫无疑问这将成为 2011 年 12 月 16 日议程的一个亮点。

结束十八年马拉松，俄罗斯加入 WTO

2011 年 12 月 16 日，各成员贸易部长正式欢迎俄罗斯加入世界贸易组织（WTO），标志着俄罗斯结束了长达将近 20 年充满分歧和挫折的入世谈判之旅。同时，谈判代表们今天也就全球贸易机构在多边贸易体制中的角色展开了讨论，并再次谈及了诸如棉花和渔业补助等方面的贸易难题。

俄罗斯入世

2011 年 12 月 16 日的庆祝仪式标志着世界上最大的非 WTO 经济体加入了多边贸易体制，这是为期三天的部长级会议众望所归的主要亮点。消息人士表示，这次部长级会议将被载入史册的两项成果，一是周四结束的《政府采购协议》谈判，二是周五俄罗斯入世。

与会的贸易官员一致同意并通过了俄罗斯入世议定书，并对议定书内容给予了广泛赞许。

WTO 总干事帕斯卡·拉米（Pascal Lamy）对与会人员说道：“经过长达 18 年的马拉松式谈判，今天对俄罗斯联邦共和国以及多边贸易体制来说，的确是一个具有历史意义的时刻”。

他继续补充道：“众所周知，马拉松长跑的最后一英里是最疲惫、最艰难的路程，而最美好的时刻就是越过终点线的那一瞬间”。

尽管俄罗斯获准入世结束了漫长而不确定的谈判过程，但俄罗斯经济部长纳比乌林娜（Elvira Nabiullina）强调：“对俄罗斯而言，入世谈判的结束不是终点，而是一个崭新的起点”。

瑞士政府曾在俄罗斯与格鲁吉亚的谈判中起到了斡旋作用，这才促成了周五俄罗斯入世。瑞士总统米舍利娜·卡尔米－雷伊（Micheline Calmy-Rey）坦言这项使命“起初看来几近无望”。

俄罗斯与格鲁吉亚之间的分歧曾一度使俄罗斯入世进程陷入停滞，最终两国在瑞士的斡旋下，于 2011 年 11 月初达成妥协。

俄经济部长纳比乌林娜向媒体表示，俄罗斯有望从入世中获益良多，入世不仅能使商品质量提高，还向投资者传递了改善投资环境的信号。俄罗斯第一副总理舒瓦洛夫（Igor Shuvalov）赞同这种观点，并补充道，俄罗斯大部分的民族工业将从中受益。

纳比乌林娜强调，俄罗斯还将从参与 WTO 争端解决机制方面受益，并指出由于在化学制品和交通运输等方面的贸易限制，俄罗斯目前每年遭受 20 亿美元的损失。

纳比乌林娜还向媒体表示，在入世谈判过程中，俄罗斯已经修改了 300 项法律文件，使之与国际贸易规则接轨。

和其他发言者一样，美国贸易代表柯克（Ron Kirk）表示："俄罗斯入世是一大进步，标志着 WTO 真正成为了一个世界性贸易组织"。

12 月 17 日的大会上还设定批准了 3 项涉及最不发达成员的重大事项决议草案，孟加拉国商务部长 Muhammad Faruk Khan 因此强调指出，俄罗斯的入世经历可以成为最不发达国家入世的"有用经验"。

古巴也强调加入 WTO 的过程困难重重，并指出仍有 30 个发展中国家停留在申请入世的队伍中。

哈萨克斯坦经济一体化部部长贾娜尔·艾特扎诺娃（Zhanar Aitzhanova）解释说，俄罗斯所做出的所有承诺都将被纳入俄罗斯－白俄罗斯－哈萨克斯坦关税同盟的规则框架中，这将对哈萨克斯坦的贸易体制产生立竿见影的影响。俄罗斯被获准入世也将促进哈萨克斯坦的入世进程。

俄罗斯官方强调，俄将不会阻碍多哈谈判进程。俄第一副总理舒瓦洛夫表示，俄罗斯已经开始关注谈判进展，并希望在其中发挥积极作用。

在中国庆祝入世十周年的同时，许多观察家已经开始关注中、俄两大新兴经济体的入世效应比较。但是 2011 年 12 月 16 日，在一个由独立民间团体主办的活动讲话中，拉米强调，俄罗斯的贸易发展模式与中国完全不同，而且中国入世时，世界经济也并未像现在这般动荡不安。

俄罗斯入世的一揽子文件在生效前仍需得到俄议会批准。议会批准 30 日后，俄罗斯将正式成为 WTO 成员。在接下来的议程中，部长级会议还将欢迎其他三个国家加入多边贸易体制，分别是：黑山共和国、萨摩亚和瓦努阿图。

反对保护主义：雷声大雨点小？

2011 年 12 月 16 日早上，贸易官员们就多边贸易体制的未来召开了一次非正式工作会议。

一位官员指出，此次会议上各成员不过是重申了一遍自己的立场。

"其间没有任何讨论"，这位官员补充说。而另一名官员表示，几乎没有几位部长出席会议。

参与此次会议的一位代表表示，尽管各成员都再三申明反对保护主义，但个别成员对于如何将其付诸实践则存有不同看法。一些成员要求将适用关税保持在低位，而其他成员则指出发达成员方的非关税壁垒和补贴措施导致了反对保护主义“雷声大雨点小”的局面，令人颇为担忧。

另一位官员指出，非关税壁垒措施是一个新挑战，而目前的市场准入谈判难以解决这个问题。

16 日的这场讨论以及 17 日另外两场工作会议结果都将汇报给部长级会议，并纳入会议闭幕时揭晓的主席声明。

南非部长戴维斯：“假以时日，择机而动”

在部长会议同时，一个由民间机构主办的日内瓦贸易和发展论坛正在 WTO 举行，多边贸易体制的未来是论坛热议的话题之一。

在由国际贸易和可持续发展中心（ICTSD）举办的此次论坛上，各成员贸易部长均表示 WTO 担当着制定规则的角色，正是这一角色使其成员受益颇多。来自印度尼西亚、秘鲁、南非和瑞典的贸易部长们认为 WTO 为抵制贸易保护主义提供了一道屏障。

然而，瑞士负责对外贸易的国务秘书弗莱施（Marie-Gabrielle Ineichen-Fleish）同时指出“作为一个谈判机构，WTO 目前面临重重压力，我们真不知道该何去何从”。

南非贸易和工业部部长罗布·戴维斯（Rob Davies）则表示，南非并不认为如果不能进一步开放贸易，整个多边贸易体制就会崩塌。他说：“如果各成员还无法在此时此刻担负起发展议程的谈判，那我们就假以时日、择机而动”。

几位与会高层纷纷提到了将贸易与气候变化等重大新挑战纳入谈判议程的重要性。几乎所有与会人员都认为双边和/或区域贸易协定可以促进多边贸易协定，而非妨碍其发展。

WTO 总干事拉米表示，在谈判议程前进的道路上，如果美国与中国无法在某种程度上达成一致，整个多边贸易体制将无法正常运转，在多哈回合的问题上两国都不存在有利于谈判的政治多数。

他说，部长级会议其实就是在两个贸易大国的重重分歧中，探索仅存的空间。但他也表示希望并相信两国最终会明白，“与零敲碎打的方法（Piecemeal Approach）相比，多边贸易合作的成本更低，收益更多”。

“鱼之友”集团（Friends of Fish）

由阿根廷、澳大利亚、智利、哥伦比亚、厄瓜多尔、新西兰、挪威、秘鲁和美国组成的“鱼之友”集团的成员国贸易部长们于 2011 年 12 月 16 日发表了一份声明，再次重申坚持一贯承诺，推进强有力的新措施谈判。新措施旨在消除各国促进船队捕捞能力的各项补贴，这些补贴最终会导致过度捕捞和资源枯竭。他们同时强调，不良后果不仅仅局限于环境方面的危害，最终有可能威胁到人类生存和食品安全，尤其对发展中成员而言。

目前世界上将近85%的海洋已经被完全开采或过度开采、海洋资源耗尽或者正处于消耗之后自我修复，这一数据比四年前上升了10%。据估计，各成员每年都投入大约160亿美元的有害补贴，其中日本、中国、欧盟、美国和俄罗斯等位列前几名。

棉花：C4集团敦促补贴改革

来自西非棉花生产国的贸易部长们于2011年12月16日指出，如果要消除贫困，那么在提出发展援助和市场准入新提议的同时，也要对扭曲贸易的棉花补贴措施进行改革。

在与美国贸易代表柯克商讨之后，乍得贸易与工业部部长Mahamat Allaou Taher在新闻发布会上指出，"西非棉花四国"（即贝宁、布基纳法索、乍得和马里组成的C4集团）仍在考虑美国提出的发展援助和提高市场准入的新提议。

然而，乍得部长强调，棉花问题解决方案应当双管齐下，发展援助只是其中之一。他说："我们同时还致力于通过贸易手段来解决问题"。

Allaou Taher认为，我们迫切需要美国改革其棉花补贴政策，而不仅仅是市场准入。他指出，事实上，销往美国的乍得棉花仅占其产量的2%，而美国则是棉花的净出口国。

乍得部长还指出，两天前中国也向"西非棉花四国"提出了发展援助方案。

美国则认为，多哈回合协议的最后文本也应当包括中国削减其对国内棉花的补贴支持。

但是，Allaou Taher指出美国仍是"西非棉花四国"发起补贴改革行动的主要目标。他说："美国不是唯一的补贴国，但是美国的补贴数额最为庞大"。

食品安全与贸易引发热烈讨论

在回应WTO总干事拉米发表于部长级会议前的公开评论时，联合国人权专家Olivier De Schutter在2011年12月16日召开的新闻发布会上指出，WTO"是在捍卫一个过时的食品安全条例"。

在致这位联合国食物权利问题特别专员De Schutter的一封信中，总干事拉米申明，他"坚决"反对"有关各成员必须降低对国际贸易的依赖从而实现食品安全的主张。”

总干事的这一评论旨在批评 De Schutter 一个月前发表的一份报告。该报告再次强调了早先的结论，即“在追求食品安全过程中，各成员要尽量避免过度依赖国际贸易”。

WTO 农业司主任 Clem Boonekamp 在 16 日的一个新闻发布会上指出：“贸易在某种程度上就意味着食品安全，这是我们总干事一直强调的，而且他所说的也完全正确”。

在对《桥》发表的独家评论中，贸易谈判代表们对这一激烈交锋深表遗憾，他们表示希望 De Schutter 能接受 Lamy 的公开邀请，向全体 WTO 成员讲解他的报告。

WTO 部长级会议：大会主席一锤定音，勾画未来发展蓝图

世界贸易组织（WTO）第八届部长级会议（MC8）于 2011 年 12 月 17 日晚落下了帷幕，为期三天的会议见证了俄罗斯、萨摩亚和黑山共和国入世，另有 42 个成员达成了价值数十亿美元的《政府采购协议》。

为期三天的会谈结束后，本届部长级会议主席、来自尼日利亚的 Olusegun Olutoyin Agang 对本次高级别会议进行了总结，并勾画了各成员心中的未来。

"新"议题还是多哈依旧？

大会主席提出，贸易部长们有一个"共同的感受"，那就是：打破长达十年之久的多哈谈判僵局的"关键"在于如何平衡新兴经济体和发达经济体各自所应承担的义务和责任。

以美国、欧盟等为代表的发达经济体，与以巴西、中国、印度等为代表的主要新兴经济体，在农产品和非农产品市场准入方面长期存在的分歧被广泛指责为使得谈判停滞不前的症结。

一位贸易官员告诉《桥》刊："WTO 就像一列失去车头的火车；中国和美国处在车头位置，但却无法带动火车前进"。

鉴于多哈谈判目前的困境，许多有关贸易问题的对话已将注意力转向如何确保和维持 WTO 在多边贸易体制领域的实际存在的意义。

一些成员建议 WTO 引入新的议题（例如气候变化、食品安全、贸易和汇率、能源问题等），从而保障 WTO 与时俱进，并维持它的威信。这也是过去一周内一些部长反复重申的一个观点。

部长会议主席 Aganga 在闭幕式上也指出，另一些部长对开始新的谈判议题仍"有所保留"。这些部长们担心，这种方法可能会导致谈判议题的选择性，而且新的议题会将各方注意力从悬而未决的多哈议程上转移开去。

大会主席说，许多部长建议由 WTO 现有的委员会来处理这些新兴议题，"只要新议题符合这些委员会的正常规则和程序，并在各自的授权范围内开展"。

WTO 总干事拉米在 17 日晚上的记者招待会上饶有兴趣地发表他对这个问题的看法。他说，讨论某个议题与就某个议题开展谈判，两者之间不尽相同。这一说法些许冲淡了担忧情绪。他继续补充道，讨论新议题并不意味着旧议题会被取而代之。

他强调：“在 WTO 规则下，如果没有得到所有成员协商一致的授权，新议题谈判就无法开展”。

多哈回合有没有容易摘到的果子？

大会主席指出，许多成员对谈判僵局“深表遗憾”，但与此同时也重申将恪守对谈判授权的承诺。

大会主席在总结中特别提到：贸易部长们表示对新的谈判方式保留开放态度。这是美国特别敦促的。

但是，大会主席也指出，一些部长对诸边谈判方式“保持强烈的保留意见”。这是因为，他们担心，倘若有国家放弃通过所有成员努力来达成一致的途径，换而在小集团内部订立一系列协议，那么多边贸易体制将被严重削弱。

大会主席说，一些部长强调有必要先行确定可以在短期内达成协议的议题范围。而另外一些部长则呼吁，尊重多哈回合谈判授权和“一揽子协议”的原则。

一位贸易代表告诉《桥》刊记者：“所有议题都是整体协议的组成部分，因此问题在于，如何能够既采摘到容易拿到的果子（相当于早期收获计划），同时又能确保其他议题的达成”。

消息人士补充道：“大家都在说，‘有果堪摘直须摘’”。

根据主席声明，各成员贸易部长们强调了发展议题的核心地位，并指出有必要优先考虑最不发达成员（LDCs）的利益，例如今年会议上西非若干贸易部长再次提及的棉花问题，该议题已经历八年之久的谈判。

拉米在会议结束时的记者会上说，此次部长级会议上，非洲棉花出口国从其他成员那里获得了市场准入和发展援助方面的新承诺。“这是意外的收获”，他说。

主席声明提到，许多部长敦促其贸易伙伴承诺“冻结”一切形式的贸易保护主义。由农业净出口国组成的凯恩斯集团在这一问题上更是旗帜鲜明。然而，其他成员，尤其是一些发展中成员则强调，为实现其经济和发展目标，他们有权在与 WTO 规则相一致的政策空间范围内采取措施。

大会主席也指出，此次部长级会议期间许多部长也都敦促其贸易伙伴不要针对世界粮食计划署（World Food Programme）的粮食援助施加出口限制。这是对应主要经济体领导人 2011 年 11 月在戛纳举行的 G20 集团峰会上的措辞。

就粮食安全问题，主席声明中提到，一些部长支持开展有关贸易和粮食价格波动的工作计划，该计划将对最不发达成员方和粮食净进口发展中成员方产生影响。

有利于最不发达成员方的决议

2011 年 12 月 17 日，各成员贸易部长一致通过了一项豁免权，使得 WTO 成员可以在偏离最惠国待遇原则的条件下授予最不发达成员方更宽松的服务贸易市场准入条件。

十年来，最不发达成员方一直认为，相比其他成员方服务贸易和服务供应商，WTO 应当允许其成员给予最贫穷成员方更优惠的待遇。为实现这一目标，他们必须说服各成员放弃多边贸易体制的一个核心原则，即平等对待所有成员的义务。

虽然各成员可能会在最不发达成员方和其他成员之间采取区别待遇，但所有优惠措施必须惠及全部最不发达成员方。除市场准入外，豁免权还包括纳入其他优惠措施的可能，不过这些优惠需要事先得到服务贸易理事会批准。

谈到优惠措施对最不发达成员方的潜在价值，国际反贫困律师和经济学家协会（International Lawyers and Economists Against Poverty，ILEAP）执行理事 David Primack 暗示，豁免权本身仅仅是一个机制，这个权利的实质性商业价值很小。

他认为，此项优惠待遇潜在的商业优势有多大，取决于最不发达成员方服务供应商能够运用新市场准入机会的优势，以及优惠措施授权国是否具备政治意愿，给予最不发达成员方有实际意义的优惠措施。

他补充说，如果具备这些条件，豁免权对最不发达成员方服务业投资的潜在促进作用将十分显著。

向最不发达成员方服务供应商提供优惠准入措施的成员方必须将措施详细通报给服务贸易理事会，理事会将每年审议通报，并论证豁免权存续的例外情况。

最不发达国家入世

一直以来，申请入世的最不发达国家都抱怨贸易伙伴总是要求其承担超越其能力范围以及超出已经入世的最不发达成员方需要接受的承诺。

这些国家经常指责不透明的谈判过程，声称双边谈判是在缺乏多边机制监督的条件下闭门举行的。

部长级会议就最不发达国家入世问题的决议认为，WTO 各成员应承诺在 2012 年 7 月之前制定出最不发达国家开放市场的基准条件。在货物贸易方面，该基准很可能要以现有最不发达国家成员入世后的平均关税水平为基础。

确定服务贸易自由化基准将会有相当难度。但是，入世候选国目前的开放水平、涵盖的服务部门以及所需的监管力度等因素都在考虑范围内。

此外，双边谈判将辅以多边机制监督，从而提高入世进程的透明度。

《与贸易有关的知识产权协议》（TRIPS）协定过渡期

第三个有关最不发达成员方的决议涉及 WTO 知识产权规则的适用。最不发达国家实施《与贸易有关的知识产权协定》（TRIPS）的豁免权将在 2013 年 7 月到期；然而，他们将会提交一份具有“合理动机”的延期请求，TRIPS 理事会已指示将予以“充分考虑”。

其他决定

部长们还通过了有关电子商务、TRIPS 非违反之诉的决议、有关弱小经济体的工作方案，以及贸易政策审议机制的第四次考核结果。

欢迎萨摩亚和黑山共和国入世

2011 年 12 月 17 日，与俄罗斯入世议定书获准仅时隔一天，WTO 迎来了萨摩亚和黑山共和国的加入。

黑山共和国总理 Igor Lukšić说，黑山共和国七年前开始其入世进程，入世将使全世界更加关注黑山的国际事务和贸易。

同时，经过 13 年的等待，萨摩亚成为了自 1995 年以来第五个入世的最不发达国家。在入世仪式上，拉米强调了最不发达国家入世所面临的困难，并指出技术援助和能力建设可以使萨摩亚等类似国家具备贸易规则的谈判能力，对其必不可少。

他补充道：“我们已经了解到，最不发达国家的入世规则可以、也必须进一步简化，从而帮助你们加入 WTO 这个大家庭”。他评论说，太平洋岛国成员的加入将为 WTO 成员提供一个“改善上述领域的积极合作伙伴”。

成员质疑程序性问题

2011 年 12 月 15 日，玻利维亚、古巴、厄瓜多尔、尼加拉瓜和委内瑞拉五个拉丁美洲国家向大会提交的一份文件中，提到了在高层会晤前的协商过程中产生了一些“排他性和不民主的做法”。

他们认为，会前已经通过的政治指导文件“仅仅代表了一部分成员的意见”，因此将其排除在了协商一致之外。

然而，大会主席告诉记者，这五名成员的问题已经得到了解决，他解释说，这些国家“当然明白他们并不是在破坏已经达成的共识”。

厄瓜多尔贸易部部长 Francisco Rivadeneira 在全体会议发言中提出要求，在未来的任何决策制定或谈判过程中，“任何成员都应当能够根据其意愿直接参与所有决策制定阶段”。

“我们相信以前并非如此。”他补充道，言语间特指今年部长级会议的筹备过程。

部长级会议落幕

今年的会议是拉米领导下举行的最后一届例行部长级会议。下届例会将于 2013 年进行，会议的确切时间和地点尚未公布。

WTO 研讨会聚焦汇率与贸易关系问题

2012 年 3 月 27 日至 28 日，WTO 就汇率与贸易的关系问题举办了一次研讨会。会议起因源于巴西代表去年作出的一个请求，希望讨论：为了应对汇率波动的影响，可以采取哪些可能的应对贸易措施。一位巴西贸易官员称对这个议题的讨论可谓“史无前例”。

中国香港驻世界贸易组织常设代表 Martin Glass 先生主持了此次研讨会。Glass 先生现担任 WTO 贸易、债务和金融工作组（WTO Working Group on Trade, Debt, and Finance）主席。2012 年 3 月 28 日，他向记者透露，此次研讨会“极富建设性，并且提高了各方对诸多问题复杂性的认识”。

一些贸易人士告诉《桥》刊，在研讨会开始之前，各成员方已经同意将讨论重点放在更好的理解这些议题及其影响；涉及成员在 WTO 框架下的权利与义务等棘手问题，则留待日后进一步讨论。

一位与会代表称，此次研讨会“更多的是诊断，而不是治疗”。

讨论

来自私营部门、公共领域、学术界和国际组织的与会人员畅所欲言，WTO 各成员代表也出席了会议。

一位来自发达成员方的代表告诉《桥》刊，正如大家所预期的，会议上，中国代表和美国官员就中国人民币的汇率机制展开了激烈的交锋。

一段时间以来，中国的汇率政策是美国国会关注的一个热点问题。批评家认为，人民币币值被过分低估了，从而导致中国的出口产品价格低于其外国竞争者。

随着 2012 年 11 月美国总统大选的日益临近，这个问题变得越发突出，美国总统奥巴马与共和党竞选人都强调会就对华贸易问题采取更加强硬的立场。

美国财政部副助理国务卿 Mark Sobel 在研讨会上指出：“目前大家在推进以市场为导向的汇率体制问题上达成了广泛的共识，希望该体制能够灵活地反映经济的基本面，避免币值的长期失调以及竞争性的货币贬值”。

他还说："汇率管理和汇率政策应当允许实际汇率更确切地反映经济基本面"。

据与会人士透露，一位中国代表在研讨会上回应了美国的说法，他认为美国目前的困境主要归咎于他们自己的财政政策，而不是中国的货币政策。同时，他还指出，美元作为最主要的国际储备货币，美国应当避免滥发货币造成美元急剧贬值。

在 2011 年 11 月举行的 G20 峰会上，中国承诺将"增加汇率的灵活性，使之符合市场的基本面"，当时该承诺还受到了美国总统奥巴马的称赞。然而此后不久，奥巴马总统便指出，虽然中国在该领域取得了进步，但中国可以做得更多。

与此同时，其他主要工业国家也面临着巴西的监督。由于巴西货币雷亚尔币值的迅速攀升，伴随欧元贬值引起的经济动荡，巴西高级官员在 2012 年年初再次发出"货币战争"的预警。

研讨会结束后，巴西大使 Roberto Azevedo 告诉记者："有些人认为政府对汇率市场的直接干预导致了汇率失调，也有人认为主要原因是财政政策和货币政策加剧了大规模的资本跨境流动"。

敏感问题

WTO 总干事拉米在研讨会开幕致辞中说："汇率问题不可避免地会引发一些成员的激烈情绪，但是我们要把现实从情绪中区分出来。在 WTO 须如此，在其他的机构中也如此"。

拉米补充道："在 WTO，汇率问题一直是个极为敏感的话题。在贸易政策这个圈子，汇率问题牵涉到情绪、文化等因素，这使得现实与认知的界限变得模糊"。

由于多哈回合贸易谈判陷入僵局，为保证全球贸易体制有效和可靠，一些 WTO 成员提出在全球贸易体制中引入一些新议题，例如气候变化、粮食安全以及贸易与汇率问题，从而应对层出不穷的新挑战。

然而，在 2011 年 12 月部长级会议上，关于是否需要发起新议题谈判，一些成员持保留态度，担心"这种方法可能会导致谈判议题的选择性，或新议题会将各方注意力从悬而未决的多哈议程上转移"。当时，许多成员都表示倾向于在 WTO 各委员会的授权范围内提出新议题。

在 2012 年 3 月的会议上，美国驻 WTO 大使 Michael Punke 表示："WTO 委员会监督各项协议的工作……近年来或许有所疏忽，这是由于多哈回合占用了大量时间和资源"。他还说，美国会寻求"使 WTO 委员会重获生机"的办法。

Punke 大使继续说道："我们欢迎各方在 WTO 体制内讨论有关货币问题"，并指出这符合美国和巴西的利益。他还说："很显然，这是一个棘手的问题，对一些成员来说甚是敏感"。

巴西贸易部长 Fernando Pimentel 在 2012 年 3 月表示："WTO 已经同意就此问题进行讨论，这本身就是一个进步"。

一位与会代表对《桥》刊说道："这是一个新问题，一个全球性的挑战，WTO 有必要就此开展更多的相关讨论"。

后续行动

与会代表们对《桥》刊说，针对货币与贸易关系的讨论将何去何从尚不明朗。许多 WTO 成员希望进一步推动讨论的进程。一位代表说道："即使今后可能会遇到困难，但成员们对讨论汇率问题抱着开放的态度"。

WTO的前进之路*

引言

1994年，我作为美利坚合众国（美国）国会议员投下的最后一票，是支持通过和落实建立世界贸易组织（WTO）的乌拉圭回合贸易协定的赞成票。当时，无论在美国还是其他地方，许多人都认为乌拉圭回合将是最后一轮大规模全球多边贸易谈判。于是，我们希望WTO能够成为一个专门论坛和框架，就各类贸易问题为越来越多WTO成员提供可持续的谈判平台。我们期望，为了在日益增长和不断变化的全球经济中加快贸易流通、促进广泛经济繁荣，WTO成员将逐步达成更多贸易协定。因此将不再需要发起以往那般劳师动众的谈判“回合”。

今天看来，我们当时的希望和预期尚未实现。相反，WTO成员于2001年发起了多哈发展回合（Doha Development Round，DDR）多边贸易谈判。十年后，多哈回合谈判仍在继续。几乎所有关心WTO命运的人都清楚地知道，如果希望继续降低全球贸易壁垒、维持并加强以WTO为基础的世界贸易体系，那么WTO成员必须找到一条新的谈判途径。对我而言，答案是显而易见的。我们应该使WTO遵循其创建者的意图。这样的方式在WTO规则下已经存在，即通过部分而非全体WTO成员的谈判，先行达成不完整的全球贸易协定，并将其作为WTO条约的一部分。

机遇

多哈回合谈判自启动以来已过十年却仍然僵持不下，所有渴望打破僵局的人都对其根本原因心知肚明。在WTO条约下，只有WTO所有153个成员达成“协商一致”，多哈回合谈判才能圆满结束。任何成员都可能阻止达成必要的“协商一致”。然而，WTO条约中确也存在其他规定，允许WTO成员以其他方式降低贸易壁垒，而无须通过多哈发展回合这样旷日持久、涉及所有WTO成员的多边谈判。

这类其他规定为WTO提供了一条更好的前进之路。多哈回合寻求对所有

* James Bacchus，前美国国会议员和WTO上诉机构主席

WTO 成员具有约束力的完整“多边”协定，除此之外，WTO 条约同样允许在部分而非所有 WTO 成员间订立“诸边”协定。自 WTO 成立以来，这种情况一直存在。

值得注意的是，“诸边贸易协定”可以被纳入 WTO 总协定的附件 4 并成为 WTO 条约的一部分。根据《马拉喀什协定》第 2 条第 3 款规定，此类诸边协定“对于接受的成员”，也属于《马拉喀什协定》的一部分，“并对这些成员具有约束力”。然而，此类诸边协定“对于未接受的成员既不产生权利也不产生义务”。

根据《马拉喀什协定》第 10 条第 9 款规定，“应属一贸易协定参加方的成员请求，部长级会议可经协商一致决定将该贸易协定加入附件 4”。此外，“应属一诸边贸易协定参加方的成员请求，部长级会议可决定将该协定从附件 4 中删除”。根据 WTO 协定第 10 条第 10 款规定，“对一诸边贸易协定的修正应按该协定的规定执行”。

因此，在现有 WTO 规则下，WTO 的部分而非所有成员可在某些贸易领域协商一致地做出高于和超出其现有 WTO 义务的额外承诺，这些承诺尚未经所有 WTO 成员协商一致或实际上永无协商一致可能。这样，诸边协定作为一个选项，通过在 WTO 框架和 WTO 条约背景下附加“超 WTO”承诺，为 WTO 成员提供一个降低彼此贸易壁垒的机会。

回应

目前已经有两个这样的诸边贸易协定，事实证明其有效降低了贸易壁垒。两项协定分别是 WTO 政府采购协定（GPA）和 WTO 信息技术协定（ITA）。无论是 GPA 还是 ITA，WTO 成员中参与签署的成员越多，协定的受益面就越广，但总的来说，两个协定都已是成功范例，并可能会更加成功。

基于各种各样商业、政治和制度上的原因，人们仍热切希望 WTO 成员能够找到某种协商一致的方式，并尽快在多哈发展回合上取得圆满成功。展望多哈回合的未来，WTO 成员可以通过在整个成员范围内建立“自愿联盟”来谈判并订立更多诸边协定、推动贸易前沿领域问题向前发展，而不需经过所有 WTO 成员协商一致。正如我和我的同事在世界经济论坛全球贸易议程理事会（Global Agenda Council on Trade of the World Economic Forum）上所建议的那样，WTO 可以变身为一个“聚小为众的俱乐部”，在现有的世界贸易体系框架下应对大量与贸易有关的新问题。

这些诸边协定将约束那些选择受其约束的 WTO 成员，亦会向此后选择签署这些协定的所有其他 WTO 成员开放，但不会以任何方式约束没有签署这些协定的 WTO 成员。通过这些在部分而非所有 WTO 成员间局部的、额外的、与时俱进的协定，整个 WTO 能够成为一个更有效率的论坛，用以解决与贸易有关的各类“下一代”问题，而目前 WTO 规则尚未涵盖或未能充分涵盖这些问题，亦未被纳入或未能将其充分纳入多哈发展回合谈判议程。

这些问题包括：投资、竞争、绿色能源、电子商务、全球供应链、货币措施、服务、知识产权、监管协调、标准和技术法规、贸易便利化，以及产品安全。这些问题可以与其他一些国际商界迫切关注的问题一起，成为适合其他诸边协定的主题。

这是一个新点子吗？不，完全不是。事实上，这是建立 WTO 多年之后，人们对 WTO 初创过程的一种效仿。关税与贸易总协定（GATT）的元老们会想起东京回合谈判中协商的一系列“准则”，包括标准、补贴、倾销及其他内容。这些东京回合准则只对那些接受准则的 GATT 缔约方具有约束力。此后，东京回合的若干准则在乌拉圭回合中以成熟的多边协定形式出现，而今成为了 WTO 条约的涵盖协定内容。

目前的诸边协定，会像东京回合准则一样，最终变成能够约束所有 WTO 成员的、全面的多边协定吗？这倒未必。其中一些可能会，但另外一些则可能不会。当然，无论是 GPA 还是 ITA 都还没有遇到这样的情况。需要重申的是，只有选择受这些诸边协定约束的 WTO 成员才完全受其约束。这些协定的支持者也许希望一些诸边协定可以转变成全面的多边协定，而且履行诸边协定义务的累积效应久而久之可能催生出一个举足轻重的贸易集团，从而有助于鼓励其他 WTO 成员加入并最终使其完全成为多边协定。但是，在 WTO 规则下，任何 WTO 成员都无法在其他成员非自愿的情况下，迫使其签署某项诸边协定。

这些诸边协定会因为过度扩大 WTO 管辖范围而有悖于创建 WTO 的初衷吗？不会。《马拉喀什协定》在其序言中明确，与 WTO 关注范围相符的问题相当广泛。序言谈及处理“贸易和经济领域的关系时……应以提高生活水平、保证充分就业、保证实际收入和有效需求的大幅稳定增长以及扩大货物和服务的生产和贸易为目的，同时应依照可持续发展的目标，考虑对世界资源的最佳利用，寻求既保护和维护环境，又以与他们（WTO 成员）各自在不同经济发展水平的需要和关注相一致的方式，加强为此采取的措施”。上述内容所涉及的远不止海关和关税问题。

将诸边贸易协定纳入 WTO 条约附件 4 所需的协商一致会成为一个政治障碍吗？不应如此。如果一些 WTO 成员希望对非经选择不受约束的 WTO 附加义务进行谈判，那么其他 WTO 成员缘何反对呢？既然所有 WTO 成员共同受益于以 WTO 为基础的世界贸易体系及其成功运行，那他们不应更愿意让 WTO 成员间的新贸易协定成为整个 WTO 贸易体系的一部分吗？这岂不是强化该体系、确保其安全性及可预测性的好办法吗？

这些诸边协定下产生的争端应该通过 WTO 争端解决机制解决吗？是的，理当如此。也许将超 WTO 义务的诸边协定纳入 WTO 的最大优势便在于 WTO 拥有争端解决机制，尤其从该机制的强制性角度来说。WTO 争端解决机制适用于选择签署 GPA 和 ITA 的 WTO 成员，并对其具有强制力。其他诸边协定能够、而且应该如是效仿。唯有具备强制执行力，与贸易有关的新协定才有价值。为此，任何 WTO 框架外达成的协定都将有必要建立一个全新的、未经尝试的争端解决机制。

结论

最后，我们将何去何从？在对诸边贸易协定进行谈判和将其纳入 WTO 条约的过程中，WTO 规则无须发生任何改变。法律权威已经存在。那么，我们应该从哪里开始呢？眼下有三个显而易见的机遇。

第一个机遇是目前一些志趣相投的 WTO 成员正在研究的《反假冒贸易协定》（ACTA），这些成员希望在适用于所有 WTO 成员的《与贸易有关的知识产权协定》（TRIPS）之外，增加应对侵权行为的超 WTO 知识产权保护义务。尽管参与全球贸易的每项货物和服务中所包含的知识产权价值不断增长，但相关问题却并未列入多哈议程。使 ACTA 成为 WTO 条约下的一项诸边协定将可以在无需经过所有 WTO 成员协商一致的情况下，向前推进问题的解决。

第二个机遇是《可持续能源贸易协定》（Sustainable Energy Trade Agreement），该协定将消除新型绿色技术的贸易和投资壁垒，这些技术对推动可持续增长来说不可或缺。迄今为止，在多哈回合中，WTO 成员在减少或消除环境产品和服务的贸易壁垒上缺乏共识。该问题以及与传播可持续能源技术和实践相关的其他问题，可能在 WTO 条约下通过诸边协定形式得到解决。

第三个机遇是计划中的《跨太平洋伙伴关系协定》（TPP）。参与 TPP 谈判的所有国家（地区）都是 WTO 成员。如果参与 TPP 谈判的成员所寻求的贸易承诺最高标准有助于提高一些 WTO 成员的经济增长水平，随着时间的推移，会有其他 WTO 成员愿意接受这些额外承诺约束，那么为什么不通过将 TPP 变为 WTO 条约下的一项诸边协定，来为这些成员提供一个机会呢？

半个多世纪以来，为建设一个服务于全球几十亿人口的世界贸易组织，人们已煞费苦心。为什么还要做无谓的重复劳动呢？事实证明世界贸易体系行之有效，何不通过 WTO 诸边贸易协定来探讨 21 世纪新的贸易议程，为现行机制聊助一臂之力呢？

世界贸易组织和多边贸易体制的未来*

最近一项有关对国际贸易体制态度的研究，得出令人震惊的结论："在受到利益冲突影响，以及缺乏推动多哈回合谈判成功结束的领导集团的情况下，国际贸易体制实际上已经分裂成多个不同的群体，甚至比十年前更为支离破碎。"①本文旨在探讨此项研究涉及的问题，并在一定程度上提出解决方案。

本文从对世界贸易格局变化和贸易大国间力量转移的思考着手，评估这些发展趋势对多边贸易体制未来的影响。所研究的是全球供应链和新兴经济体崛起的影响力，及其可能对 WTO 机构产生的意义。

多边贸易体制背景

然而，在我们提出多边体制未来所面临的挑战和机遇之前，应该回顾一下现行体制中常被忽略的问题。我想本文读者具备这样的常识：多边贸易体制是 1947 年《关税与贸易总协定》（GATT）约定的原则，后来与一些附件共同构成了现在的 WTO 协定。

无论双边的、区域的还是单边的途径都可以诞生贸易协定或政策措施，而多边手段和其他途径的本质区别形成了 WTO 部分规则的建立基础。这或许可以被看做是 WTO 框架内活动与世界其他影响全球体制的组织活动之间的泾渭分明之处。

对另外一些规则而言，本文只做假设分析，多边和双边如一枚硬币的正反两面。最惠国待遇原则（MFN）"立即无条件"地适用于 WTO 所有成员，而 GATT 之后的一些条款则又允许在自由贸易区内实施优惠进口待遇，除此之外还有其他选择吗？另外，在不允许采取进口数量限制的一般禁止之外还存在例外规则，并且定义了限制管理的具体规定。②

问题在于，贸易体制自身包含各种不同的要素，彼此可能相互矛盾或对

* Roderick Abbott，欧洲国际政治经济研究中心

① Messerlin 和 Van der Marel，世界贸易评论，2011 年 10 月.

② 此处特指 GATT 第 11 条、第 20 条、第 21 条和第 13 条。

立。明显存在于体制之外的活动可以并且已经适应体制，并不会造成体制分裂。许多人认为正是体制本身存在的灵活性使其在政策与法律需求的联姻中一直被保留下来。然而金融和发展领域的国际规则却未能如此长久。

论及体制的未来时，历史变得息息相关。因此第一个需要回答的问题是为什么有这么多贸易政策观察家建议应该对现行体制进行改革。事实历来如此：如果回到 20 世纪 60 年代，正值 GATT 第 4 条加入协定，也正是建立联合国贸易和发展会议之时，总有批评言论称 GATT 以支持发达国家为目的而被扭曲，其所推行的贸易自由化对“第三世界国家”有失公允。到了 20 世纪 70 – 80 年代，普遍优惠制成为重要议程，授受条款（Enabling Clause）已达成之时，GATT 仍是批评家的首要话题。

WTO 的诞生加强了对一些问题的关注，其中包括规则的法律层面意义，以及各成员承诺、权利和义务的契约本质；并且 WTO 清楚地认识到成员之间的确存在不同的发展水平，而对不同类别的成员，适用的进口措施待遇也会有明显的不同。[①] 这说明 WTO 面对新环境的务实性，也从本质上证明了其灵活性。

但是，对该体制的进一步改革已提上了议程。推动多哈回合结束的努力总以失败告终，这是目前面临的一个问题；当机构的核心议程难以为继时，改革就势在必行。但是，我们需要追溯到更早的机构历史，这样才能明白现行体制不足的原因，以及应该如何对其进行修复。

问题的首个征兆发生在 1999 年上半年，当时 WTO 继任总干事人选问题陷入僵局。与其他传统的南北分歧状况相同，当时发展中成员方认为是时候（其实早该）轮到他们领衔了。

不久之后爆发了第二场灾难。当时的西雅图部长级会议以启动新一轮谈判为目标，却未能诞生任何协商一致的部长级宣言而草草收场，新一轮谈判的目标更是化为乌有。

除了这些 WTO 内部事件之外，该组织还面临着外界的两个主要挑战，即互联网、电子数据和支付系统的广泛传播，以及全球化对商业和贸易格局的影响。许多人把经济变化归因于 WTO 这一新组织的诞生，而曾经支持 GATT 的呼声被大大削弱。

多哈部长级会议的成功只是短暂的喘息，此后 WTO 在坎昆部长级会议上进一步受挫。如果说西雅图会议上，外界因素（美国的政治局势）已经影响到各方的诚意，那么坎昆会议则透露出 WTO 成员之间从根本上完全破裂的讯

① 值得注意的是，尽管 WTO 协定支持帮助发展中成员方发展的特别措施（比如普惠制），但 WTO 并没有对发展中成员方分类给出明确的定义。

息。主要分歧在于议程三大核心问题（非农市场准入、农业和服务贸易）最终归宿的谈判，以及全体成员将对谈判结果做出的贡献和努力。

美国贸易谈判代表 Robert Zoellick 在坎昆会议之后声明，美国将寻求区域和双边协定的解决途径，这也说明多边贸易体制备受压力。美国寻求的解决途径超出了 WTO 现行规则的范围，比多哈回合谈判的提议更进一步，其中包括多哈议程中未曾涉及的内容，这一切证明，在如何推进谈判方面产生的分歧早已根深蒂固。

最后，由于前述提到的世界贸易格局变化带来了服务贸易的指数级增长，国与国之间的贸易更加广泛。中国、印度、韩国和巴西是受益最多的 WTO 成员。

潜在的挑战

当前背景下，与改革相关的 WTO 组织活动主要有三个领域：制度议题（包括决策、集团细化，以及完善领导力）；“谈判论坛”（这点无疑需要反思）；世界贸易格局和全球贸易大国的转变（及其后果）。即使世界贸易格局变化的事实已众所周知，其中第三个领域，即外部事件的影响仍需要强调。中国加入 WTO 后十年内上升为世界第三大货物和服务贸易国——如果不把欧盟视作一个经济体，中国则是第二大贸易国。印度因其在服务贸易领域取得的成就，紧随其后加入了贸易梯队的顶层。[①] 而韩国、墨西哥和巴西等国，则正处于梯队的上升阶段。[②]

全球供应链商业模式，或称产业价值链的发展是这种格局变化产生的一个经济基础特点。这肯定归结于全球化的因素。比如互联网带来了来料最终组装的生产模式，这使得许多较小经济体融入世界贸易体系。这又反过来凸显了外商直接投资（FDI）在贸易格局变化中的作用。外界普遍认为，中国过去十年在吸引外商投资方面增长最为迅猛。但是其他亚洲国家和地区也有不俗的表现，在精密工艺的行业投资中，韩国和中国台湾的地位不容忽视。

这些发展从一定程度上反映了贸易大国力量由西向东转移的现状，在此期间，中国国内生产总值排名超过了日本，而韩国和印度的经济增长率也远远高于欧洲国家。这一现象与全球其他新兴经济体的崛起一同促使了 G20 集团的诞生并将 G8 集团取而代之；同时，由于国际货币基金组织和世界银行等机构的管理方式和表决权仍停留在第二次世界大战后时代的格局，针对这些

① 2010 年印度货物和服务进口分别排名世界第 13 位和第 7 位（如果排除欧盟成员间贸易，其排名分别是第 8 位和第 5 位）。印度作为出口国的排名稍稍靠后，但仍位列前十。

② 虽然美国、日本和五、六个欧盟成员国仍然占据前十位，但泰国、马来西亚和印尼等国已经取代了加拿大和一些较小欧盟国家的地位。

机构的制度改革也应运而生。所以，没有理由认为 WTO 可以在这场变革中置身事外。

因此，目前的挑战在于如何在体制中引入变革的因素，这些因素或许有助于解决目前的僵局和困境，并可能对全球经济中的格局变化给予积极回应。

首先从宏观层面问题入手，在 WTO 框架下，我们应该如何更好地认识贸易大国力量在成员中的转移？这不是一个简单直白的问题。WTO 面对的不是像国际货币基金组织和世界银行等机构那样的管理问题。WTO 任何成员的存在方式都是平等的，每一个成员都任命一位大使、拥有一份投票权。这正是 WTO 惯例区别于其他机构的一大特征，在其他组织的管理机构内，一个国家（地区）通常以间接方式影响管理，成员表决权反映的是其在世界经济中（经过历史沿袭）的重要性及其对该机构的财政贡献。①

这些机构的改革可被看做是对当前实践的调整，既要使机构与全球经济发展相适应，也为了控制主要财政贡献者手中的重大决策权。在这些考量因素中，还急需在负责全球金融和发展的机构内安排更公平的领导责任。而对 WTO 来说，在更广泛的成员范围内分配领导责任则是首要需求，要能够让世界贸易份额迅速增加的新兴经济体发挥更大的作用。

这个过程并非从零开始。正如前文所述，WTO 已经清楚地认识到三类成员的存在，并且允许成员引进有助于其他组成员的政策。发达成员一直以来对最不发达成员实施的普惠制方案，以及前不久实施的免关税免配额待遇就是相应的范例。相关行为的规则都被包含在授权条款中。

此外还可以再做些什么？从单纯的制度角度看，似乎很难再从构架新的机制产生新的领导：存在和参与是同工异曲；在机构利益中的领导力又是另一话题。但是，我至少支持一项改革，就是在总理事会下设立一个中介机构，作为独立行动的成员与集体行动的成员之间的媒介，其执行功能和所有其他国际组织中的机构类似。该机构可通过“G20 集团贸易组织”的形式出现，反映 G20 集团峰会的广泛内涵，但必须在 WTO 组织构架中为其界定一个角色。

---

① 在世界银行，执行委员会常任成员是五个主要经济体（但不包括中国、巴西和印度），其他成员则定期选举产生，并被分入不同小组，各组由一个成员作为代表。每一小组的成员都按照区域标准选举，但选择小组代表成员的过程因组而异、神秘莫测。选举权反映的是世界银行建立时每个成员在世界贸易中的分量（此后仅做过稍许调整），以及当时对世行基金做出的捐助（例如对国际开发协会）。五个常任成员拥有超过 37% 的投票权，但是，例如中国、俄罗斯和沙特阿拉伯各自所占的投票权尚不及 3%，而许多排名中等的欧洲国家却享受到比他们更多的投票权。14 个领导成员显然控制着银行的大多数决策，而这些决策往往因保护“老牌”西方国家（当然也是基金的重要捐赠者）利益而被扭曲。

相比120个代表聚集在会议室里通过闭门商讨可能取得的成果，这样的小团体应该就主要政策问题进行更加开放、深入的探讨，并且有效提高决策制定效率。[①] 当WTO向着后多哈时代前进并开始考虑各工作环节的具体内容时，就更需要出现这样的小组。撇开政治不谈，成员至少应该关注外商直接投资在支持扩大贸易和实现更广阔发展目标中所发挥的经济作用。

这会使体制受益，但却不能解决未来如何在体制中更广泛地分配责任的问题。在贸易谈判领域，每一位谈判代表的首要任务就是从本国利益出发，去改变规则（或减少贸易壁垒）。但处于核心位置的成员，虽然忙于起草最终决议，当然势必还要做出一些必要的妥协，需要统一意见、促进体制目标的实现。回顾本文开头的引语，如果贸易团体支离破碎、意见不一，想要达成这些目标绝非易事。

事实上，并没有确保成功的单一改革方案。G5集团的成员结构合理、平衡各方利益，也具有代表性，这样的模式可以扩展到各种形式，但这会是一种进步吗？一些主要贸易方缺乏追求开放市场、削减壁垒和扩大贸易等主要目标的政治意愿，也缺乏与竞争对手间的合作精神，这些才是改革中缺失的因素。想让全球贸易体制回归到主要宗旨，需花费一些时间，而成员自身则是改善机制的真正力量，其余别无他法。

① 目前，由总干事牵头的“绿屋会议”，以及由WTO各委员会和谈判小组主席发起的非正式磋商，虽然耗人心力，却临时扮演着类似角色；但是批评的声音仍不绝于耳，认为这样阻碍各成员表达自己的意见。前几年曾建立一个中层小组，但是仅限于提供咨询，而且不久之后就停止了。

多边贸易体制：挑战背后的机遇*

1944 年在布雷顿森林举行了联合国货币和金融会议，这为多边贸易体制的诞生埋下了种子，当时正值第二次世界大战接近尾声，经济大萧条的记忆却挥之不去。布雷顿森林体系的发展进程深深植根于当时所谓的“新政”思想，这一思维模式指导各国寻求改善本国国民福利的途径，但仅限于此，而不致影响到他国福利。①在过去的二十年中，多边贸易体制渐渐失去了这种平衡，WTO 已很难再被视为“新政”机构。目前困扰着世界经济的重重危机对于 WTO 来说极富挑战，但也是其重归平衡的机遇。

维护和改善多边贸易体制对于促进世界经济增长和繁荣至关重要。但在过去十年中，WTO 并没有为此改善国际准则和规范；相反，尽管进一步贸易自由化带来的实利相对较低而成本高昂，形形色色的谈判却仍聚焦于如何深入贸易自由化。

这种方法导致 WTO 谈判陷入僵局，但并非彻底失败。相反，推进贸易自由化的谈判陷入僵局，使得世界贸易体系的参与者有机会反思现行体制面临的新挑战，并适当对 WTO 进行改革，促使其成为全球贸易体制的首要治理机构。

备选方案的前景也不乐观：由各自为政的特别优惠贸易协定（以下简称为 PTAs）组成的全球贸易体系可能扭曲贸易、加重歧视，并使私有部门参与者有机可乘，借此为可便其利益最大化的论坛“买单”。具备可接受的准则、可实施的规则，以及可在多边层面解决贸易争端的合法谈判平台，这才是世界需要的 WTO。在所有多边机构中，WTO 有望担当这一角色，因为 WTO 实施“一员一票、协商一致”的表决制度。那么 WTO 是否可以转挑战为机遇呢?

本文将简单介绍 WTO 面临的四大挑战以及背后的机遇。如果经过改革，WTO 可以成为一个更适度、灵活和公正的机构，那么正如大约 80 年前布雷顿森林会议最初期望的那样，这将会是一个合理、重要、协调有序的贸易体制。

---

* Kevin P. Gallagher，波士顿大学国际关系教授

① Helleiner，Eric. 当代全球金融治理的改革：回顾以往的影响和教训 . 改革国际金融体系，致力于发展 . Jomo Kwame Sundaram（ed），牛津大学出版社，2011.

多边贸易体制面临的四大挑战

推进贸易自由化的谈判停滞不前，究其原因，WTO 至少面临四大挑战：深入开展贸易自由化的局限性；发展中成员方和新兴市场的崛起；粮食和气候危机；以及国际货币体系的不稳定性。正如 20 世纪 40 年代经济萧条和战争阴云笼罩着全球经济体制一样，上述这些挑战困扰着今日的 WTO。

1. 自由化收益萎缩、成本上涨

在过去的 40 年中，贸易自由化为世界经济带来了显著利益，但也是有赢有输。然而，贸易自由化深入所带来的收益在萎缩，且深度一体化的代价可能相当高昂。

令人惊讶的是，世界银行 2005 年预测“或将”达成多哈谈判协议是颇令人惊讶的，因为其报告显示从进一步的贸易自由化中获得的收益微乎其微。[①] 世界银行估计，在 2015 年，贸易自由化中的收益将为 960 亿美元，只有 160 亿美元流向发展中成员方。换言之，发展中成员方的获益仅相当于其 GDP0.16% 数值的一次性收益增长。这通常被误解为 GDP 的年增长率，实则为 GDP 一次性增长。按人均计算相当于 3.13 美元，而在发展中成员方，其数值则为人均每天不到 1 美分。

类似的研究通常只侧重贸易自由化带来的潜在收益，对其付出的成本则轻描淡写。据估计，非农业市场准入（NAMA）自由化给发展中成员方带来的关税总损失高达 634 亿美元。许多发展中成员方超过四分之一的税收收入来自关税。大部分经济模型也预测到发展中成员方贸易条件的弱化趋势。从长期来看，贸易条件弱化会损害发展中成员方为贸易多元化和发展做出的努力，也会凸显发展中成员方的国际收支平衡问题，并恶化重重危机带来的影响。[②]

此外，从发展角度来看，采纳工业化成员方模式的知识产权规则和金融监管法规所获得的收益同样也令人质疑。据世界银行估计，在 WTO 知识产权规则下，专利租赁带来的“南北利润”转移为年均 410 亿美元（世界银行，2002 年）。[③] 世界货币基金组织最新估计，允许金融服务部门对外开放和实施

---

① Ackerman, Frank, and Kevin P. Gallagher. 从可计算一般均衡模型得出全球贸易自由化的收益缩水：批判性的评估．国际政治经济学杂志，2008：第 37 卷，第 1 期，50 – 78.

② Wise, Timothy and Kevin P. Gallagher. 回归到蓝图：没有余地结束多哈回合谈判．RIS 政策简报，2008：第 36 期．

③ 世界银行（2002)，全球经济展望，华盛顿，世界银行。

外国投资自由化的成员，恰恰位列此次金融危机重创成员名单之中。①

工业化成员方因缺乏全球层面的一体化而频频受挫，因而开始与愿意谈判的成员方磋商推行特惠贸易协定（PTAs）。据世界银行推算，PTAs 造成的贸易转移损失惨重，可能高达 66 亿美元至 215 亿美元。② 更重要的是，PTAs 在知识产权和金融服务等部门都包含非贸易条款，从而约束各个成员方部署发展政策的能力。再者，许多 PTAs 都偏向于强者利益，这样私营公司可以直接通过向政府提出申诉来解决争端，而并非像 WTO 那样采取成员对成员的争端解决机制。

2. 发展中成员方的崛起

自世纪之交以来，发展中成员方经济增速一直快于发达成员方。全球金融危机更证明了发展中成员方经济坚韧的特性。这不仅归功于发展中成员方因认识到全球市场的重要性而采取的多元化经济发展方式，同样也因为其意识到，国家社会要实现福利最大化，市场就必须植根于合适的机制中。中国、巴西、南非和印度等许多成功的新兴经济体正是借助了后者的方法，得以在全球经济活动中树立了重要地位。于是便引起了 WTO 的“全球化的碰撞”。③

我们可以称之为“发展的全球化”。所有涉及的这些成员方都不愿意向外国投资开放其资本账户，也都在某种程度上参与了国家牵头的工业创新政策。并且，这些成员方在许多全球贸易谈判中形成了举足轻重的联盟，共同抵制工业化成员方旨在将使发展中成员方看上去如同工业经济体。这些成员方是快速增长的市场，其影响力使得许多公司和投资者都想获得更广泛的市场准入。他们的影响力更表现在，以购买力平价为标准，由其领导的新兴市场在全球经济中所占比率超过了西方国家。

WTO 的理论基础是帮助各成员实现静态比较优势最大化。然而，许多发展中成员方都寻求通过全球化实现动态比较优势。在许多情况下，这就意味着相对于国外公司和产业采取有利于国内公司或产业的措施；因此，该方法至少违反了国民待遇原则的精神。当前世界关税水平相对各历史时期来说较低。所以，在货物贸易关税的讨论中不会出现此类碰撞。一些贸易协定的签订方尚未意识到，贸易协定已不再只关乎货物贸易，相反，更多关乎国内规章制度，而这些制度则可能违反两大原则。

自世纪之交以来，中国、印度、巴西、南非和其他成员方的经济持续快

---

① Ostry, Jonathan et al. 资本流入：资本流入的作用．华盛顿国际货币基金组织（IMF），2011 年 2 月 10 日．

② 世界银行（2005），全球经济展望，华盛顿，世界银行。

③ Gallagher, Kevin P.. 发展全球化和权益加强的多边主义，重新占领市场．编辑 Sanjay Pinto，伦敦：Routledge 2012：（即将出版）．

速发展，这些成员方（及其国内政治力量）努力维持其在 WTO 政策范围内的起码政策空间。在 WTO，这就意味着拒绝了发达成员方有关深化国际投资、知识产权、政府采购和金融服务等规则（即所谓的"新加坡议题"和其他议题）的提案。

此外，发展中成员方在谈判中转占上风。过去的谈判中，发展中成员方总是被认为采取了多种不利于经济增长和繁荣的保护主义措施，现在发展中成员方则调转矛头，指责发达成员方使用了同样的手段。谈判伊始，发展中成员方指出了工业化成员方实施有利于农业生产者的补贴和关税的问题，并提出，一些知识产权规则阻碍发展中成员方以服务病、老人群为目的所采取的打破专利制度的措施实施，应将该问题也纳入谈判。事实上，这就将发展中成员方放在了一个高道德标准的立场上。发达成员方不仅应该放弃这一系列议题，还应该修改 WTO 有关知识产权的协定，从而允许公共卫生例外，而不是重新将"新加坡议题"纳入 2003 年的 WTO 坎昆部长级会议议程中——这是发展中成员方取得的关键性胜利。自 2003 年起，谈判将脱离"深度一体化"议程，更多集中到农业、工业品以及一些服务贸易的市场准入问题上。此外，还应当通过缓解性的棉花补贴和一揽子贸易援助给予最贫穷国家以特别关注。

3. 粮食与气候危机

粮食与气候危机是贸易体制面临的另外两大难题。2008 年以来，全球进入了粮食价格大幅度波动的新时期，使应对气候变化的紧迫感升级。这两大危机迫切需要我们予以高度关注。我们并不清楚 WTO 的现行架构是否具备应对这些挑战的必要灵活性。然而，21 世纪的 WTO 应使各个成员方能够应对当前这样的挑战。

2007 年以来全球粮食价格持续上涨、大幅波动，并在 2011 年达到了历史最高纪录。这种趋势极大地危害了世界上许多最贫困人口的生活，同时使得全球各国（地区）推出了一系列维护全球粮食安全的新对策。2011 年联合国粮食权特别报告员阐述了 21 世纪保护粮食安全的五类政策：

（1）农业再投资，以及针对小型农场主的普遍支持方案；（2）为城市和农村贫困人口建立的安全保障体系和收入保障保险；（3）在国家和地区层面建立粮食储备，使政府能够缓和农产品价格震荡所带来的负面影响，并将农产品价格的波动限制在一定范围内；（4）将有序的市场管理作为应对价格波动的另一项措施，包括通过经销机构和供应管理方案进行调控；（5）为寻求粮食安全而抑制对国际贸易的过度依赖。[①]

① De Schutter, Olivier. 世界贸易组织和后全球化粮食危机议程. 联合国粮食和农业组织.

联合国粮食及农业组织（FAO）对这些措施和 WTO 规则进行了初步的“兼容性审查”，认为这些政策更像是 WTO 规则的衍生措施，而不是农业贸易政策的主要目标。

在气候危机方面，气候政策要求全世界各国（地区）迅速传播绿色科技，推进其创新和技术革新进程。特别要强调的是，中国在几乎没有任何工业化国家经济支持的情况下也需要采用这些技术来减少温室气体排放量。

以中国为例，尽管采取了一些与现行 WTO 规则不“相符”的措施，但该国已经部署了可以推动科技创新达到世界级水平的政策（例如，可使全球太阳能价格降低 40% 的技术）。截至 2009 年，中国增加的风能使用量比包括美国在内的其他国家还多。中国已经拥有世界最大的太阳热能负载量，如今再生能源负载量也处于世界领先地位。然而工业化成员一边要求中国采用清洁科技、减少排放，一边又以违反 WTO 规则，尤其是其中的补贴规则为由将中国告上 WTO。

使用改变气候的化石燃料会扭曲贸易，许多人可能忽视了这一点。以补贴促进替代能源的开发则可以纠正这种扭曲。石油和煤的价格难以真实反映其环境成本，因而导致其过度生产。世界银行发布的 2010 年世界发展报告估计，化石燃料年均补贴至少达 3 000 亿美元。如果价格真实反映成本，更加清洁的贸易便会产生，也能够为可再生能源创造一个更公平的竞争环境。

对风能等可再生能源的补贴有助于纠正能源市场的贸易扭曲，使全球各国（地区）能够不断强化对再生能源的学习和理解。

4. 全球货币体制的不稳定性

自 1944 年到东京回合期间，布雷顿森林体系的各项协议保证了外汇汇率的稳定性和经常项目贸易的及时支付。因此，我们认为多边贸易体制下的外汇汇率也是稳定的。外汇汇率不稳定，全球贸易市场就无法接收正确信息，其交易也就不能显示要素丰裕度、生产率和比较优势。东京回合以来，全球货币体制越来越不稳定，并在全球金融危机的余波中经历了空前波动。如果不能改革货币体制，那么多边贸易体制将继续受到破坏。

汇率的不稳定性可能是多哈回合谈判被无限期拖延的主要原因，从经济危机开始，印度、巴西、南非等主要新兴市场国家都前所未有地深受汇率波动之苦。例如，巴西曾经支持 2008 年 WTO 为多哈谈判做出的最后一搏。过去，巴西的大豆和牛肉产业在 WTO 贸易中获利丰厚，许多制造公司也从提供机器、运输和其他投入等相关产业中获利。更重要的是，在多哈回合开始的几年里，巴西货币里拉的币值被相对低估。货币贬值暗含进口代替和出口补贴的意味。这样一来巴西产业更加对国际贸易谈判无所畏惧。但全球金融危机后所有一切都改变了，巴西和许多其他新兴市场国家的货币升值超过 40%。

因为巴西的产品缺乏竞争性，巴西企业家变得非常排斥对外贸易，并且认为进一步减让可望而不可即。出于此番考虑，巴西绝不会同意达成 2008 年协定。一些数据显示，巴西货币升值使该国进口关税减少了 25% 。[①]

不仅是货币体系和贸易体制的偏差扭曲了商品的流动，如果某个成员在 WTO《服务贸易总协定》下做出过承诺，那么在 WTO 框架下，许多用来管理汇率的金融监管措施就不被允许。[②]

建立一个更积极的的多边贸易体制

WTO 是全球经济体系中最重要的机构之一。与 G20 集团、国际货币基金组织（IMF），甚至联合国不同，WTO 的运行基于“一员一票、协商一致”的表决机制，而 G20 和 IMF 的决策则由国家经济实力决定票数，联合国大会的决策也经常被安理会喧宾夺主。因此 WTO 在这些国际机构中最具合法性，实际上已经被认为是全球经济治理的合法机构。

总体上来说，WTO 应全面审查其原则和规则如何与经济增长、粮食安全、环境保护和金融稳定等问题的相关政策兼容，尤其要考虑以下几方面：

机构改革：WTO 作为世界贸易的全球监管机构应专注于相应的机构能力建设，从而成为世界贸易的全球治理架构体系的服务方，而不是着眼于进一步的贸易自由化。如此，各成员应当考虑自身的长远利益。过去十年经验使我们了解到，一些曾是最不发达国家（LDCs）的 WTO 成员，现在已一跃跻身于世界最大的经济体行列。在这个日新月异充满不确定因素的世界，这些国家不知道自己的定位。为了确保各方利益，利益相关的贸易方应当坚持“劣势结果最优化”原则（‘Maximin’ Principle），力图建立可使现行体制下劣势成员地位最优化的规则。同时一些南北特惠贸易协议也应终止。这些协议利用发达国家和发展中国家谈判筹码的悬殊性，使贸易远离具有实际比较优势的国家，并削弱了发展中国家利用有效政策谋求发展的能力。

粮食：一些农业企业吸取了产业价值链中的大部分价值并主导着高度集中的全球商品市场，WTO 应该认真考虑许多非洲国家的提议，抑制这些市场的发展。富有国家也应赋予较贫困国家更多权力，对玉米、大米和小麦等当地主要经济产品（即所谓的“特殊产品”）进行关税减免，并允许其在这些产品进口激增时提高关税水平。此外，为了建立粮食储备、经销渠道和加强供应管理方案而采取的政策，应该被视为促进而不是扭曲国际贸易的行为。

---

① Thorstensen, Vera, Emerson Marçal and Lucas Ferraz. 国际贸易政策工具中汇率的影响：关税案例．圣保罗经济学院（EESP），FGV，2011：9.

② Gallagher, Kevin P. 失去控制：贸易和投资协议中资本管制的政策空间．发展政策评论，2011：第 29 卷，第 4 期，387－413.

气候：WTO 需要为清洁技术转移至发展中成员提供宽裕的空间。否则在有关知识产权、投资和货物贸易的全球规则下，新科技的传播和应对气候变化的缓解方案将陷入泥沼。在具体合作努力中保留创新思维成分，就如中美在特定时间内获得 WTO 豁免，这是一种类似于但又远远广泛于 WTO 补贴协议中的第 8 条例外条款的方式，以达到一定的减排和技术目标。

金融：在金融危机后的复苏时期，国家层面和全世界的政府金融机构将确定新的全球货币体制结构。同时 WTO 应该全面审查，其原则和规则是否与国家为了阻止和减缓经济危机而采取的相关措施兼容。缺乏稳定的货币体制，国家将求助于资本账户监管等措施，目前看来这些措施与 WTO 规则不可兼容。

基于以上所列出的这些反思，WTO 不仅应当成为更加称职的全球机构，并且更符合规范、执行力度更强。更重要的是，正如 1944 年建立这一全球经济架构时创立者所希望的，WTO 将更具灵活性，以使得国家能够改善和维持本国现有国民和下一代国民的福利，同时避免单个国家的行为过度强加于其他国家福利之上。

WTO 何过之有？*

目前 WTO 的制度安排从本质上而言是合理的。它依然是国际合作的有效手段和法律准绳的可靠保障。目前看来，其机制挑战在于，成员无法协调彼此的利益分歧，也无法在规定时间框架内完成多哈发展回合谈判（DDR）。这些挑战其实并不完全源自于 WTO 这个组织本身。因此，本文认为：1. 应避免混淆各种问题，并且认识到 DDR 停滞的责任不在于 WTO，WTO 则应继续发挥其作用；2. 采用其他方法来维持 DDR 的谈判进程，并且维护正在向前推进的贸易自由化目标。对于后一个方面，本文提出三项建议，即"布莱尔大厦"式的协议、采用类似金融系统协调政策的标准和规则，以及在无谈判期限的前提下继续 DDR。这些建议在 WTO 目前的制度安排中也许能得到进一步的演进。

多哈发展回合谈判的制度性挑战不应完全归责于 WTO

多哈发展回合谈判的制度性挑战导致了近期的谈判僵局，这不仅由于其缺乏政治意愿和领导力，更是由于发达成员方在谈判进程中的冷漠所带来的沮丧情绪。这些发达成员方似乎认为 DDR 仅仅是一个发展回合，因此并不指望从中为其利益相关者分得一杯羹。当今的全球金融和经济危机则更使现状恶化。无可否认，这种结构性僵局深深影响到了 WTO——至少从一个局外人的角度审视，会认为 DDR 和 WTO 是共通的。但是从业内人士的角度来看，WTO 已竭尽全力。WTO 继续推动着国际贸易议题的合作，并且进展顺利，这是目前释放出的积极信号。WTO 还应当利用自身优势来更好地促进贸易议程在全球治理框架下的发展。

大家仍然看到了 WTO 的价值所在，这从 WTO 不断增加的成员数量以及更多其他的入世意向中便可见一斑。该组织的成员数量从 1994 年乌拉圭回合结束时的 86 个增加到了 2008 年的 158 个。此外，还有众多国家（地区）以观察员身份参与 WTO 事务，这表明它们对成为 WTO 正式成员有着浓厚的兴趣。成员还将 WTO 视作解决他们之间贸易纠纷的一个天然场所。他们也同样重视贸易政策审议机制，因为该机制提供了基于合作的平级互查。同样重要

---

* Magda Shahin，开罗美国大学教授

的是，WTO调动资源为发展中成员方和最不发达成员方提供技术援助，这对奠定一个更高效的合作基础来说至关重要。

另外，WTO近期取得了一些重要成就。其中最突出的是：入世工作组于2011年10月就俄罗斯成员资格达成一致、贸易政策审议机制的定期审议和年度贸易报告的完成，以及争端解决机制最近发布的专家组报告支持了加拿大和墨西哥对美国关于原产地标识的申诉。此外，WTO是遏制以邻为壑政策抬头和防止贸易体制出现混乱的合作与法治精神的象征。更为重要的是，WTO能预防成员在已经做出的承诺方面出现政策倒退。当然，前进的步伐仍取决于各成员。“生存还是灭亡”在此并非关键，因为WTO的存在具有相当的合理性，最显著的合理性在于它是一个运作良好、可预测的、安全的国际贸易体制。

话虽如此，但WTO既不是联合国的一个机构，也不是布雷顿森林体系的一个机构，这种处境对WTO而言有利有弊。WTO的特殊性使其可以制定独立的政策，而无需采纳联合国的经济政策。同时，虽然布雷顿森林体系的政策可以作为解决贸易问题的参考，但WTO却未必要遵照其按部就班。WTO目前尚未充分发挥其潜力。它应该充分利用自身优势，在面对联合国体系和布雷顿森林体系时明确地摆出公正独立的立场。在包括议程设定在内的国际贸易议题上，WTO应该被视为权威，并应当获得相应的尊重。当然，WTO也应该注意到，这样的特殊性为其提供了一个确立国际地位的难得机遇。WTO应充分认识到自身的巨大潜力。虽然布雷顿森林体系以及其他一些金融、发展机构已经获得公认地位，但WTO最有实力凭借其争端解决谅解的优势，发展成一个法律性组织。

WTO需要利用自身的优势，在全球经济治理中扮演其应有的角色，并促使国际社会认识到国际贸易在发展和稳定中的重要性。成员也应积极拥护WTO的重要性，避免全球金融和经济危机削弱WTO的地位。虽然在乌拉圭回合中，WTO与国际货币基金组织（IMF）、世界银行达成了一些协议，但是这些机构都没有为WTO提供足够的渠道来涵盖有关贸易议程中的贸易议题。WTO成员，特别是发展中成员方，对建立密切的联系持怀疑态度，担心已经遭受影响的交叉制约会波及WTO。与此同时，IMF和世界银行也不太会与一个年轻组织建立过于密切的联系，因为它们还不清楚这个组织的领导力和执行能力。

可供多哈发展回合议程选择的方案

DDR谈判的停滞反映出WTO在全球治理和达成协定上面临的挑战。值得一提的是，与其他高风险的国际谈判相比，DDR谈判中遇到的问题并非特例。

下面为此提出三项建议。第一是通过其他尝试使 DDR 取得圆满结局，另外两项建议则是将 DDR 的问题搁置几年。第一项建议是希望以后的谈判环境会更有利于采取“一揽子承诺”，以便在整个贸易体系中继续实行为保障不断推进的贸易自由化而采取的唯一措施。后两项建议也同样具有优势，可以避免 WTO 陷入 DDR 的僵局，并使 WTO 能更一心一意地发挥作用，正如现任 WTO 总干事帕斯卡·拉米指出的那样，重塑其在“全球经济中的领航地位”。

第一项建议包含了 DDR 要实现的众多目标，并且建议使用在乌拉圭回合中已被证明有效的决策程序。第二项建议是通过最佳模式所建立的基准政策来重新校正 DDR 的目标。各成员方也会自愿遵守这些政策，前提是以透明的方式进行。这种办法与在金融领域采取的政策类似。第三项建议是在现有制度下进行更为宽松的谈判。这种方法会为谈判代表提供充裕的时间，并以一种更加宽容的、协商一致的方式进行谈判，从而找出各成员之间存在的利益关注点，克服谈判中一些根深蒂固的怀疑与猜忌。而现存的机构设置则可以在没有截止日期限制的前提下继续进行谈判，以便在以后时机成熟时达成协议。

1. “布莱尔大厦协议”

没有当年美国和欧盟促膝谈判所达成的协议，就没有乌拉圭回合的圆满结局。所谓的“布莱尔大厦协议”最初就是这两大巨头之间的双边协议，只不过后来有了其他成员的参与而被多边化了。当年美国和欧盟双方不顾凯恩斯集团和其他成员的意见而向对方做了许多让步。美国和欧盟双方的直接沟通是对双方需求和政策的响应。鉴于它们在全球贸易中的实力和重要性，它们之间达成的协议对于整个回合的成功有着十分重要的意义。

而像巴西、中国和印度等国在贸易谈判中所展示出的实力和自信，使得其成为达成协议的重要同盟者。由于美国在 DDR 谈判中一直不愿发挥领导作用，因而对该回合造成了最为消极的影响，这使得成员们越来越确信巴西、中国和印度是当今贸易谈判中的“领头羊”。如果根据这种判断行事，不仅重现乌拉圭回合的蓝图有了可能，而且由于目前这些“领头羊”国家和美国之间存在着广泛的共同利益，也使该蓝图有了实现的可能。首先，这些国家在市场准入方面有互惠性，可以通过解决重大有关事项和做出让步来达成市场准入方面的议题谈判。这些重量级国家之间达成的协议可能适用于整个成员团体。一项全球性的协议也能通过软硬兼施的方式来实现，从而解决重大问题，并视情况给予技术和资金支持。如果中国参与其中，必定会吸引非洲国家也加入该回合。因不断受到国际问题和内部各成员之间不和困扰而被削弱力量的欧盟，无法独自阻挡谈判回合的进行，也不能以一贯的拖延策略来达到目的了。

前述方式表明，对各个成员而言，利益关注点并不是相同的，这个事实无法掩盖。这意味着，在结构治理和国际贸易决策的谈判过程方面，都应该灵活兼顾各个成员在不同层次上的利害关系。

2. 为最佳模式设置标准

另外一种方式是能保持逐步贸易自由化的发展势头，且不对 DDR 做截止日期的规定。它包括在不同贸易领域内设立最佳模式标准。各成员方都致力于实施这些做法，并且同意定期评估和公开其取得的进展。在金融领域有众多标准和规则，包括巴塞尔银行监管核心原则（Basel Core Principles for Banking Supervision，BCPBS），以及其他涵盖证券交易、保险、支付系统、反洗钱和打击恐怖主义融资的规则。标准制定者定期评估和更新这些标准和规则。评估方定期评估每个国家对这些标准的执行情况，评估方可以是世界银行、IMF 等组织，或是其他一些私人金融顾问。

显然，这种方式对于贸易体系来说太过新奇，但适用于独立进行互相审查的国家，也可用于评审其逐步“自发性的”自由化进程和国内法律法规的适用性。然而即便让步在贸易体制中广泛存在，这种方法却并不包含任何相互妥协的成分。尽管讨价还价式的传统方法在贸易体制中存在了超过 60 年，但上述方法却并非与之同类。

这种方式的优势在于能为最佳模式和同行定期审查提供明确的引导，其中包括同行评审和披露审查。相关进展都是自发性的，但是披露定期审查结果就在无形中对落后者施加了压力，激发他们取得进步。这种方法的另外一个优势在于最佳模式得到广泛认可的同时，评价成员实现目标的过程也得以制度化。这样随着时间的推移就会取得显著进展，想进一步达成具有约束力的协议就切实可行了。

3. 更为宽松的谈判

此前已经谈到，第三种方式是基于意愿一致的原则，取代以往各方之间的猜疑和不信任。放宽截止日期的限制、缓解对谈判失败的恐惧和担心，就能创造一种更好的谈判氛围。因此，第三种方法将不考虑谈判所要花费的时日，基于对彼此更加积极的态度和更有效的约束，不断地推进谈判往前发展。但可以确定的是，谈判时间不会像已经过去的十年那样旷日持久。

从另一方面来说，如果新的方法能取得重大进展，为何还要继续过去毫无成果的方法呢？旧方法强调一些已经在一定领域中达成早期收获计划，但事实上这种方法只会使各方对谈判的根本意图加深分歧和猜疑。而且，众所周知，对于最不发达成员方来说，DDR 框架下取得早期收获的收益很有限制，特别是涉及其产品市场准入的免税免配额优惠，因此总的说来并非全面获益。

这种方法能充分发挥 WTO 机构的作用，并且摒弃了那些曾破坏乌拉圭回合机制正常运行的做法。当然，值得注意的是，这种方法并不是建议一切都重新来过。相反，它在过去十年重要谈判所取得的进展基础上进行，而不是全盘放弃。

结论

应注意的是，以上三种方法全部基于协商一致的原则，这也是多边贸易体系的基石。投票是个简单易行的方法。而协商一致则需要不断谈判，直到每一个成员——无论大小，都对最终成果比较满意，并都能接受。投票形式在本质上将成员排除在决策之外，但最终将谈判结果强加于每个成员。此外，如果采取投票形式，那么就有可能考虑在 WTO 体制内使用加权投票，这样一来，实力较弱的贸易国就完全被排斥在决策程序之外了。①

本文提出的三种方法，其先后顺序遵循一定的规则。后两种方法并不互斥；相反，如果将它们结合起来，则会增强彼此的成效。并且，这两种方法没有忽视目前谈判和 DDR 议程中已经取得的进展。三种方法为 WTO 重振旗鼓留下了额外的空间，WTO 成员也可以选择独立运作或按照其意愿加入地区和双边协定，从而逐步推进贸易自由化，当然，成员也需要在 WTO 现有机制内接受经常性的指导和调查。

第一种方法涉及达成“布莱尔大厦”式的协议，其实更为复杂。因为其成败系数参半。把“布莱尔大厦”式的协议作为制度框架，仅仅是上文提及的四个国家需要考虑的问题。然而即便如此，在这样一个框架内，想就大量议题进行谈判也是难上加难。不过，贸易巨头之间达成的一致会对 DDR 的成功产生十分有利的影响。如果他们之间没有达成一致意见，那么后两种方法就能发挥作用，并且在这种条件下显示出更大优势。

本文几乎没有提出进一步的行动意见，但其中却为谈判提供了更多实践空间，可以通过有助于重振 WTO 的其他办法来实现谈判目标，同时也可以保持目前 DDR 的良好势头，继而推动贸易自由化循序渐进地走向成功。要知道，谈判的成功在于谈判进程本身，而无法从以往的条件和原理中推断出来的。② 因此，这份报告提出应当改变谈判流程，可以通过最佳模式来设立各成员自愿执行的规则，或以更宽松的方式来实现谈判的成功。

---

① 同样，“布莱尔大厦协议”也被视为“强制性的协议”，该协议由主要国家“迫使”其他国家同意。因此，这也就被认为是一种变相的加权投票。

② *P. Terrence Hopmann*. The Negotiation Process and the Resolution of International Conflicts. p. 101. University of South Carolina Press. *P. Terrence Hopmann*. 谈判进程和国际冲突的解决”第 101 页，南卡罗来纳大学出版社.

应对区域主义，重振 WTO*

全球贸易体系目前呈现出一些令人惊讶的鲜明对比。根据多哈发展回合(DDR)的状态判断，这一体系似乎已陷入了严重的困境之中。虽然 G20 集团领导人一再要求其谈判代表达成“一份具平衡性且伟大的协议”，但这一回合明显正处于僵持阶段。原本设定的截止期限被一一错过，而达成决议的前景则依然黯淡。

可是，在其他许多方面，这一体系仍然生机勃勃、兴旺繁荣：WTO 争端解决机制运行良好。在面对全球金融危机时，除极少部分国家和地区外，其他各方都显示出了极大的克制，没有提高贸易壁垒——至少就发展中成员方而言，这意味着维持远低于 WTO 规则要求的适用关税税率水平。此外，伴随着高涨的热情，新的双边贸易优惠协定也正接近谈判尾声。

显然，强大的力量正驱使各国向不断发展的全球一体化目标迈进。运输和通信成本的降低使得公司能够掌控全球供应链，通过企业内交易和供应商之间的网络来利用不同国家的比较优势。各国逐渐开始以工作任务专门化取代产品专门化，并且鼓励建立治理机制从而降低运营中的交易成本和风险。从事这些贸易的公司所关注的不仅仅是关税，而是探索能够提高运营效率的规则和行政、物流设施。

国家间争相成为出口平台，累积效应已经见起色。一些国家向国内外投资者提供有利的东道国生产环境以及进入国外市场的优先权，其他国家就会因此感到压力。这就导致各国在诸如投资、竞争政策、知识产权保护的规则方面和货物贸易和服务贸易的市场开放方面达成了诸多协议，而这些协议的自由化程度甚至超过了各国在 WTO 框架下所做的承诺。

订立协议的第二个驱动因素在于，全球增长的动力已经从发达国家转向了新兴市场。“南南贸易”已经蓬勃发展，为适应这股潮流，发展中国家和地区互相签署协议，规范和促进彼此之间的行为。这些“南南协议”在深度和广度方面各有千秋，其中一些协议内容非常全面、详细，并且可能促进贸易发展，而另外一些协议则更有激励意义，但内容上比较模糊，具备更多象征性和外交上的特征。

---

* Robert Z Lawrence，哈佛大学肯尼迪学院国际贸易和投资教授

如果多哈发展回合（DDR）最后以失败告终，体系中多边关系和区域关系之间的差异将会拉开距离，区域主义将会率先实现繁荣，而多边体系则渐渐显得无关紧要。虽确保现有协议今后仍对所有成员具有约束力，但是依然存在倒退的危险。成员遵守现行协议的一个原因是，通过谈判达成的新协议中体现他们的利益。如果缺乏这样的预期，这些国家遵守协议的动力将会减弱。此外，迄今为止目前世界上最大的贸易体（比如美国、欧盟、中国、印度和巴西）之间还没有缔结更进一步的贸易优惠协定。同时，由于 WTO 是促进成员之间相互融合的最重要的论坛，这种逐渐弱化的态势会对体系造成不利后果，并进而破坏成员间的关系。再者，随着时间的推移，上述主要参与者可能缔结双边贸易优惠协定，这样便会进一步削弱体系的作用。

挥之不去的区域主义

一些人希望消除区域协定，但这不太可能。许多国家已经在履行其承诺方面付出了太多。而且，这些协定也不应该被消除，因为其中一些协定的功能是原则性的，在次全球化层面下能够更好地执行。优惠安排被简单地视作关税减让，因其具有贸易转移效应而被称为“次优选择”。但 WTO 并没有消除所有壁垒，其局部多边贸易自由化作为优惠协定的现实替代方法，同样也只是“次优”方案。所以两个“次优方案”之间哪个更好，这才是真正的问题所在，需要实证方法解决。而事实上，两者确实都能促进贸易的发展。

仅仅考虑关税问题是远远不够的。许多区域协定包含的绝不只是关税，还包含实施规则和规章制度等内容，但并非所有国家都愿意签署相关条款。贸易的最佳开展范围应当是全世界，但各方普遍认为，管理世界贸易的最佳方式却不是设立一个全球联邦政府。因此，实际上多边和区域的混合协定作为一种共同的治理安排，反倒可能成为最佳方案。诸边和双边贸易安排的价值实现在于其自身实力，而不仅仅因为它们在另一套更综合的体系发展过程中充当了垫脚石。

当前世界贸易发展出现一种趋势，即通过区域安排实现所有深度一体化，而 WTO 仅维持保障最低共同标准的一揽子承诺。我们不能任由这种趋势蔓延。相反地，我们需要一个全球性的贸易格局，多边和优惠贸易在其中互为补充。这就要求找到一种双管齐下的方法，一方面重振 WTO，另一方面改善优惠贸易安排的规则，从而减少协定中的歧视性内容。

重振 WTO

多边范畴包括成功地结束多哈发展回合（DDR），并启动由新谅解协议管辖的新型诸边协定。DDR 具备其价值目标，但也存在着严重的问题。世界已发生改变，所以 DDR 的滞后性产生了高昂的代价。从一开始，对农业问题的优先处理就备受质疑，现在看来越发问题重重。许多贸易和投资公司从降低工业关税、实现服务和投资自由化过程中获得更多回报，但农业却不是其获利领域。2001 年，全球粮食价格走低，其主要问题是发达国家的进口壁垒和生产补贴政策。2012 年，以上问题仍然存在，全球粮食价格也依然居高不下、反复无常，其中的主要农业贸易问题在于许多发展中国家实施的出口限制，而谈判却并未涉及。2001 年，中国作为新加入成员需要时间进行调整，非洲和拉丁美洲的许多发展中国家则已经经历了长达二十年的缓慢增长。但是，2012 年的情况已大不相同，中国成为了世界上最大的出口国，许多发展中国家则经历了长达十年的空前经济增长。

此外，由于发达成员方在谈判中已经停滞不前，将谈判纳入发展回合框架的前景已是喜忧参半。欧盟认为应该优先就新加坡议题展开谈判，包括坎昆会议上未能达成必要一致的投资、竞争政策以及政府采购透明度等问题。发达成员方在多哈回合中优先关注从新兴市场大国获取市场开放的优惠，这个目标变得很难实现，因为发展中成员方已经成为限制减让的障碍。从发达成员方的优势角度来看，目前谈判进行讨价还价的空间看起来很小，也不确定，相反区域协定看起来会有更好的前景。

目前越来越多的呼声要求各成员通过承认失败或收获已有的谈判成果来中止谈判。例如一些国家提出，在“多哈折中方案”（Doha-lite）中，已经兑现了同意给予最不发达国家的减让和使贸易便利化生效的协定。但是其他国家拒绝做出以上让步，并声称他们这样做的前提是期待在未来的谈判中会有更多对其有利的议题。

可是，失败将会伤害到整个体制，并且剥夺能提供给发展中成员方新的重要利益的协定。应该做出最终的努力：由最大的几个成员推动并且运用领导力达成一项有意义的协定。例如，中国可以考虑同意加入《政府采购协定》，约束其中央和地方政府，以此换取发达成员方同意其市场经济地位。

新途径

部分最终方案包括针对发展中成员方进行贸易减让，以此作为要求发展中成员方接受新议定书的条件，新的议定书设定了就新诸边协定进行谈判的规则，以应对更深层次优惠贸易安排的挑战。

WTO 各成员情况不同，同一种模式不可能适用于全部成员。一些成员正当地拒绝新的束缚其政策的规则和义务。但是，对于其他成员，就其所放弃的机会而言，这种拒绝要付出高昂代价。完全有理由相信附加规则有助于实现必要的一体化，从而充分利用全球经济的潜力。大量证据说明，即使消除关税，边境效应仍会继续阻碍货物和服务的自由流动。实际上，在许多区域贸易安排所涵盖的大量议程中都能发现这一点。

应当重视更深层次一体化的愿望和一些发展中成员方对政策空间的担忧。与其在一个体系内使包括发达成员方和发展中成员方在内的所有成员都遵守所有规则，用只有一些成员参加的诸边协定来补充强制核心承诺，倒不失为一个更有吸引力的方法。这些协定可以有多种多样的形式：它们可以包含新的规则、部门的完全自由化，以及贸易便利化协定。一些协定可以将最惠国待遇扩展至全体成员；一些协定可以只向签署协议的成员授予特权。一些协定只有当关键多数成员签署之后才对各成员产生约束力。

以上这些协定将取消对发达成员方和发展中成员方的简单区分，并允许两个集团的成员采纳符合其自身利益的规则。例如外商投资、国有企业规则、出口壁垒限制、能源补贴限制、竞争（反垄断）政策、监管措施、通关程序、主要服务业的自由化，以及附加的知识产权保护。

当这些领域的协定能够从一定程度上给予所有成员制定规则方面的话语权时，协定的前景将会吸引原本对现有体系失去兴趣的成员加入其中。WTO 框架下的谈判能够带来重要的收益：WTO 批准和授权所带来的合法性、获取 WTO 资源和争端解决机制便利、使其他成员今后可以加入先前认可其条款的协定，以及同时就几项协定开展集体谈判，从而可以考虑到贸易领域的交叉问题。

针对自由贸易协定采取更严格的规则

第二个应对区域主义的方法是收紧准许设立自由贸易协定的规则。解决由区域主义造成的贸易转移问题最好的方案是寻求完全的自由贸易，问题是如果我们局限于现有安排中的既得利益，则可能永远难以实现自由贸易这一目标。但是接下来最好的途径是关注转移，由复杂且带有限制性的原产地规则产生的追加成本。这一观点虽不能阻止成员签署自由贸易协定，但是可以降低自由贸易协定的歧视效应，同时可以将其与更包罗万象的协定安排相关联。

大多数情况下，并非与 WTO 规则相关的优惠贸易安排出现了瑕疵，而是在执行过程中的失败导致了缺陷的产生。GATT 涉及特惠贸易协定的第 24 条规定其应该涵盖“实质上所有贸易”，并且不得对优惠安排以外的成员提高壁垒。但实际上这一规定的含义一直都不清晰。如果有一个英勇的国家愿意站出来提起案件诉求，并要求按照这条规定处理，那这个国家将被永载史册。当然实际上更好的办法是，全体成员能够在今后的协定中采纳更多准确的定义，甚至不受现有协定的限制。

另外，还应该更严格要求另一个领域的规则。其缺失已经显而易见地成为自由贸易协定情况下原产地规则的附加要求。这已经导致贸易保护主义者采取了违反WTO原则的行为，例如在自由贸易协定中使用“纺纱后原产地”（Yarn Forward）等规则。这些规则阻止任何产生增值的服装在自由贸易协定下以免税方式从有资格的第三方进入。规则明显带有歧视性，并且为累积增值设置了障碍。GATT第24条应该做出修改，从而使任何协定涵盖的所有部门都只允许适用一个原产地规则，并由各成员做出未来五年之内的承诺。

结论

WTO帮助各成员方从不断加深的一体化进程中获取更多收益，并发挥了重要作用，但是由于其使命和运行方式已经扩张，WTO变得更加具有争议。机构的合法性遭受了多方抨击，成员极力在现有规则中加入新兴议题，许多成员以各种理由拒绝接受新的义务，其原因包括对实施问题的顾虑、担心将来的贸易报复，同时也考虑到可能失去国内政策空间。但是，抵制的最终结果是使得一个组织失去其在处理问题上的关联性，而这些问题恰恰直接关系到成员方之间的供应链延伸。这不仅涉及关税，同时要管理与此相关的条例、竞争措施、投资政策、知识产权和服务贸易。

通过诸边协议对WTO核心职能的补充能够进一步促进全球一体化，同时缓和WTO制度上的紧张局势。这些安排提供了一种可能的妥协方案，使得有意向的成员之间做出广泛的承诺，因而多种需求能够共存、帮助减弱区域主义的发展趋势，并非以阻止这些协定安排的方式，而是创造一个更有吸引力的替代方案。当然，还应该严格控制区域安排的规则。

第二部分

争端解决机制

中美风电纠纷案

美贸易代表罗恩·柯克（Ron Kirk）于2011年6月证实，中国已经停止向风电设备企业提供公共资金的有争议措施。这些补贴构成了去年年底正式提起的中美 WTO 争端案的焦点。

该类争议资金用于向那些使用本地生产而非进口零部件的中国风电设备制造企业发放补贴。据美国贸易代表办公室称，自2008年该计划启动以来，中国政府提供的这项补贴总额高达数亿美元，单项补贴金额在600万美元至2 200万美元之间。

华盛顿方面认为，该补贴为禁止性补贴，原因是该补贴以使用本地零部件为前提，违反了《反补贴协议》第3.1条b款。同时，美国对中国没有及时将这些措施通报 WTO 表示异议。

此外，华盛顿声称中国还违反了其在加入世贸组织时做出的承诺，没有将该补贴计划用英语、法语或西班牙语亦即世界贸易组织的官方语言予以公布。

柯克说，“美国对中国停止补贴计划表示赞赏。那些针对本地含量的补贴是极其有害的，为世贸组织规则明文禁止。这一结果有助于确保美国清洁技术开发企业和工人所需的公平竞争环境。”

中国常驻世贸组织代表团于2011年6月9日发表声明，驳斥了美国方面的解读。该声明称，“中方注意到美国对争议措施的理解有误，对此已经在争端案磋商过程中予以澄清。该争议措施的目标是为了提高在风电技术研发方面的投资，而不是用国产部件代替进口产品。”

早在2011年2月份，中国就已经决定正式撤销《风力发电设备产业化专项资金管理暂行办法》（以下称《办法》）。中国代表团解释道，“2010年起，中国就已经停止实施该《办法》。为了消除某些世贸组织成员的疑虑，中国于2011年2月份公开宣布该措施无效。”虽然这个决定已经传达给美方，但它并不构成中美该桩贸易争端的正式和解。世贸组织通行的做法是，争端方将协商一致的意见通知给 WTO，从而正式为纠纷画上句号。

然而，美国贸易代表的声明表明，美国认为该项撤销是美国方面的一个重大胜利。“这是美国第三次向中国政府的补贴措施发起的成功挑战。在每个案件中，继美国提出磋商请求之后，中国一般即同意削减争议性补贴。”美贸易代表如是说。

美国的产业界也为这个决定欢呼，认为“清洁能源技术产品市场上又少了一项扭曲”。“一旦绿色技术问题上开了这个先例，我们就可以鼓励我们的政府继续为清洁技术企业和美国的工人营造公平竞争的环境，增加就业岗位和好的就业机会”。美国钢铁工人联合会主席Leo Gerard在一个声明中作如上评论。美国钢铁工人联合会曾向美国贸易代表办公室投诉，要求针对中国的绿色能源补贴采取行动。

中国的产业界认为补贴政策早已经不再适用

与美国官员的狂喜形成鲜明对比，中国风能企业的反应显然低调了许多。中国风能协会副会长施鹏飞告诉《中国日报》记者，“我们的政府对一个已经有实力在国际市场上与对手竞争的产业停止补贴，这是可以理解的。”

确实，中国风电产业的成功不再与扶持政策相关。中国的风电产业在过去的10年里迅速发展，这与地方性生产扶植政策的同样成功分不开。2004年在中国装机的风电设备中有82%来自进口，而在2010年，中国制造的风电设备在新安装设备中的比例已经接近90%。同样是在2010年，中国超越美国成为世界上拥有最大风电装机总容量的国家。

伴随着政策扶持计划，该行业快速发展，这使得行业内的主要制造商在成功地制造出兆瓦级风力发电机和近海风力发电机的过程中不断积累技术与资本。中国的风能设备制造商已经成为该日渐全球化的产业链中的佼佼者。

当然，不乏有人担心产能过剩的问题和风电厂接入电网中的缺陷问题。这些问题增加了中国制造商投资和出口海外的压力。观察家们提醒，国产化要求可能阻碍这些方面的努力。

这一分析可能就是促使中国停止该专项补贴的真正动因。世界资源研究所中国区首席代表邹骥认为，“取消补贴不应该被看做是支持绿色产业的政策发生了变化。”

就在两个星期以前，中国财政部副部长李勇在中国支持国内绿色产业发展的承诺上签字，宣布在可再生能源和高科技材料领域，中国会更多使用利率补贴政策。

争端“绿色”的一面

由于这是WTO受理的首个“绿色技术”案件，因此，该争端从一开始便得到国际社会的广泛关注。如果该争端案在WTO中继续下去，它可能使WTO第一次有机会在有关环境保护与贸易的讨论中表明立场。

磋商初期，中国商务部坚持该专项资金与中国在WTO承担的义务一致

(参见2011年4月份：Bridges Trade BioRes Review)。“中国有关发展风能的措施，是实现可持续发展的重要手段，有利于节约资源和保护环境，是对解决气候变化和全球变暖问题的贡献”。中国常驻 WTO 代表团再一次重申。

北京的立场得到了学者的强烈支持。纽约大学法学院教授 Robert Howse 于3月份时就提出“北京有很好的环境方面的理由以确保未来国内能够供给可替代能源技术。如此，就为国产化要求找到了一种似真论证，即中国对绿色能源的需求是如此之大，以致中国不得不负责任地采取措施保证大力发展本国绿色能源产业”。

本案最终没有能够在 WTO 这个试金石上得到检验。但是，随着对全球绿色技术支持的增加以及该行业内竞争的加剧，更多的案件会接踵而来。

原材料争端案

2012 年 7 月 5 日，WTO 专家组就备受关注的中国自然资源争端案做出裁定，中国针对 9 种原材料的出口限制措施违反了国际贸易规则，从而驳回中国方面关于出口限制措施是出于环保目的的抗辩。专家组在所有的关键点上都支持了欧盟、墨西哥和美国的诉求，后者于 2009 年联合采取行动提起了该项争端（DS394，DS395，DS398）。就在 WTO 公布裁决三天后，中国宣布对焦炭和有色金属实施新的出口限制，直接无视 WTO 的裁决。

中国对一些原材料实施出口限制和配额制度，其中包括焦炭、锌和矾土。这些都是全球生产日常用品所必需的原材料，如药品、碟片、汽车、电池以及高科技产品如计算机、移动电话。2009 年和 2010 年，中国较大幅度地削减了配额，世界市场价格因此走高，为那些重要贸易伙伴和他们的国内产业所诟病。

美国贸易代表 Ron Kirk 在一项声明中称，“中方为了获得保护主义性质的经济利益而广泛地使用出口限制，这是很让人困扰的。这些政策为下游的中国企业提供了很大的竞争优势，让外国的原材料用户为此买单。它们已经在全球范围的供应链上造成了大量的扭曲和波动”。

西方国家的化工、钢铁和有色金属等行业以及他们的下游客户严重依赖来自中国的进口，特别是有些原材料只能在中国找到。

中国加入 WTO 这个全球贸易机构之时，一度做出承诺要规范其对大多数原材料征收的出口税，包括本次争端中牵涉的那些原材料；中国也同意削减所有的数量限制包括配额。

专家组的裁决对于欧盟、美国和其他贸易伙伴而言是一个重大的胜利。他们发现，他们越来越依赖来自中国的原材料，同时又面临着来自中国制造业的激烈竞争。

欧盟贸易委员 Karel De Gucht 在其 2011 年 7 月 5 日的声明中说，“这是一个有利于开放贸易和公平获取原材料的裁决。它传递了一个强烈的信号，那就是禁止使用不公平的贸易限制措施，并为原材料的获取营造一个公平的竞争环境。”

美国贸易代表 Kirk 支持该委员的观点，他说，“专家组的报告象征着一个重大的胜利，也是对全球贸易体系基本规则的再一次重要重申。所有的

WTO 成员，不论是发达成员还是发展中成员，都需要能无歧视地获取自然资源以促进发展和繁荣。”

尽管欧盟和美国都希望中方已经准备好讨论结果和执行专家组的裁决，然而，近期的新动向却似乎与期望背道而驰。中国方面针对焦炭和有色金属实施新的出口配额，明显有漠视专家组建议之嫌。从中国方面的间接声明来看，有理由期待中方会提起上诉。

中国香港能源矿产联合会副主席 Johnson Chan 认为新动向在意料之中。如他所言，“丝毫不奇怪的是，中国的首要目标是满足其自身的需要，才能实现其打造高科技制造中心的目标”。

环境理由不足以为出口限制措施正名

对专家组裁定中方相关的出口税和出口配额违反中国加入议定书和 WTO 相关协议，中国方面对此表示遗憾。

中方援引 GATT 第 20 条例外条款为其辩护，认为出口限制措施并不违反 WTO 规则，理由是自然资源保护和公共健康。在其递交给专家组的一份书面报告中，中方提到，“如果按 2009 年的开采速度，中国的储量只够开发四年半的时间”。

在诉讼过程中，中国方面进一步称，某些原材料的开采对环境造成了破坏，于公共健康无益。“对高能耗、高污染和高投入的产品实施出口限制是非常必要的，有利于减少环境污染，使经济发展摆脱资源的限制，以及平缓煤、电和油之间的紧张关系”。

但专家组并不支持这一解释。“无论是出口限制措施，还是同期的法律和规章，其内容本身并没有显示出口限制有利于实现所谓的环保目标，或者，出口限制是为实现该目标而实施的一个综合项目的组成部分”。

专家组同时认为“实施出口税和配额的方式与环保目标之间没有发现明确的联系”。

专家组还指责中方并没有相应地对国内生产和消费这些原材料进行限制，这是使用 GATT 第 20 条例外的一个重要条件。

在这方面，专家组称“当环境问题的外部性是由国内生产而非进出口贸易所引发时，实施出口限制并不是解决该外部性的有效手段。就产品生产过程中产生的污染而言，在国内消费的这部分产品造成的污染并不比在国外消费的那部分产品来得少”。

历来就拥护 GATT 环保条款的欧盟支持这一立场。“欧盟相信出口限制不能且无助于实现（促进原材料清洁和可持续生产的）目标。有很多比这更有效的环保措施，且不会歧视外国产业”。

有利于欧盟在稀土问题上的立场?

本案中的环境扭曲可能给中国与欧盟之间另一起潜在的冲突带来启示。这另一起冲突主要与稀土有关，属于对高科技产业至关重要的原材料。中国在稀土行业处于近乎垄断的地位，近年来又实施了一系列出口限制，在欧盟眼里，这威胁到了欧盟的地位。

尽管专家组和上诉机构裁决在WTO不具有判例的法律效力，但是专家组在原材料争端中的裁决仍然具有重要的指示性作用，即WTO规则如何适用于类似争端。

更为重要的是，专家组不仅以证据不足驳回了中方关于保护环境的抗辩，同时指出，“WTO成员方不能依赖第20条g款（保护例外）为出口限制辩护……如果这些措施实质上是为了保护国内产业”。值得注意的是，这可能造成违反第20条i款，该条款中“保护”一词不能解释成……允许成员方在原材料方面间接地从事已经被该i款直接禁止的事情。

最后，专家组强调了出口限制措施反而可能对资源保护努力带来长期的、负面的影响。“通过降低国内价格，出口限制措施起到补贴下游产业的效果，可能造成下游产业对该类资源的过度需求，即超过正常贸易情况下（不实施出口限制）对该资源的需求”。

中方有60天的时间考虑是否上诉，或是执行专家组的裁决，不然就可能面临欧盟、墨西哥和美国等方面加以报复的风险。

日本诉加拿大：WTO有关气候问题第一案

2011年7月20日，WTO迎来了历史上首例与气候变化问题有关的争端案。在专家就该问题的多番讨论之后，WTO似乎应该制定规则以规范绿色能源支持与国家激励措施之间关系的问题。

随着受理该案件的专家组的成立，日本与加拿大之间在加拿大安大略省可再生能源支持计划问题上久拖不决的分歧被推向了又一转折点。日、加两国自2010年秋天开始，一直未能就安大略省“可再生能源回购电价计划”（Feed-in Tariff，FIT）达成一致意见。

FIT机制可以保证，利用可再生能源发电的电厂，其电价固定在高于市场标准的价格之上，并可获得向公共电网输送电力的长期合同。该计划旨在通过规避绿色能源生产者的风险并降低其投资成本以促进投资，从而提高可再生能源发电在安大略省电力供给中的份额。

然而，该计划中要求电厂最高达60%投资来自安大略省的本地成分条款，使得日本最终将此案诉诸WTO。日本方面称，“安大略省制造”的要求违反了《关贸总协定》有关国民待遇规定的条款，也违反了《与贸易有关的投资措施协议》，并且构成了WTO《补贴与反补贴协议》所认定的“禁止性补贴”。

目前，本案最有意思的转折点在于日本决定以《补贴与反补贴协议》及其他协议为依据提请争端解决机构受理此案。绿色能源政府支持和补贴规则之间的关系至今仍是一个未有深度涉及的问题，而通过此案可能会催生对该问题的新认识。

国际贸易和可持续发展中心（ICTSD）的一项新研究表明，“补贴规则最后可能会区别对待各成员的FIT计划——不仅要看计划的经济效应，还要看计划本身的设计以及政府在其中扮演的角色。政府有必要确认有关计划方案是否有助于降低气候变化影响，或者重新进入谈判程序是否更为有益。”

此项研究由ICTSD撰写，ICTSD也是Bridges Trade BioRes的出版商。

2011年6月，中国与美国之间一起类似争端在进入专家组阶段之前被终止。此前中美双方一直就中国产风力涡轮发电机的各项国内支持措施争论不休。

2011 年 6 月 7 日，美国贸易代表宣布中国将结束政府资助，问题得以解决。但是虽然中方将停止补贴的决定告知了美方，这却并不是双方正式协议的一部分，也与争端没有直接联系。中国企业界与官方人员均坚称已经取消了补贴，因为补贴已无必要，而不是因为补贴违反了国际贸易规则（详见 2011 年 6 月 13 日出版的 Bridges Trade BioRes）。

北美自由贸易协定（NAFTA）可能出现相似案例？

安大略省的 FIT 计划已经开始受到国际贸易体制以外的法律界关注。百万富翁 T. Boone Pickens 名下的总部位于美国德克萨斯州的再生能源企业梅萨电力集团（Mesa Power Group）于 2011 年 7 月 14 日宣布该公司将依据《北美自由贸易协定》发起一项诉讼。

梅萨电力集团提出 FIT 违反了 NAFTA 有关政府采购的条款。梅萨集团在申诉中指出，安大略省对 2009 年通过的《绿色能源法》（Green Energy Act）中 FIT 条款下给予电力采购奖励的办法做了“临门一脚”的修改。梅萨集团认为其因此被排除在竞争之外，而这一过程违反了 NAFTA 的政府采购规则中针对投标流程的非歧视原则。

类似的争议也曾在 WTO 政府采购协议范畴内被提及。但是这些都不如 NAFTA 各方的争端来得复杂，也没有涉及加拿大的所有省份。而事实上，根据专家报告，负责执行该计划的安大略省电力局恰好不在 WTO 政府采购协议的管辖范围内。

2011 年 6 月 3 日，安大略省电力局修改其法规，允许位于该省省界的一个发电区与位于该省西侧的布鲁斯（Bruce）发电区进行电力输送对接。这就意味着 2011 年 7 月 4 日宣布的最后一轮 FIT 奖励计划中约有 62% 的合同最后流向了布鲁斯地区——但其中并不包括梅萨集团的项目。梅萨集团因此损失了两个风电项目。

据路透社报道，梅萨电力一位名叫 Cole Robertson 的高级人员称，“这一赤裸裸的偏袒手法使得梅萨和其他风能开发企业失去了竞争优势，并且显然违反了《北美自由贸易协定》的精神、宗旨和目标”。

梅萨集团表示质疑的还有 FIT 中的本地成分要求，以及对个别投资者的“优惠待遇”，他们指出，其中包括韩国三星 C&T 公司（Samsung C&T Corporation）。2011 年 1 月，三星公司承诺在安大略省投资 67 亿美元建造四个风能和太阳能产业集群。此项协议是安大略省绿色能源计划中最大的一笔项目。

梅萨集团已经表示其将在 2011 年 10 月 3 日之后以正式通知并向 NAFTA 提起仲裁请求。

安大略省的 FIT 计划也遭到了省内反对党渐进保守党（Progressive Conservative Party）的阻挠，该党承诺将在赢得 2011 年 10 月 6 日的省级选举之后废除该计划。虽然制订计划的自由党宣称该计划能够创造绿色产业就业机会，批评人士却认为这只是一个增加消费者成本的昂贵试验。

2011 年 6 月 1 日，日本首次提起了设立专家组的请求，WTO 争端解决机制在 2011 年 6 月 17 日的会议上按照加拿大的要求延迟了该请求的处理。根据 WTO 规定，争端案被诉方可以拒绝申诉方的首个专家组设立请求；然而，第二个专家组设立请求一旦提出将会自动生效（详见 2011 年 6 月 27 日出版的 Bridges Trade BioRes）。此案争端双方的首个磋商请求可以追溯到 2010 年 9 月，美国和欧盟随即也加入了磋商（详见 2010 年 9 月 24 日出版的 Bridges Trade BioRes）。

澳大利亚、中国台湾、挪威、中国、欧盟、韩国、洪都拉斯和美国已经参加进来成为该案第三方。

中国原材料出口限制被判违规及启示

2012 年年初，WTO 上诉机构公布了备受关注的中国原材料出口限制案的终审报告。WTO 争端解决机制上诉机构认定中国对九种原材料的出口限制措施违反了 WTO 规则以及中国入世议定书的规定。中国曾于 2011 年 7 月就该案专家组报告提出质疑，此项裁定是对中方上诉的回应。

2011 年 7 月公布的该案专家组报告认为，中国的出口限制不能视为对可用尽自然资源和环境的保护措施，也不能作为严重短缺资源的管理手段。

美国、欧盟、墨西哥三方于 2009 年联合发起了针对中国的原材料争端案，此次裁定迎合了大部分人的期待，而该案裁定时的说明将为今后类似的案件提供里程碑式的借鉴意义。

中国针对部分原材料实行了出口关税和配额制度，涉及煤炭、锌、铝土，以及其他一些只能在中国可以获取的原材料。由此导致的出口价格上涨和供给的限制，冲击了国外钢铁、铝、化工及其下游产业。

欧盟预计，中国对上述原材料的出口定价高于其国内供应价格的 50% ~100%，欧盟 4% 的工业生产活动以及大约 50 万个就业岗位因此而受到影响。

欧盟贸易专员卡洛·德·古赫（Karel de Gucht）在一项声明中表示："此次最终裁定是我们确保欧盟稀缺原材料供应所作努力的巨大成功，它清楚地表明，类似措施不能以牺牲国外竞争对手利益为代价而促进国内产业发展"。

美国贸易代表罗恩·柯克（Ron Kirk）也对该裁定表示欢迎，并称其为"伟大的胜利"。他说："这一裁决确保了核心的制造企业可以获得其所需的原材料，并且公平地与其他企业同台竞技"。

自然矿产资源的耗尽不构成"严重短缺"，不能作为正当理由

尽管申诉方将中国的出口限制措施定性为贸易保护手段，中国坚持认为，由于一些资源在不久的将来面临枯竭，因此这些手段是保护可用尽资源和确保其国内供给的必要措施。上诉机构推翻了这些理由而维持了专家组的原判。

在资源富饶的发展中成员方迫切希望为其国内生产保障原材料供给的同时，欧盟、美国以及其他 WTO 成员却更加急切地在多边贸易体制内寻求对这

一问题的澄清和解答。

在考察这一关切时，WTO 的最高执法机构首次将 WTO 规则运用到了管理紧缺产品的出口限制上。

《关税与贸易总协定》（GATT）第 11 条第 2 款 a 项规定了一般数量限制规则的例外情形。该例外条款的原文是："本条第 1 款的规定不得适用于下列措施：（a）为防止或缓解出口缔约方的粮食或其他必需品的严重短缺而临时实施的出口禁止或限制"。也就是说在上述特殊情形下，可以"临时实施"有关出口限制措施。

在案件审理过程中，中国提出，可预见的自然资源枯竭属于上述的"严重短缺"，因此，GATT 第 11 条第 2 款 a 项的例外条款也应当适用于对自然矿产资源的长期性预防保护措施。但上诉机构否认了这一点，并认为 GATT 第 11 条第 2 款 a 项仅仅"适用于在特殊情况下，作为一个必要的过渡性安排而采取的临时措施"。

分析人士指出，GATT 第 11 条第 2 款 a 项例外情况有它的特指性，比如粮食或者鱼类及其他可再生的产品，而不是本案中的不可再生的矿产品等自然资源。为什么？上诉机构的报告做了十分精当的解释。该报告说，"假定有一个数量限制措施，其目的是为了保护一种可耗尽的自然资源的有限储备量，那么此项限制措施就会持续到该资源完全枯竭时为止"。上诉机构法官补充解释说，因为中国的出口限制措施针对的是可以耗尽的自然矿产资源，即使长期适用，也起不到"防止和缓解"自然矿产资源严重短缺的作用，所以也不适用上述的例外条款（因为矿产的稀缺不会因为限制出口措施而有所改变）。也就是说，要实现其保护资源的目的，这个措施将是长期的，但是上述例外条款的规定是"临时"的限制措施，而不是长期的措施。所以一个逻辑的推断就是，该例外条款不适用可以耗尽的矿产等自然资源。

GATT 第 11 条第 2 款 a 项不适用于以保护可耗尽的自然矿产资源为目的的出口限制措施，这一结果将成为今后有关原材料贸易的原则，对另一项存在争议的稀土资源则更具意义。

德·古赫已经要求中国"规范包括稀土资源出口政策等在内的贸易制度，使之符合 WTO 规则"。

GATT 第 20 条不是退路

上诉机构面临的另一个问题是 GATT 第 20 条对《中国入世议定书》第 11.3 节的适用性，该节规定中国应当取消所有出口关税。该案的专家组已经否定了 GATT 第 20 条的适用性，而上诉机构则确认了这一裁定。

上诉机构指出，涉案的《中国入世议定书》第 11.3 节中并未特别提及

GATT 第 20 条，因此不存在适用性。

上诉机构法官表示："如果有意援引 GATT 第 20 条，那么第 11.3 节或《中国入世议定书》的其他地方就应当包含相关措辞。"

GATT 第 20 条是否可以在 GATT 之外的其他协议范畴下成为成员方采取措施的正当理由，贸易观察家们对此一直存在争议。

许多人提出应当将 GATT 第 20 条作为"退守选项"来解决环境与贸易的交叉问题，而不是在某个单独的 WTO 法规项下零散地解决。该问题尤其关系到新近加入 WTO 的成员在其入世议定书中做出的"超 WTO"（WTO +）承诺。

虽然上诉机构谨慎地就事论事，没有将 GATT 第 20 条的适用性问题做出具有广泛意义的结论，但此次的裁定对今后的案件将产生重大影响，尤其是对正在进行中的加拿大安大略省可再生能源回购电价计划案，及该案措施与 WTO 反补贴协议一致性的问题。

对于正在进行入世谈判的国家和地区来说，此次裁决意味着他们将必须确保 GATT 第 20 条被援引到其入世议定书中为了环境、资源保护、人类健康、公共道德所可能采取的所有措施中，此事显然工程浩大。

另一种方案是将 GATT 第 20 条整合到入世议定书的"保护伞条款"（Umbrella Clause）中，但相关谈判可能会很难开展。

中国在得知裁定之后的一份声明中提出："中国认为，在促进自由贸易的同时，WTO 规则允许其成员采取必要手段达成保护环境和可用尽资源的政策目标，因此必须寻找到一个可以平衡各项政策目标的解决方案"。

专家组和上诉机构报告将在 30 天内提交 WTO 争端解决机构正式定案。随后，中国将必须在合理期间内将其措施调整至合规。

中国原材料出口限制案的上诉机构报告解读

案件简介

出口限制措施旨在达成多种政策目标，包括促进下游产业发展、缓解通胀压力，以及其他财政目标。限制措施的手段多种多样，例如出口关税、出口配额、最低限价或许可证要求等。

由于目前的WTO规则主要针对进口措施，因此出口限制措施被普遍认为"缺乏监管"。WTO规则中只有少数条款涉及出口限制问题，最明显的一条是《1994年关税与贸易总协定》（General Agreement on Trade and Tariffs 1994，GATT）第11条。GATT第11条规定，除为防止或缓解粮食或其他必需品严重短缺而临时实施的出口禁止，或为实施商品归类、分级和销售标准或法规而必须实施的出口限制之外，所有成员都必须取消一切出口数量限制措施。第11条所涵盖的出口数量限制措施中，最典型的就是出口禁止或配额。

另一方面，现行的WTO规则中对出口关税留有大段的监管空白。只有中国、沙特阿拉伯、越南和乌克兰等新入世的成员，才在其入世议定书中承诺对其出口关税措施采取更加严厉的监管，这也就是所谓的"超WTO"（WTO+）承诺。例如，中国入世议定书中就明确规定，除议定书附件封闭清单（Closed List）所列产品外，取消大部分原材料和其他货物的出口关税。

然而，WTO成员违反出口数量限制的措施可依GATT第20条获得合法性，该条款允许以保护环境和自然资源为目的采取贸易限制措施，只要这类措施以非歧视、非滥用的方式实施。使违反WTO承诺的措施合法化的可能性通常是依WTO的一个平行协议——GATS协议获得的。然而，违反其他WTO承诺的措施，例如违反入世议定书中"超WTO"承诺的措施，是否能依GATT第20条获得合法性，则是本案的关键之一。

中国原材料出口限制措施案是首个涉及成员入世议定书中有关（实质性）取消出口关税承诺的案件。这也是WTO上诉机构首次考量原材料出口限制与自然资源保护之间的关系。最初的专家组就一系列问题做出了裁定，包括入世议定书中出口关税的合法性、GATT 第 11 条第 2 款与涉及可用尽资源保护的 GATT 第 20 条的关系、《中国入世议定书》的法律地位，以及 GATT 第 20 条的一般例外在裁定措施违反《中国入世议定书》承诺时的可适用性等。就中国不得援引 GATT 第 20 条来抗辩其出口措施违反《入世议定书》承诺的专家组裁定，以及专家组对 GATT 第 10 条第 2 款 a 项的解释问题，中国向 WTO 上诉机构提起了上诉。

上诉机构对专家组报告中许多问题的重新审议，将对未来在 WTO 法律规则体系内如何对待可用尽资源、WTO 成员应当如何以环境保护为由证明出口限制措施的合法性等问题产生影响。从更实际的角度来说，专家组裁定预示着中国与其贸易伙伴间有关稀土出口限制措施的争端或将爆发。虽然原材料出口限制案中没有涉及稀土产品出口问题，但鉴于稀土产品对工业生产的重要性以及中国在该领域的垄断地位，稀土出口限制已是饱受争议。

关键问题、概览与评述[①]

中国原材料出口限制措施案由美国、欧盟和墨西哥于 2009 年夏天联合发起，诉中国针对黄磷、铝土、焦炭、萤石、镁、锰、金属硅、碳化硅和锌等原材料采取的一系列出口限制措施，包括出口关税、出口配额、配额分配管理、出口许可证，以及设定最低出口限价等要求。申诉方在专家组程序中几乎获得完胜，专家组裁定中国采取的上述措施违反了其在加入世界贸易组织时所做出的特定承诺，以及 WTO 一般规则，其中包括多项 GATT 条款。

由于专家组审查结论中有三项出口限制措施不在申诉方提起的审查范围内，上诉机构的确推翻了专家组裁定。然而，上诉机构也重申了专家组在两个最重要问题，即出口关税与出口配额上的立场。

在审查范围（Terms of Reference）问题上，上诉机构推翻了专家组的意见。但上诉机构认可了专家组应对经常性到期但循环启动机制的建议，也同意了专家组将 GATT 第 20 条规定解释适用于《中国入世议定书》“超 WTO”承诺的裁定。上诉机构还确认了专家组在本案中对 GATT 第 11 条第 2 款 a 项所做的解释及其在本案中的适用。但上诉机构推翻了专家组有关 GATT 第 20 条 g 项的解释。

欧盟、美国与墨西哥在其专家组设立请求中将审查范围概括为五个段落内容，描述申诉方认为中国存在问题的出口限制措施。紧随其后的则是申诉方列出的 37 项违规措施及其认为被违反的 13 项 WTO 条款。中国迅即要求作

---

① 参见 Hannes Schloemann 先生在“第 4 期争端解决机制论坛”上的发言 http：//ictsd. org/downloads/2012/02/td-vol-4-agenda-raw-materials-app. pdf.

出初步裁决，裁决程序侵犯了中国依《关于争端解决规则与程序的谅解》(Dispute Settlement Understanding，DSU) 所享有的正当程序权利。专家组驳回了中方的这一申诉，认为中国抗辩的能力没有受到实质性损害，但上诉机构推翻此一裁定。上诉机构认为，DSU 第 6.2 条规定申诉方应当提供一份有关申诉法律基础的摘要，摘要须足以明确陈述问题；而专家组提出的要求不能将问题与特定法律工具或 WTO 条款联系起来。

从程序角度来说，受到质疑的措施需要中国政府每年更新、续展或替换。申诉方将其申诉限定在 2009 年实施的措施范围内，并要求专家组无需对 2010 年生效的出口限制措施开展审查。申诉方意在通过此举避免由 2010 年措施审查带来的“移动靶”效应，申诉方认为“移动靶”可能使得 2009 年措施免于审查。

专家组接受了这一请求，并将其审查范围限定在了 2009 年措施内。然而，在中国针对 GATT 第 20 条提出抗辩时，专家组仍将 2010 年措施作为证据进行了审查。上诉机构因此认为专家组基于“一系列措施”提出建议是适当的，并且适当地将其审查范围限制在专家组设立时确定的范围内，由此避免了“移动靶”的问题。

那么，“作为‘超 WTO’承诺，入世议定书与 GATT 第 20 条的关系应如何处理”？中国已经对本案涉及的 9 种原材料中的 8 种采取了出口关税措施，但《中国入世议定书》第 11.3 小节承诺，除《入世议定书》附件 6 所列特定产品或符合 GATT 第 13 条规定的产品以外，禁止其他一切出口关税措施。专家组认为中国采取的 7 项出口关税措施违反了《入世议定书》的规定，并且 GATT 第 20 条所规定的一般例外不得适用于对“超 WTO”承诺的解释。

上诉机构认同了专家组的这一结论。《入世议定书》第 11.3 小节没有特别提到 GATT 第 20 条，甚至没有间接引述，并且既没有在附件 6 的列举中提到 GATT 第 20 条，也没有将 GATT 第 13 条规则列为例外情况。上诉机构根据《入世议定书》前文第 11.1 小节和第 11.2 小节内容支持了专家组的结论，因为上述两小节都做了“符合 GATT 规则”的广义引述。专家组还引用了“中国影响出版物和视听娱乐产品的贸易权和分销服务措施案”，该案提及《入世议定书》第 5.1 小节所述“不损害中国以符合《WTO 协定》的方式管理贸易的权利”已足以使所有 GATT 规则得以适用。

在这样的前提下，有可能采取目的论的方法，就 GATT 的 20 条与《入世议定书》关系问题得出与上诉机构不同的结论。

目的论的解释方法要求裁决者考察整个法律结构，这一结构考量法律的精神，而不仅仅是单独语句的字面含义。从这个角度来说，社会经济政策也应当被考虑到法律解释和法律适用中去。因此，目的论方法允许基于特定法律目标和价值的特定裁决。

上诉机构对出口关税无限禁止的假定值得商榷。出口关税问题在 GATT 范畴内存在争议，并且尽管各国在 GATT 订立之初未曾想过另行设立出口关税规定，但在最惠国待遇等条款中已有所涵盖。如此一来，GATT 第 20 条依其系统性地适用于 GATT 的条款角色，其本身就涵盖了出口关税问题。

由于中国无法援引 GATT 第 20 条，也无法继续实行出口关税，该成员有可能转而采取出口数量限制措施。此类禁令或配额措施将比关税措施更具贸易限制作用，从而实际违背了 GATT 及其第 20 条规定的逻辑。

单纯从上下文分析角度提出《入世议定书》第 11.3 小节比之于第 11.1 小节和 11.2 小节来说缺少“符合 GATT 规则”的表述，这一论据不够充分。由于第 11.3 小节清楚地阐明了超越 GATT 一般规则的“超 WTO”承诺，因此“符合 GATT 规则”的宽泛表述显得毫无意义。在《入世议定书》第 11.3 小节提及附件 6 和 GATT 第 13 条是否与列举隐含 GATT 第 20 条一般例外的条款具有同样作用。这些条款是否的确可被认定为例外，这一点也值得质疑。附件 6 是一个时间表机制，而 GATT 第 13 条则是框架描述，并未特指适用于出口关税。

尽管上诉机构在解释《中国入世议定书》时援引了《维也纳条约法公约》（Vienna Convention on the Law of Treaties）第 31 条第 1 款，但没有依照《维也纳公约》提出的原则探讨文件的“目的及宗旨”。

中国不能援引 GATT 一般例外为其出口关税承诺抗辩的结果，与 GATT 使用为达成政策目标所必需的较小贸易限制措施的要求相冲突。

在这样的背景下，正在进行入世谈判的国家可能希望在其入世议定书相关条款的措辞中普遍加入 GATT 第 20 条的适用性。最后，上诉机构针对 GATT 第 20 条做出的审查结论推广到其他非 GATT 协定（例如《WTO 补贴与反补贴协议》或《WTO 技术性贸易壁垒协议》以及《WTO 实施动植物卫生检疫措施的协议》等）范畴中去的可能性基本上很小，但尚不能确定上诉机构最后将如何裁决这一问题。

在上诉机构对出口配额措施和 GATT 第 11 条第 2 款 a 项的态度问题上，相关法律分析中至关重要的一点是“如何处理可用尽自然资源的出口限制问题”。上诉机构认为除非中国对 5 种原材料采取的出口配额措施属于 GATT 第 11 条第 2 款 a 项所允许的“为防止或缓解粮食或其他必需品严重短缺而临时实施的”出口数量限制例外，否则中国就违反了 GATT 第 11 条有关禁止数量限制的规定。这是 WTO 上诉机构首次援引这一例外条款。

在审查 GATT 第 11 条第 2 款 a 项相关性问题时，专家组认为涉案产品符合该条款所述“必需品”的要求，但中国采取的措施并非“临时实施”，也不是为了“缓解严重短缺”。上诉机构认可了这些结论，并认为 GATT 第 11 条第 2 款 a 项要求体现特定时间、特定环境，从而证明措施的“临时”性质。上诉机构还指出，GATT 第 11 条第 2 款 a 项中的概念相互引证，该条款的解释需要建立在“逐案”分析的基础上，从而考察不同因素之间的相互联系。本案的结果引出了一个问题，即 GATT 第 11 条第 2 款 a 项是否适用于将在未来被耗尽的可用尽资源的情形。

值得注意的是，上诉机构并没有认可专家组有关 GATT 第 11 条第 2 款 a 项与 GATT 第 20 条 g 项关系的判断。上诉机构认为，这两项条款并非互斥，因为 GATT 第 20 条使违反 GATT 义务的行为获得合法性，而 GATT 第 11 条第 2 款 a 项则是为了防止在特定情况下滥用数量限制行为禁止。因此，“一旦适用 GATT 第 11 条第 2 款 a 项规定，就没有必要再援引 GATT 第 20 条，因为此时已不存在义务了”。这是否意味着 GATT 第 11 条根本就算不上是一个例外条款。

另一个值得质疑的问题是，上诉机构的审查结果是否切断了可用尽自然资源“严重短缺”时采取“临时措施”的可能性。上诉机构提出，在可预见的未来，某种可用尽资源或许会因为矿难或自然灾害而遭遇严重的突发性供给短缺。如果是这样的话，在可用尽自然资源的问题上应当还会出现可以适用 GATT 第 11 条第 2 款 a 项的其他假设情况。

最后，在 GATT 第 20 条 g 项下，一般例外仅适用于当为保护自然资源为目的的贸易措施与限制国内生产与消费“一同实施”的情况。专家组对此解释认为，该条款所说的出口措施必须“首先应用于”国内生产与消费，专家组还为此引用了“加拿大鲑鱼和鲱鱼案”（Canada-Herring and Salmon）的判决措辞。上诉机构认为，“一同实施”意味着措施必须一同采取，但并没有贸易措施必须先应用于国内生产与消费的规定。

上诉机构的审查结论是非常文本化的。正在进行入世谈判的国家有必要确认其希望援引的例外条款都已明确写入其入世谈判文件。鉴于以往 WTO 主要成员曾成功采取了数量限制措施，上诉机构的此次裁决可能有失公允。

GATT 第 20 条在非 GATT 承诺中的适用①

《马拉喀什协议》的 12 条第 1 款规定，成员入世必须依照 WTO 协议规定，这其中也包含《关于争端解决规则与程序的谅解》。《谅解》第 3.2 条规定，争端解决过程应根据国际公法的释法惯例，对 WTO 协议条款所规定的成

① 参见 Cherise Valles 女士在“第 4 期争端解决机制论坛”上的发言 http：//ictsd. org/downloads/2012/02/td-vol-4-agenda-raw-materials-app. pdf .

员权利和义务做出澄清。这一规定使得《维也纳条约法公约》被用于解释本案涉及的《中国入世议定书》第11.3小节。

已经有评论人士指出在使用《维也纳条约法公约》解释入世议定书时存在的困难。入世议定书的文本成稿于经年累月的谈判，个别议定书中甚至还有手写注释。因此，这些文本并不以公约法所指条约的形式存在，并且由于议定书的条款内容是大量多边谈判的产物，因此其目的及宗旨难以界定。然而，上诉机构采用了《维也纳公约》进行释法。在本案中，上诉机构主要援引了《维也纳公约》第31.1条有关释法的一般规则要求，即“条约应依其用于按其上下文并参照条约目的及宗旨所具有之通常意义，善意解释之”。

WTO法律体系的一大亮点就是督促其成员履行在特定谈判中形成并反映在特定协议中的义务。“韩国政府采购案”（Korea-Procurement）的专家组认为包括第3.2条在内，《关于争端解决规则与程序的谅解》全文的目的在于限制在释法过程中频繁援引谈判历史，因为这将破坏协议与法理的一致性。这也是为什么《维也纳公约》在WTO法理中价值无法估量的原因。

在这样的背景下，上诉机构的结论不乏充分的分析论证。《中国入世议定书》第11.3小节阐述了中国同意除个别特例之外取消所有出口关税的意愿。《议定书》附件6中所说的“中国进一步确认除例外情况之外将不提高现行适用税率”，这一措辞已经清楚地表明中国没有为征收与WTO规则不相符合的出口关税留有余地。《议定书》第11.3小节也明确限制了中国可以提高税率的条件，但没有为中国征收非附件内产品关税提供灵活性。再者，援引GATT第8条并不意味着中国有权将GATT第20条作为违反GATT第13条规定的依据。尽管上诉机构最终没有考虑《中国入世议定书》的目的及宗旨，但却引用了《马拉喀什协议》序言中将具有约束力的多边贸易体制作为WTO规则体系宗旨的提议。

上诉机构使用的释法手段可能不会改变。各成员应当意识到入世议定书的解读可能会继续停留在《维也纳公约》框架下，并须坚持议定书条款应当包含所有谈判援引规则。

案件对矿产行业资源保护的影响①

可再生资源与可用尽资源之间的根本区别至关重要，但一直被经济学家们所忽略，直到哈罗德·霍特林（Harold Hotelling）相关著作的问世。尽管成稿于1931年，但霍特林在该领域的开创性启蒙作品——“可耗竭资源经济

① 参见Gilles Carbonnier先生在“第4期争端解决机制论坛”上的发言http：//ictsd.org/downloads/2012/02/td-vol-4-agenda-raw-materials-app.pdf.

学”（The Economics of Exhaustible Resources）为不可再生研究奠定了基础。该论文于20世纪70年代被自然资源经济学家“重新发现”为关键理论。

霍特林认为，不可再生自然资源的拥有者面临着典型的资源使用权衡：当下取得和出售的资源与储存以备未来使用的资源，各是多少？资源拥有者的目标是在资源开采的整个时间段内使得当下的资源价值最大化。

当需求持续不断时，自然资源的市场价格随着储量的减少而上升。因此，如果资源未来的价格升高到足以忽略货币时间价值，则可能会产生一种财务激励机制来限制生产量。然而，本案的裁决限制了资源拥有者限制生产的能力。伴随着可用尽资源的不断采掘，其价格往往呈指数级上涨，因此最终价格之昂贵将使得需求被彻底抑制。

本案中的市场因素将在中短期内压低涉案原材料的价格，但随着中国出口限制措施的取消，从长期来看，更大规模的采掘将加速推高原材料价格。尽管高价出售原材料得以维持矿产开采的高额成本，但中短期价格走低将打消对高价资源和新型开采技术的投资积极性。

那么，为了平息原材料市场的混乱，是否有其他的政策或监管信号来鼓励必要投资呢？这就要求提升原材料特别是能源领域的全球治理能力。目前该体系在应对稀缺及战略资源全球共享的挑战方面乏善可陈。越来越多集团公司控制个别矿产行业的现象也是一大症结。WTO成员能够依照规则行事吗？这就取决于各成员对多边贸易体制的信念是否足以使他们远离出口限制措施。

此时正是WTO对能源材料贸易、处理双重定价问题投以更多关注，并加强环境监管、提高政策确定性的“最佳时机”。此外，如果WTO成员不在原材料新资源和新技术领域加大投资，那么对WTO体制的过分依赖将使得矿产贸易体系受到过度监管。

案件对其他资源的影响——未来规则展望①

近年来，出口限制已经在上述领域广泛使用，其中包括2010年俄罗斯出台的小麦出口禁令。出口限制造成了严重的市场恐慌情绪，并加重了世界粮食价格的脆弱性。通常这些措施都是为了应对粮食价格上涨和国内食品短缺的压力。

GATT第11条第2款a项允许在食品严重短缺的情况下采取临时出口限制措施，这与WTO《农业协议》中有关出口限制规定的措辞颇为相似。然而，《农业协议》的一大特征就是执行过程中的模糊性。专家组和上诉机构的

① 参见 Bariş Karapinar 先生在“第4期争端解决机制论坛”上的发言 http：//ictsd. org/downloads/2012/02/td-vol-4-agenda-raw-materials-app. pdf.

释法应该为这些条款提供法律上的澄清。

根据本案的裁决，“临时实施”是指一国必须言明限制措施的取消时间。在农业领域，问题也许更为复杂，因为禁令或其他限制措施虽然只在一定时间内实施，却往往被延展以至于实际上成为了永久性措施。例如，中国和印度采取的农业限制措施常常被续展。

根据本案裁定，“必需品”意味着重要、不可或缺。言下之意，许多农产品和非农产品都符合条件，但上诉机构报告却没有做进一步澄清。

上诉机构裁定中的“危机”，指的是业已严重的情况，并且正在向危机的境地发展。而 GATT 第 11 条要求，所采取的措施的目的和实际效应必须能够缓解局势发展。这一解读运用到农业领域则颇为有趣，因为农业限制措施的效果往往是抑制生产的。无论是进口限制还是出口限制，都会对市场产生干扰，并加重市场脆弱性。

针对农业出口限制措施的谈判改革面临着集体行动的问题。推动谈判，需要在野心膨胀与缺乏雄心两个极端之间寻找到一条平衡的途径。针对个别产品或产品类别，同时又兼顾补贴与出口限制措施的方法也许能够成为可行的手段。

总结

有关出口禁令和限制措施的合理协议需要 WTO 对双重定价和补贴开展特别审查。任何协议都需要多方权衡，在控制禁令和限制措施实施期限同时，为主权国家保护产品和应对真正涉及公共利益的突发情况留出空间。

WTO 法律不能在诊所式孤立环境中操作，而应以它所具有的其他方式。《入世议定书》中涉及的太多问题都指向该成员的核心体制。因此，成员援引国内重大实质性事项，作为其维持解决此等事项的重要权利的理由，已成为一种趋势。然而，WTO 争端解决机制的任务是在不关注较大政策事项的条件下对文本进行解读。或许可以说，虽然必须完全结合国际公法的原则，但目前的趋势却是忽略这些政策考虑而聚焦于文本。

《入世议定书》不是一份契约，议定书与其他 WTO 协议之间没有等级关系，而是与之平行。这就意味着，依据一个涵盖一切的法律秩序对入世议定书作文本解释不一定行得通，因为 WTO 法并非涵盖一切。应当谨记，根本问题在于“我们在多大程度上共担责任?”我们是否在处理资源开采国及其下游产业国问题上拥有一个合适的机制，还是我们需要更多？我们还应当记住，稀土供应还得继续，中国依旧有权利基于 GATT 第 20 条 g 项采取数量限制措施管理其稀土资源。尽管该问题不在入世议定书范畴内，但“我们又将面对另一个回合，并且 GATT 第 20 条依然如影随形”。

欧元区危机下的
中欧反倾销调查争端

欧盟委员会近期对中国钢铁产品开展的反倾销调查导致中欧关系再度紧张。中方暗示，此项调查将“破坏”双方为解决当前欧元危机所付出的努力。

2012 年 1 月，欧洲钢铁工业联盟（简称 EUROFER）向欧盟执行机构——欧盟委员会提起了一项反补贴调查申诉。

2011 年 11 月，该联盟曾向欧盟委员会提交过一份反倾销调查申诉，声称中国在欧盟市场销售的钢铁产品低于市场价格，欧委会随即于次月着手展开调查。

在提交此次反补贴调查申诉时，欧洲钢铁工业联盟总干事戈登·莫法特（Gordon Moffat）说：“中国推动缺乏成本优势产业的行为，已导致全球钢铁市场不平等竞争，使欧盟钢铁产业和第三方市场受到了伤害”。

就在欧盟对用于建筑行业的涂层钢板产品开展反倾销和反补贴调查的同时，欧洲领导人亦恰巧向中国政府提出了对欧元区施以援手的要求。

据《华尔街日报》报道，在本周末举行的 20 国集团（G20）财政部长和央行行长会议上，G20 官员坦言，中国在帮助国际货币基金组织化解欧元区危机方面的经济贡献将近 1 000 亿美元。

不仅如此，本月初中国总理温家宝表示，中国将在解决欧洲主权债务危机问题上发挥更加重要的作用。但是，中方官员并未公布具体的援助计划。

中国商务部在其官方网站公布的一份声明中称，反补贴和反倾销调查将“向全世界发出一个贸易保护主义的错误信号”，也将“削弱应对中欧地区债务危机的共同努力”。

该声明进一步指出：“所有国家应该以合作、开放、包容的态度来应对此次危机。”

违反 WTO 规则？

中国商务部在其声明中提出，对来自中国的同类产品同时开展反倾销和反补贴调查，这违背了 WTO 规则。但 WTO 上诉机构早在 2011 年 3 月即驳回中国所指控的“重复计算”（Double Counting）。

WTO 最高司法机构表示，一国在尚未评估附加税是否会造成“双重救济”（Double Remedies）之前，不能同时课征以下两个税种，即针对补贴国家企业征收的反补贴税，以及为惩罚“倾销”行为（指以低于成本价在他国市场销售产品的行为）而征收的反倾销税（详见 2011 年 3 月 16 日《桥》刊载文）。

不过，同时展开两项调查未必等同于双重救济。

对于中国的此项关注，欧盟贸易事务发言人约翰·克兰西（John Clancy）向《华尔街日报》透露，欧盟使用弹性的 WTO 低征税原则（Lesser-Duty rule），将“使中国出口商受益匪浅”。

他补充道：“大多数情况下，它可以消除潜在的反补贴、反倾销重复计算。如果出现重复计算问题时，欧盟将会遵循 WTO 规则”。

欧盟委员会最迟将在 15 个月内完成调查，然后向欧盟理事会提交征收反补贴税或反倾销税的最终建议。如果中国认为征税不合法，可以向 WTO 专家组提起申诉。

虽有欧债危机，反倾销调查数量仍在减少

许多贸易观察家曾预测，包括反倾销调查在内的贸易救济措施数量会因为当前的危机而增加。

2011 年 2 月 27 日在日内瓦举行的一次会议上，WTO 总干事帕斯卡·拉米（Pascal Lamy）表示：“回顾以往，前几次全球经济低迷往往使得贸易救济措施数量上升”。“然而从总体上来看，到目前为止，此次危机尚未导致类似现象发生”。

拉米指出，新发起的反倾销谈判数量从 2008 年的 213 次下降到 2011 年的 153 次，已逐渐减少。然而，自 2005 年以来，反补贴措施的发起数量开始增长，并且可能在未来几年呈现持续增长态势。

反复不定的贸易紧张态势

过去几年里，中国与欧盟的贸易关系曾反复出现过各种问题，包括人民币估值、欧盟对各类中国进口货物的倾销指控，以及中国对稀土的出口限制。

当时，欧盟贸易专员德古赫特（Karel De Gucht）在访问中国香港时强调：“中国必须明白，只有在为大众普遍接受的前提下，欧洲才能确保其所支持的市场开放”。

然而贸易专员也表示，欧盟并非在与中国展开贸易战。他还说，那些危言耸听的人“对目前的情况分析存在错误，并且全然不顾今后我们与中国的合作关系发展”。2012 年 2 月中旬中欧双边高峰会期间，欧盟亦对中国陶瓷餐具和铸铁管件开展了反倾销调查。

中国是欧盟第二大贸易伙伴，据欧盟委员会统计，2011 年中欧双边贸易总额达 4 280 亿欧元，而欧盟也是中国最大的贸易伙伴。

美国边境知识产权保护中普遍拒入令之负外部性分析*

摘要： 普遍拒入令是主要旨在进行边境知识产权保护的美国“337条款调查”的申请人所能够获得的最有效和救济效果最强的一种救济方式。但由普遍拒入令的发布和实施所可能造成的以负外部性为表现形式的经济效率的损失是不容忽视的。因而尽管“普遍拒入令”制度存在着一定的合理性，但是亦应有其他配套的制度对其的发布与实施有所规制，而不仅仅完全是由美国国际贸易委员会根据“337条款”的法律规定进行自由裁量。

普遍拒入令是主要旨在进行边境知识产权保护的美国“337条款调查”的申请人所能够获得的最有效和救济效果最强的一种救济方式。在目前中国企业已日益成为此类调查的主要对象的背景下，普遍拒入令在具体个案中的发布无疑会对以美国市场为主要目标市场的中国企业的商贸活动产生严重的影响。因而对于该救济方式的研究应更加充分和深入。

就普遍拒入令存在的合理性方面，国际贸易委员会曾在一起调查案件的裁决中解释道：“申请人可因此而不必被迫针对不同的外国生产商提起一系列独立的申请。否则不仅浪费申请人的资源，而且会由于产生过量的调查案件而加重国际贸易委员会的工作负荷。”①而且为数不少的学术研究尤其是美国国内的研究支持普遍拒入令这一救济措施的存在和使用，其中较具代表性的则是名为“337条款下的普遍拒入令”（General Exclusion Orders Under Section 337）的学术论文②。

在这篇论文中，作者以下述逻辑路径来阐析普遍拒入令存在的合理性：

* 于洋，上海对外贸易学院WTO研究教育学院副教授，法学博士
张磊，上海对外贸易学院WTO研究教育学院院长，教授

① 参见 USITC Pub. 1199, Inv. No. 337 - TA - 90, 216 U.S.P.Q. 465 (Nov. 1981) (Commission Opinion).

② 参见 Gary M. Hnath, *General Exclusion Orders Under Section* 337, Northwestern Journal of International Law and Business, 2005.

第一，“337 条款调查”所能发布的拒入令的独特的对物性是理解国际贸易委员会可以发布普遍拒入令且不违反正当程序原则的关键。

第二，发布这种对物性的拒入令显然得到了国会的授权，而这一点已由美国最高法院于 1904 年在审理 Buttfield v. Stranahan（192 U. S. 470，492）一案的过程中予以阐明和确证。

第三，不存在一种“既得权利”可以据之将产品进口至美国。相反，进口权是由国会所授予的一项特权。

第四，因此，国会在对外贸易方面享有全权并因此可以禁止特定种类的货物进口至美国，或者授权国际贸易委员会在不违反联邦宪法的正当程序条款的前提下基于公共政策的考虑而禁止特定种类的货物进口至美国。

第五，由国会根据对外贸易条款而授权给国际贸易委员会的标的物管辖权使得国际贸易委员会可以据此发布拒入令。

综上得出结论，认为“国际贸易委员会能够发布会影响到非“337 条款调查”被申请人的货物进口的普遍拒入令的管辖权依据因此得以牢固地确立。”①

该论文中对于普遍拒入令的合理性的分析看似非常富有逻辑性。但不容忽视的是，这种很强的理论逻辑性仅仅着眼于美国国内的相关法律规定和法律事实，因而这种“单边的”分析路径的最大缺陷就在于未能将普遍拒入令置于以 WTO 为主的世界贸易法律体系内来进行国内外综合性的分析。所以，真正合理且更具逻辑性的分析路径则应该是综合性地结合国内外多种因素进行分析和判断。

在 WTO 的前身 GATT 体制内的第二起针对“337 条款”的案件中，专家组在最终认定“337 条款调查”违反 GATT 国民待遇原则的一方面原因就在于普遍拒入令的因素。该案中作为原告的欧共体与第三方均认为美国国际贸易委员会发布的普遍拒入令能够在美国海关得以自动实施，而相形之下，联邦地区法院所做出禁令的执行则需要由胜诉的原告另行提出。显见，进口产品在这个方面的待遇是低于国内产品的。实际情况确实如此，就普遍拒入令的执行效果而言，在联邦地区法院的判决中没有类似的救济措施可以与之同日而语。因此，在专家组报告中欧共体的这一观点得到了专家组的支持也是理所应当的②。也由此凸显出普遍拒入令这一贸易救济措施虽然在美国国内得以充分地立法授权和确认，但仍受到国际法之规制，仅片面地强调美国国内的

---

① 参见 Gary M. Hnath, *General Exclusion Orders Under Section* 337, Northwestern Journal of International Law and Business, 2005.

② 参见该报告第 5.19 段及与之相关的 2.8（l）&（m）段和 3.43－3.44 段，United States-Section 337 Of The Tariff Act Of 1930, Report by the Panel adopted on 7 November 1989（L/6439－36S/345）.

合理性因素是不充分的。

在此案中，专家组虽未全盘否定普遍拒入令制度，但明确指出和强调普遍拒入令的发布与实施应仅限于具有特定法律事实的案件中，即要么难以查实侵权进口产品的来源，要么为防止侵权人对有限拒入令的规避。在很大程度上基于此，1994年修订后的现行"337条款"对于普遍拒入令发布条件的两条规定即为：第一，为防止对有限拒入令的规避；第二，难以查实侵权产品的来源[①]。

那么普遍拒入令的发布与实施从经济学角度考察是否会导致经济效率的损失呢？

在经济学语境中，拒入令的发布可以视作是"生产商"——国际贸易委员会为代表的美国政府，为"消费者"——"337条款调查"的申请人所"生产"出的一种无形的"产品"，而"337条款调查"则可被视为一种经济"交易"。当"交易"结束时，美国政府所提供的"产品"是有限拒入令的话，则对于"交易"之外的其他经济主体而言，不会产生利得或损失。相形之下，如果美国政府所提供的"产品"是普遍拒入令的话，则会给调查的被申请人之外的其他经济主体也造成损失，负外部性也就可能因此而产生。

尽管为防止对有限拒入令的规避而发布普遍拒入令以禁止所有来源的侵权进口产品的进口是合理和正义的，但至少在理论上存在着这样的可能性，即由于难以辨认和查明侵权产品的来源而禁止所有同类产品的进口，而导致部分非侵权的同类产品也因此而被错误地禁止进口。在这种情况下，负外部性就无可避免地产生了。

此类外部性可首先由经济学理论中的"帕累托最优"（Pareto Optimality）的标准加以考察。在西方经济学理论分析中，就资源配置的经济效率的评判标准而言，最为普遍接受的标准之一就是"帕累托最优"标准。简言之，"帕累托最优这一标准的基本原理在于阐明某一经济状况是最优的，而在这一经济状况之下，在不损害或恶化其另一个经济主体的经济状态的情况下，任何变动都无法改善某一经济主体的经济状态。"[②]如前述，在国际贸易委员会发布一项普遍拒入令后，所有来源的相关产品均被禁止进口至美国，如果某些来源的产品并非侵权产品却因此也误被禁止进口至美国，则相关的专利权人、专利权的独占被许可人等经济主体将会由于美国市场内该类进口产品数量减少而承受更少的竞争压力并因此得以改善其经济状态。而与之相对，这些非

① 参见19 U.S.C.A. §1337（d）（2）（A）－（B）.

② 参见E.K. Hunt, M.E. Sharpe, *History of Economic Thought: A Critical Perspective*, *Updated Second Edition*, 2002, p385.

侵权产品的生产商则由于产品不能出口至美国而使得经济状态有所恶化，而且根据微观经济学中最基本的供求原理，由于进口至美国的同类产品数量的减少而导致该产品在美国的售价上升并因此使得该产品的消费者的经济状态在一定程度上也因此而有所恶化。因此，在这种情形之下，有的经济主体的经济状况得以改善，而有的经济主体的经济状况则有所恶化。所以普遍排除令的发布与实施可能会不符合“帕累托最优”标准。

既然普遍拒入令的发布与实施可能不符合“帕累托最优”标准，那么它是否一定就符合比“帕累托最优”标准更容易符合的“卡尔多-希克斯”(Kaldor-Hicks) 标准呢？“如果一项经济变动使得获益者的利得大于受损者的损失，则法律应该鼓励或强制能引致此类变动发生的交易，从而以利于产生‘卡尔多-希克斯’效率的结果。”[①]显见，满足“卡尔多-希克斯”标准的门槛要比满足“帕累托最优”标准的门槛低得多。但是就上述分析的相关专利权人、专利权的独占被许可人等经济主体由于美国市场内该类进口产品数量减少而承受更少的竞争压力并因此得利。而与之相对，这些非侵权产品的生产商则由于产品不能出口至美国而受损，且由于进口至美国的同类产品数量的减少而导致该产品在美国的售价上升并因此使得该产品的消费者亦受损。而对于此种得利和受损，很难用计量经济学模型加以精确地计算，但至少在理论上存在着这样的可能性，即总损失的数额大于总利得的数额并因此使得普遍拒入令的发布与实施甚至也不符合“卡尔多-希克斯”效率标准。

所以，由普遍拒入令的发布与实施所可能造成的以负外部性为表现形式的经济效率的损失是不容忽视的。而细细探寻，这种损失的承受者可能不仅仅是易于察知的非侵权产品的生产商和美国国内的消费者，如果此类产品是美国某一国内产业的原料或中间产品的来源的话，则还可能会对美国相关产业的发展造成一定的损害，并因而可能会在更深层次上损害美国经济甚至是世界经济的发展。这并非危言耸听，毕竟“牵一发而动全身”的事件在美国经济史和世界经济史上也并非罕见。因此，尽管“普遍拒入令”制度存在着一定的合理性，但是亦应有其他配套的制度对其的发布与实施有所规制，而不仅仅完全是由国际贸易委员会根据“337 条款”的法律规定进行自由裁量。

事实上，对于此类外部性的存在和负面影响，国际贸易委员会并非未曾虑及，反而在某些个案中以公共健康与福利等公共利益因素为由，虽然认定专利侵权事实的存在，但拒绝发布拒入令等救济措施[②]。在这起个案的裁决

---

① 参见 Robin Paul Malloy, *Law and Market Economy*—Reinterpreting the Values of Law and Economics (1st edition), Cambridge University Press, 2000, p154.

② 参见 337-TA-60 Commission Determination and Order (December 17, 1979).

中，国际贸易委员会在衡量了发布普遍拒入令等救济措施所能带来的总利益和所因此而对公共利益造成的总损失之后，作出拒绝发布救济措施的终裁。显然，从经济学角度对该裁决进行相应地分析和解释，则可认为在该案中由于发布普遍拒入令所造成的外部性从而造成的总损失明显地大于所能带来的总利益，因此拒绝发布救济措施才是理性的选择。而这样的理性分析逻辑无疑应在更多的“337 条款调查”个案中加以体现。

第三部分

贸易与环境问题

联合国气候变化框架公约第17次缔约方大会前夕的贸易问题聚焦

可以用这样一个词来概括2011年即将在南非德班举行的联合国气候变化框架公约第17次全体缔约方大会（Conference of the Parties，COP）的前景，那就是“不确定性”，但这也并不意味这一切一无是处。2010年的墨西哥坎昆会议表明，有时降低期望可能是取得气候变化谈判结果的最好方法。回溯至2009年，在丹麦哥本哈根的缔约方会议上，许多观察家都信心十足地称，随时准备推出一项有关气候变化合作的全新且具有约束力的条约，然而期望越高，失望越大。

哥本哈根谈判的失败使得全球许多领导人耗费了相当大的政治资本，以至于使其不愿在下一年继续为之一搏。但会议前期的低迷情绪是否可以成为一剂良药消散笼罩在联合国气候变化框架公约缔约方大会上空的阴云，目前仍未可知。2011年的会议目标包括若干个总揽议程和一摞未完成的文本，这使得人们无法推断出今年的气候谈判将如何开展。

《京都议定书》的未来扑朔迷离

根据各方消息称，今年缔约方会议的头条新闻便是有关《京都议定书》（Kyoto Protocol）的内容。《京都议定书》签署于1997年，其第一阶段执行期，也是迄今为止唯一的执行期，即气候谈判“承诺期”（Commitment Period）开始于2008年，并将于2012年结束。《京都议定书》原本设想有第二个承诺期，并且各个国家和地区已经在协商《京都议定书》未来谈判细节上花费了十多年的时间。但诸多影响因素已经导致下一轮谈判无法正常进行，只有少许可怜的几个可圈可点的因素使协议仍得以继续。

尽管所有其他缔约方一起就《京都议定书》开展谈判并签署了这一协议，但目前最重要的问题是《京都议定书》仍没有获得美国的认可。美国一直是有史以来最大的温室气体排放国，其高居全球首位的年排放纪录直到2009年才被中国打破。美国退出谈判，至少会导致多边气候体系出现严重失衡。但更重要的是，考虑到美国对这一问题的贡献程度，其退出《京都议定书》或任何其他多边气候协议都会使得这一问题不能得到充分解决。科学家和经济学家们认为，解决全球性的问题需要所有主要的问题相关方的参与。美国坚决、明确地拒绝加入《京都议定书》，因而使得 2007 年在巴厘岛启动的新一轮谈判在一定程度上成为了促使美国加入谈判的一个“入口”。

此外，被称作长期合作行动（Long-term Cooperative Action，LCA）的新一轮谈判是一种大幅度增加其他主要参与国家和地区作用的谈判方式：尚未对《议定书》做出任何承诺的主要发展中经济体现在处于碳排放国列表的顶端。然而，长期合作行动的进程已经导致《京都议定书》陷入了一场混乱，因为许多发达缔约方现在均想搁置旧协议，并启用新的规则和原则来取而代之。以 77 国集团（G77）和中国为主的发展中缔约方，紧紧抓住《联合国气候变化框架公约》的总体框架，并坚持《京都议定书》应该开始一个新的承诺期。原因之一是发展中缔约方认为《京都议定书》的前提是公平和公正的，例如发达缔约方应该在减少碳排放方面起到带头作用，并尊重发展中缔约方首要关注的发展问题。这两个观点尤其体现在《联合国气候变化框架公约》对发展中缔约方缓解和适应气候环境变化问题相关活动的财政和经济支持上。对于发展中缔约方来说，长期合作行动将作为《京都议定书》的补充协议，而不是替代。

有消息称，日本和俄罗斯曾在去年表示，他们不打算签署《京都议定书》的第二阶段承诺。然而，特殊的投票规则和《京都议定书》中创立的其他一些规则仍然可以保证协议有效。包括清洁发展机制（Clean Development Mechanism）、联合履行（Joint Implementation）、碳排放交易计划（Emissions Trading Schemes）等在内的“灵活机制”（Flexibility Mechanisms），其设立是为了帮助发达缔约方兑现其减排承诺；或许更重要的是，正是这些规则构成了目前全球碳排放交易市场的主要平台。推翻《京都议定书》从理论上说也就是推翻了数十亿美元的市场。但是，不起眼的投票规则可能已经足以在目前情况下维持《京都议定书》的存在，因为该规则规定，在没有完全达成一致的情况下，四分之三多数表决即可启动第二阶段承诺期。

问题的实质在于，虽然长期合作行动已经就其目标任务的某些方面催生了一些关键协议，但仍未能促成减排任务会谈达成成果，而这才是解决气候问题的核心。在会谈成果达成之前，《京都议定书》将是唯一有关减排的具体协议。

贸易问题前景空前黯淡

从最近几年的谈判已经可以看到，有关贸易措施对气候变化的潜在影响及其应对方法的讨论日益升温。特别值得关注的是，德班会议的第二项议程将被设定为一个特别“论坛”，以探讨采取国内措施应对气候变化对其他国家和地区影响的问题。这里所谓的“应对措施”其实已经以不同方式讨论了多年，但问题目前仍局限在因全球石油消费量下降而导致石油生产国受到潜在危害的层面上。国内贸易保护主义措施的上升势头，以及在全球贸易影响下制定政策和措施的争论，已经将这一问题推到了一些国家和地区谈判议程的首要位置。

应对措施论坛开始于2011年6月举行的波恩年中谈判会议，并计划在德班会议结束。其任务是共同制定可以解决问题的工作计划，并考虑建立一个常设论坛的可能性。考虑到目前没有一个平台可以让各国提交信息、交换意见和思考应对方案来解决气候措施执行中的潜在问题，常设论坛的提案将受到特别关注。

世贸组织争端解决机构可以判断某些措施是否违反贸易规则。但是，受影响的成员方只有在措施被采纳后才能诉诸争端解决机制，而不是避免潜在的贸易纠纷。此外，世贸组织只针对违反国际贸易规则的行为，而并不涉及措施对更广泛意义上的经济发展产生的潜在后果以及对环境影响的考虑，其中也不包括对实际措施缓解效应的评估，或对社会影响的评估。这些有关可持续发展的问题受到《联合国气候变化框架公约》的保护，设立论坛将为谈判方提供一个最大程度上趋利避害的具体操作平台。应对措施论坛将下设在《联合国气候变化框架公约》的附属履行机构（Subsidiary Body for Implementation），该机构是《联合国气候变化框架公约》的两大主要谈判机构之一。

贸易问题阻碍长期合作行动

在上述问题出现的同时，长期合作行动特设工作组主持下的一些与贸易有关的讨论仍在继续。首先是关于竞争力的问题，一些缔约方担心采取有关气候变化的减排行动将对其公司运营和工业部门在国际市场竞争力产生负面影响。实际上，许多发达缔约方认为从全球层面的减排要求来说，如果对具有竞争产业的缔约方的要求比其他一些缔约方低，那么发达缔约方将处于不利地位。而对发展中缔约方来说，他们密切关注发达缔约方可能会试图利用贸易措施来“获得公平的竞争环境”。贫穷缔约方指出，这些措施可能会影响其经济和可持续发展。为求先发制人，他们坚持认为新协议中应当加入禁止使用单方面应对气候变化措施的表述。类似的表述也包含在长期合作行动应对措施草案文本中。这些讨论出现在一个名为“共同愿景”的子项中，各方还在该项目中讨论了全球综合减排，以及如何平衡总协议的问题。

在一个针对“部门措施”的独立讨论小组中，曾在坎昆会议上被提及但又被搁置的农业和舱载燃料（航运和航空废油）议题又重新回到了人们的视线。这两个议题中的贸易影响仍然备受关注，并且被当做草案文本的引用依据。有关农业的文本建议制订工作方案来应对在农业领域的气候变化的适应措施。与此同时，有关舱载燃料的讨论则更多关注于是否应当更进一步在《联合国气候变化框架公约》下对与全球运输相关的气候变化问题进行讨论，而不是根据目前的惯例在国际海事组织（International Maritime Organization，IMO）和国际民用航空组织（International Civil Aviation Organization，ICAO）范畴下讨论。

最后，虽然知识产权在与气候变化有关的技术运用和转移中的作用备受各缔约方关注，但是该问题远远没有得到解决。没有迹象表明，德班会议期间的各种谈判不太可能就该问题做出任何决定，该问题确已成为技术谈判中最具争议的议题，尽管如此，该问题仍有可能有所推动。

展望

虽然《京都议定书》的有关问题将在德班会议上成为焦点，但仍将有许多其他决议需要在各项分类谈判中制定。例如，随着绿色气候基金会（Green Climate Fund）的启动及其资金消耗的加速，各方正在期待新的进展。这个问题解决之后，新的技术机制将可以为其评估、能力建设和其他实质性议题工作开展融资。随着坎昆会议达成的新战略进一步成形，预计在适应协议方面会有进步。该战略也将得到来自诸如“国家适应计划”（National Adaptation Plans）的资助。

对寻求有关缓解气候变化议题的新议题的讨论看来似乎不会有重大突破。但是，在衡量、报告和验证国家行为以及国际咨询和分析方面应该可以取得一些进展，这是两个可能以某种形式构成未来执行制度的未决议题。目前，有关这些议题的进展缓慢乃至几乎停滞。鉴于全球气候问题的严重性，这一事实也使得许多缔约方和观察家们失望。

无论坎昆会议的成功是否因为最初期望较低、缔约国谈判代表明智的外交手段，或只是因为和风拂面、棕榈摇曳所带来的平和气氛，南非德班像其他任何东道城市一样做好了各种准备。如果从坎昆会议可以汲取经验的话，那就是不要被先于会议的负面报道所动摇。两周冗长的谈判过程中将随时出现变数，无论胜负如何，真正的答案将只有到 2011 年 12 月 10 日才会揭晓。

各部长到来之前，疑云笼罩德班

在联合国气候变化框架公约全体缔约方大会召开以来，本次会议是有史以来最难定位的一次。在第一周议程结束之际，这似乎是与会代表和观察家们唯一可以确信无疑的。迄今为止的种种言论，加上2010年坎昆会议因各成员部长接掌大旗而峰回路转的事实，使得紧密接触会议的大多数有关人士发出“一切皆有可能”的感慨。

第一周议程之所以笼罩着神秘色彩，原因在于会议就广泛议题举行了太多的闭门接触小组会议、非正式会议，以及由此次缔约方大会主席Maite Nkoana-Mashabane发起的祖鲁式非正式会谈——“Indabas”。媒体和与会代表都表示难以跟进如此众多的讨论和会议。

一些与会代表曾在非正式场合表示，虽然巴拿马非正式会议上许多细节问题取得进展，但是以《京都议定书》前景为首的宏观问题进展太过缓慢，在2011年12月9日会议结束之前看似难以得到解决。

《京都议定书》前景迷雾重重

2011年12月初，《京都议定书》（以下简称《议定书》）附件一缔约方进一步承诺问题特设工作组（Ad Hoc Working Group on Further Commitments for Annex I Parties under the Kyoto Protocol，AWG-KP）就《议定书》第二承诺期问题的讨论紧锣密鼓地展开了。来自新西兰的AWG-KP主席Adrian Macey在12月3日的全体会议上指出，一些核心问题已经“明朗”。虽然迄今为止的各种对话在《议定书》的延续、承诺和未来走向问题上体现了“相当程度的共识”，但是Macey先生也承认缔约方之间依然存在“重大”分歧。

12月2日，Macey先生对缔约方能够探讨一些“轻松话题之外”的议题表示感谢。然而，他也提醒缔约方不能僵持在缺乏远大目标的议题上，并敦促各方，如果第二承诺期启动，那么应当使其更具价值。

他还补充道，《京都议定书》进展的关键一步在于使其成为德班一揽子计划的一部分，该计划也将毫无疑问地纳入有关落实绿色气候基金（Green Climate Fund）的协定。

绿色气候基金会谈看似不错

绿色气候基金诞生于哥本哈根第 15 次全体缔约方大会，尽管对美国阻碍该计划谈判进程的批评声不绝于耳，此次德班会议上举行的相关会谈却着实取得了一些进展。包括美国、澳大利亚和欧盟在内的主要缔约方已经表示，只要该基金能被纳入一个更加平衡的协议范畴，那么上周三由来自南非的基金过渡委员会联合主席 Trevor Manuel 提交的“中期”报告可能会获得同意。

过渡委员会曾希望在 2011 年 10 月结束有关基金构架的会谈，其细节包括设立 24 人组成的理事会、确定东道国，以及建立常规会议机制。然而，此事遭遇一系列悬而未决的问题之后触礁，因而被拖延到了德班会议。

目前美国坚持的主要观点还是在于对基金出资人的限制。美国认为允许私有部门参与基金出资至关重要，而一些发展中缔约方则担心这样会导致对私有部门的过度依赖。12 月 2 日美国还表示，德班会议应当就基金管理方式达成共识。

有关该基金的议题曾在 12 月 3 日的闭门接触小组会议和非正式会议上进行讨论，一些与会缔约方表示关注，其中包括对基金法律框架将管理资金以及其与缔约方大会的正式关系等问题。如果附件一所列缔约方未能信守其承诺的话，那么发展中缔约方希望能够确保设立相关保障机制。与此同时，日本建议将这一棘手问题留待理事会成立后解决，而无须事先确立两者之间的关系。

欧盟于 12 月 3 日结束了相关会谈并表示，他们有信心就管理方式草案达成一致，而理事会也应当尽快各就各位。

束之高阁的知识产权问题

尽管 12 月初谈判在一定程度上关注了技术转让问题，但与气候变化有关的一系列知识产权问题却基本被忽略了。有关技术转让的谈判存在着种种分歧，但也未能取得很多进展。

2010 年《坎昆协议》（Cancun Agreement）确立了一项技术机制，旨在“为执行技术发展和转让的强化行动提供便利，从而支持有助于缓解气候变化和适应气候变化影响的各类活动”。然而，该机制的两大核心要素——技术执行委员会（Technology Executive Committee，TEC）以及气候技术中心与网络（Climate Technology Centre and Network，CTCN）之间的关系迄今仍不明朗。希望德班会议能对此做出解答，但会谈进展之缓慢使得前景难以预测。

2011 年 12 月份的第二周，包括 G77 集团和中国在内的发展中缔约方表达了强烈意愿，希望能在缔约方大会下设的技术执行委员会工作组目前起草的一份决议中明确技术执行委员会和气候技术中心与网络之间的关联。但是美国提议不要在决议中提及气候技术中心与网络。

该决议基于技术执行委员会主席 Gabriel Blanco 呈交的一份报告，同时将整合缔约方大会其他公约附属机构的建议。这些机构包括附属履约机制会议（Subsidiary Body for Implementation, SBI）、附属科学与技术咨询机构（Subsidiary Body for Scientific and Technological Advice, SBSTA），以及与技术发展与转让有关的长期合作特设工作组（AWG-LCA）。

无论技术执行委员会和气候技术中心与网络之间的关系最终如何定义，这两项要素在融资问题解决之前都不可能完全启用。而融资问题很大程度上依赖绿色气候基金，其会谈结果目前仍不成熟。

虽然知识产权问题与德班会议的大部分关键议程有关，但一些观察家认为在议程之内的棘手问题之外再谈这一问题可能会拖累大会。

应对措施

在德班举行的多个会议已经开始聚焦各国和各地区应对气候变化的国内措施。在早先举行的一次分组讨论中，一些缔约方提出了设立应对措施论坛的建议。虽然一些缔约方，尤其是发达缔约方认为他们只需要一个交流信息的非正式论坛来关注气候变化问题，但其他缔约方，尤其是发展中缔约方提出希望建立一个常设论坛来提供一条解决实际问题的途径，例如，气候变化应对措施对贸易的潜在影响问题。

与此同时，附属履约机制会议和附属科学与技术咨询机构举行的另一场论坛关注的则是应对措施的实施问题。其他一些非正式会议也在同时进行，缔约方考虑起草一份有关应对措施论坛的文本。

虽然问题没有达成一致，但依然值得密切跟进。即使从纯粹程序性问题的角度考虑，许多发展中缔约方也认为这一问题对其今后展开更广泛的谈判来说至关重要。

前所未有的政治敏感

德班会议剩下的日程将如何展开很大程度上取决于美国和中国的态度。美国近年来一直因其不断萎缩的气候变化承诺而备受诟病，尤其是奥巴马总统曾在选举之后一度誓言“竭力投入”联合国会谈。然而与其承诺相悖的是，奥巴马政府对气候问题的态度着实谨小慎微。

2011 年 11 月 28 日，美国气候变化问题副特使 Jonathan Pershing 说：“一些缔约方要求［后 2020 年计划］以具有法律效力的协议形式出现。我们希望在对一个特定的法律本文做出承诺之前更多地了解该协议内容。我想强调的一点是，如果要使得任何有关后 2020 年的协定生效并获得广泛支持和认同，那么该协定必须完全适用于所有主要参与方”。

美国出席今年会谈的次数明显减少，并且有史以来首度未派遣任何国会议员或其他政要与会。

“金砖五国”成员（中国、巴西、俄罗斯、印度和南非）对德班会议最终成果的作用也颇耐人寻味。特别值得一提的是，《京都议定书》的未来似乎依赖于主要发展中缔约方是否能够以某种形式对减排做出具有法律效力的承诺。

在第一周的会议中，传统政治集团间的意见分歧已经显现。有传言称，在气候变化问题上显得特别不堪一击的贫穷缔约方对同在其阵营中的 G77 集团和中国表示失望，认为后者在原本能够推动《京都议定书》前进的争议问题上设置了障碍。

中国气候变化谈判代表团副团长苏伟周五在接受记者采访时表示，中国有可能同意具有法律效力的减排任务，此言使得众人惊诧不已。

他用英文说道：“我们不排除接受法律文本的可能性，这对我们来说是可能的，但是否接受取决于谈判结果”。

此举是迫于 G77 集团内部成员的压力还是只是对美国态度的试探，目前尚不得而知。高级部长们即将抵达，中国为大会增添的这一抹亮色将对第二周会谈产生怎样的影响，气候观察家们将拭目以待。

最后时刻达成协议，德班会议取得历史性进展

尽管谈判在2011年12月10日早些时候濒临瓦解，但参加德班会议的谈判官员最终找到共同立场，成功达成协议。这一决定促使世界各国和各地区朝着同一方向努力，即达成一个具有法律效力的气候协定。该协定纳入了美国、印度和中国等主要温室气体排放国，并将于2015年生效。

“德班增强行动平台”（Durban Platform for Enhanced Action）敦促各缔约方恪守《京都议定书》第二承诺期，并提供一项旨在加快落实《坎昆协议》（Cancun Agreement）的计划，主要集中在通过绿色气候基金（Global Climate Fund，GCF）实现融资、技术和应急措施，以及避免森林滥伐，从而减少温室气体排放等方面问题。然而，在将农业、税收，以及减少海运和空运二氧化碳排放量纳入长期计划方面，该协定并未取得令人满意的结果。

该协定重申了遏制全球温度上升的目标是不超过2℃。然而协定也“甚为担忧”地指出，以现在各缔约方所做的努力来看，这一目标尚不可及，并指出建立的一个工作计划将有助于推进这一议题上的目标意识。

在所有宣言书中，几乎所有代表都承认这一新的平台并非尽善尽美。对一些处于胶着状态的问题，该文本使用了各方都能接受的模糊措辞。

美国气候问题大使Todd Stern这样评价道：“没有人对这项协议完全满意，相信我，美国肯定有很多不满意的地方”。

然而南非部长兼此次会议主席Maite Nkoana-Mashabane却提醒谈判各方说：“尽管大家都认识到文本欠缺完美，但我们不能让追求完美阻挡我们追求一切好的、可能实现的东西”。

自从德班会议召开以来，欧盟一直在推进2015年之前达成一个具有法律效力的新协议，该协议将涵盖所有主要排放国。为此，欧盟27个成员国表示他们将同意签署《京都议定书》第二阶段的减排计划。

此外，英国能源与气候变化大臣Chris Huhne也积极响应，称德班协议为“一个重大的进步”，认为该协议向商界和投资者们发出了一个强有力的信号，即向低碳经济转型。

联合国秘书长潘基文同样对协议表示欢迎，他说：“在《联合国气候变化

框架公约》(UNFCCC) 下制定一个适用于全体成员的法律协议，对于促进各方采取更多行动、树立更高目标、动员各种资源来应对气候变化至关重要”。

潘基文还强调，就《京都议定书》第二阶段承诺期达成协议“将促进生成碳交易市场的确定性，并激励对低碳技术和基础设施的投资，从而更有效地应对气候变化”。

《京都议定书》何去何从？

毋庸置疑，德班会议最大的议题是《京都议定书》的未来前景。议定书的第一个执行期，即“承诺期”开始于 2008 年，并定于 2012 年结束。随着第一阶段的即将结束，发展中缔约方一直在敦促各方签署第二阶段承诺，以确保发达缔约方能够继续履行该议定书。

由于加拿大、日本和俄罗斯在会议前就坚持不再签署第二阶段承诺，而美国又从未签署过议定书，所以推进《京都议定书》的任务主要留给了欧盟。最后，有关《京都议定书》的问题成为了开辟未来新道路的谈判筹码。

欧盟气候行动委员康妮·赫泽高（Connie Hedegaard）称，只要发展中缔约方同意签订有效期至 2020 年、具有法律效力的新协议，就可以得到他们寻求的东西。

她在德班会议的最后时刻说道：“我们需要明确……我们需要承诺。欧盟很多年来一直表现得很有耐心。我们几乎都准备好了独自履行第二阶段承诺，我们并不要求所有缔约方在此第二阶段承诺之后继续全部履行法律义务”。

直到会议临近尾声，反对声仍不绝于耳。印度谈判代表 Jayanthi Natarajan 情绪激动，他认为不应当要求印度签署这项限制经济发展能力的协议，因其将会“损害 12 亿印度人民及其他发展中缔约方人民的利益”。

应大会主席要求，欧盟和印度最终达成了协议，将早先拟定的德班谈判草案中，“法律成果”这一表述改为了“公约项下适用于所有缔约方的、得到一致同意并具有法律效应的成果”。其措辞之含糊已足以让印度感到满意，因为他们不愿签订一项阻碍自身发展的协议。

协议达成的确具有突破性，但环境保护组织却对《京都议定书》第二阶段（亦被称为 KP2）的承诺意义表示质疑，因为该承诺并不包括美国、加拿大、日本和俄罗斯。对于《京都议定书》有效期延长至 2017 年还是 2020 年的问题，文本也未给出明确说明，因而将问题的决定权留给了 2012 年在卡塔尔多哈举行的公约第 18 次缔约方会议。

绿色气候基金

德班会议还在绿色气候基金议题上取得了进展。协议批准建立一个由 24

个缔约方代表组成的常委会作为管理机构，常委会中，发展中缔约方和发达缔约方席位各占一半。

常委会成员及轮值常委将在各个划分后的区域集团中选出。协议文本要求常委会成员拥有必要的资金和应对气候变化的专业技术，并提到了成员男女性别比例平衡。

尤为重要的是，协议同意世界银行在该机构开始运转的前三年作为这项基金的临时代理人。这一举措由美国政府促成，因其坚持认为基金必须交由一个在全球范围内拥有基金事务管理经验的国际组织来掌控。

应对措施上的进展

德班会议在气候变化应对措施上也取得了很大进展，包括气候变化谈判中的贸易问题。协议文本要求建立一个论坛以制订工作方案，旨在研究各缔约方应对气候变化行动所带来的影响。

比如，减少使用化石燃料将会对石油生产国造成一定的负面影响。一些发展中的石油生产国要求从产业和经济的角度来考察应对气候变化而产生的社会经济后果。

科学与技术咨询机构（Subsidiary Body for Scientific and Technological Advice，SBSTA）下设的一个小型谈判组曾对这一议题进行了艰难的谈判，谈判一直持续到 2011 年 12 月 10 日晚上。因为各国部长无法从“Indabas”(Indaba 是一个源自非洲祖鲁语的词汇，核心含义是所有人都参与的会议）中脱身，所以低级别的谈判代表表示他们无法继续推进该问题的解决。

虽然发达缔约方和发展中缔约方之间存在明显分歧，但美国与 G77 国集团和中国之间的矛盾最为突出。一些观察家预测，某些缔约方故意在应对措施问题上拖延是为了在接下来的讨论中增加谈判筹码。在这个问题上，科学与技术咨询机构主席批评美国代表要求与在长期合作特设工作组（LCA）的同事进行讨论的行为，他提醒各代表团有关应对措施的谈判不属于 LCA 特设工作组的范畴。

关于该议题，最终的决定是制定一个工作计划，并号召建立一个论坛来讨论，这一论坛将由 SBSTA 和附属履约机制会议（Subsidiary Body for Implementation，SBI）这两个机构共同主持。协议要求这两个机构每年审议论坛的工作成果，并在 2013 年举行的公约第 19 次缔约方会议上提出其研究结果。

尽管农业、船用燃料，以及海运、空运燃油废料等方面的其他贸易问题在德班会议中未取得进展，但在应对气候变化的技术方面却取得了新动向，绿色气候基金将会承担确保全面发展和转让技术的任务。

技术转让

去年坎昆会议上曾经明确要建立一个技术机制。德班会议在这个技术机制的操作性方面取得了进展。

技术机制的谈判涉及了一系列问题，包括机制内两大主要机构，即技术执行委员会（Technology Executive Committee，TEC）以及气候技术中心与网络（Climate Technology Centre and Network，CTCN）之间尚未明确规定的关系。

德班会议上，各方解决了这一问题，决定设立由技术执行委员会以及气候技术中心与网络向缔约方大会联合报告的制度。尽管发展中缔约方希望技术执行委员会给予气候技术中心与网络指导和监管，但在最后关于机制的文本中并未保留这一项要求。

德班会议也明确了气候技术中心与网络的职权范围，通过建立一个向缔约方大会报告的咨询机构解决了监管问题。

尽管在会议讨论中许多缔约方，尤其是发展中缔约方，多次提到了知识产权问题，但在最后的协议中却没有涉及这一点。

里程碑式的协议？

由于德班气候大会刚刚结束，很难说后人将会如何评价这届会议。尽管许多与会者称这次会议的后勤工作远胜于坎昆会议，但仍然存在许多不足之处。

闭幕会议上，各方称赞大会主席不懈努力的工作，在谈判中秉承了折中仁爱、互利共享（Ubuntu）的精神。然而，一些代表团成员对于主席采用的战术却提出了批评。

此次大会使用了“Indabas”这种从南非部落沿袭而来的会议模式，邀请所有成员参与对重大问题上的讨论，人们或许会因为 Indabas 而记住德班大会。然而，尽管“Indaba”模式对于解决宏观问题很有用，但某代表团成员告诉《桥》刊记者，这种模式也耗费了部长们大量的时间，使其不能在一些具体协议上取得进展。另一位谈判代表说，正是因为这个模式才使得此次会议拖延到了加时阶段。

为期两周的谈判一直笼罩着一种神秘色彩，因为谈判进程很少对外透露信息。这一气氛在 2011 年 12 月 8 日、9 日和 10 日更为明显，以致于记者和观察家们一直相互询问是否对进展“略有耳闻”。

这一尴尬的沉默氛围在 9 日晚些时候愈发升级，许多记者、观察家和代表团成员在午夜时分怀着对议程的迷茫离开了会场。

尽管存在着这些不足，此次会议还是在南非政府的主持下落下了帷幕。重要的是各代表团成员对待多边事务体现出了热情、友好以及求同存异的态度。

历经三个不眠之夜的辛苦工作，《联合国气候变化框架公约》证明了多边谈判仍然可行，也能齐心协力取得进展。的确，延长《京都议定书》的有效期、建立一个对发达缔约方和发展中缔约方具有法律约束力的计划，在三周前看来似乎不可能的事，最终通过参与者的不懈努力和娴熟的外交手段，使这些不可能变成了可能。

德班会议之后，应对气候变化仍然任重而道远。若要有效应对气候变化，人类必须采取行动，切实阻止全球变暖，这样才能真正取得成功。只有到那个时候，我们才能说“刚刚过去的这个周末，我们至少没有失败”。

加快减缓气候变化的行动，应当关注有关的贸易问题*

在南非德班举行的联合国气候变化框架公约（UNFCCC）第 17 次全体缔约方大会上，与会各方一致同意启动一个谈判进程以达成新的议定书，该议定书可以是一个法律文书（A Legal Instrument），或者是在《联合国气候变化框架公约》下对所有缔约方有法律执行力的成果（An Agreed Outcome with Legal Force），并由大会附属机构“德班强化行动平台特设工作组”（Ad Hoc Working Group on the Durban Platform for Enhanced Action，简称 AWG－DP）负责监督履行。“德班强化行动平台特设工作组”重点解决缓解和适应气候变化，资金、技术开发和转让，行动透明度等问题，同时支持发展中缔约方开展能力建设。缔约方进一步要求成员国和观察员组织提出建议和方法，从而为应对气候变化树立更高的目标。

多年以来，特别是 2007 年“巴厘行动计划”（Bali Action Plan）通过以后，国际贸易和可持续发展中心（ICTSD）一直从事与《联合国气候变化框架公约》政策相关的研究，定期发布报告并组织对话，探讨贸易和气候变化交叉领域中的一系列关键问题。对此，ICTSD 的总体目标是帮助各方对重大的问题有更好的理解，并且缩小利益相关方之间的分歧。2011 年，ICTSD 更加密切地参与了《联合国气候变化框架公约》进程，撰写了关于技术转让、气候变化应对措施和碳排放交易计划的一系列正式报告。此外，鉴于其在可持续发展和技术创新领域的研究，ICTSD 也被邀请参与支持建立气候变化应对措施论坛和建立技术机制（Technology Mechanism）的工作，提供信息、资料和分析。在气候变化领域，ICSTD 的研究切入点在于探索贸易如何才能有效地促进可持续发展并加强解决气候变化问题的国际合作。

尽管意识到须在诸多领域提升目标，而且贸易与适应气候变化和技术转让问题存在着重要的联系，但是限于篇幅，本建议书将重点关注如何在缓解气候变化问题上提振决心。

---

* ICTSD 给 UNFCCC“德班强化行动平台特设工作组”的建议

气候变化背景下的贸易

贸易和气候变化有着本质上的联系。首先，气候变化带来的生物物理的各种影响将改变世界各国和各地区的生产能力。对农业、渔业和其他社群产生的影响将会改变各国和各地区出口类型和贸易模式的比较优势。另外，气候变化引起极端气候现象增多，开展贸易所必需的基础设施因此受到影响。因此各国和各地区对可能出现的气候影响所采取的相关应对、适应和调整措施，将会影响其贸易活动并改变其贸易模式。

其次，贸易可能直接或间接地影响气候变化。例如，国际运输是贸易中不可或缺的环节，也会直接导致温室气体排放的增加。另外，贸易驱动经济增长，伴随着生产和消费的提高，温室气体排放量将会增加。但同时，经济增长亦将有效地影响各国和各地区的施政重点，并促使其关注和解决可持续发展问题。

再次，贸易政策可从适应和缓解两个方面来应对气候变化。例如，消除针对环境友好型商品和服务的贸易壁垒可以降低此类商品和服务的价格，并促进气候环境友好技术的传播，从而加强各国和各地区缓解和适应气候变化的能力。

最后，应对气候变化的各项政策可能改变贸易。碳排放税和碳排放交易计划（给碳排放量标价）等措施可以影响所在国或地区企业的竞争力，因而导致“碳泄漏”。最重要的担心是采取严格减排措施国家或地区的企业可能会在国际贸易中遭受更大的损失。比如，一个国家 A 对碳排放实施严格管制措施，而另外一个国家 B 没有采取严格的气候变化缓解措施。那么，在国际市场竞争中，A 国的企业可能处于不利的地位，因为他们比 B 国的企业担负了更高的碳成本。A 国的企业甚至会因此迁移到 B 国家，从而使得后者吸纳大量新投资。有一系列政策和措施值得关注，例如，边境碳调解措施、碳排放限额的免费分配、各国对低碳技术和清洁能源的鼓励政策，以及名目繁多的标准和气候标签机制等。

有必要重视贸易问题，加紧为缓解气候变化做出努力

有关实证的数据仍然十分有限，但是对“碳泄露”和对失去竞争力的担忧十分普遍。这些担忧通常可以用来解释为什么一些国家在制定有效的国内减排政策时困难重重。

虽然这些担忧意义重大，或许阻碍了一些全球主要碳排放国采取有效的减排措施，但《联合国气候变化框架公约》至今没有为此提供相关讨论的空间，也未正视这些令人担忧的问题。尽管新成立的“气候变化应对措施论坛”

(Forum on Response Measures) 可以讨论解决其中的一些问题，其他如 WTO 等国际组织也可以藉由促进环境友好型货物和服务贸易助其一臂之力，然而，与“碳泄漏”相关的担忧仍须在《联合国气候变化框架公约》架构下进行周密的探讨。

ICSTD 认为《联合国气候变化框架公约》缔约方应在“德班强化行动平台特设工作组”的督导下探索解决贸易问题的方法，包括以下几个实际措施。第一，《联合国气候变化框架公约》可以通过召开专门研讨会来促进贸易问题对话，研讨会将专门负责处理有关“碳泄漏”的担忧，致力于强化缓解措施，同时把缔约方的政策对贸易产生的不必要约束降到最低。这些研讨会也将为缔约方提供“碳泄漏”方面的最新研究和证据，深入到各个产业和次级产业。第二，缔约方可以根据情况开展结构式讨论（Structured Discussion），探讨《联合国气候变化框架公约》在贸易中发挥的作用。讨论需要综合各方观点，进而决定什么机构最适合来负责贸易和气候变化交叉领域的相关问题，比如：《联合国气候变化框架公约》、世界贸易组织、联合国可持续发展会议“里约 +20 峰会”或者其他等。

贸易、公平与碳排放通行证*

个人与机构之行动

如果我们希望成功解决气候变化问题，那么抑制全球温室气体排放就至关重要，这需要我们大幅减少碳密集型生活方式，而最恰当的途径就是改变我们目前对货物和服务的生产、运输、交易和消费方式。

然而，信心和善意无法创造低碳世界，政令和传统强制性政策手段也不能实现低碳目标。完成此巨大转变，必须使政策和经济各层面行动起来，以实现全球公益。因此，不仅需要各缔约方政府集体行动，国际组织制定相关协议，更需要每个人通过日常生活中的实际行动来汇聚成强大的力量。现有的知识告诉我们，正视气候变化才能保持和实现更高发展目标。按照诺贝尔经济学奖获得者阿马替亚·森（Amartya Scn）的观点，这也有助于实现个人和社会自由。

激励与选择

从这个意义上来说，启动全面转型需要积极的政策支持，以引导整个经济模式的转变，例如向一部分个人和企业推行环境友好型激励措施，其中我们最期待的是多样化及创新税制、法规以及自愿实施计划，以期能将碳排放的负面溢出效应内部化。如此一来，碳效率（Carbon Efficiency）就可以自动体现在最简单的投资、生产和消费选择上。对于厂家来说，生产成本可以反映出制造产品而导致的碳排放。我们以生产一辆玩具车为例。产品包装的必要性、包装材料的选择、运输方式以及与库存相关的碳排放都将影响投资者对于生产和贸易的判断，以及影响商店选择销售的玩具种类及购入成本。因此，消费者购买玩具车所支付的价格反映了较高的产品生产成本，以及处置碳排放的其他成本。

截然不同的条件

让我们回到现实。这种日新月异的市场行情将使消费模式发生变化，并

---

* Ricardo Meléndez-Ortiz，国际贸易和可持续发展中心总裁

重塑现代国际生产和贸易的地理位置。这个过程会有输赢，而最有可能失败的不仅是目前处于贫困的人群，而且是迫切需要寻求和发展机遇的人群。与我们目的相关的，至今为止，我们目前并未处于这样的处境之中。

事实是我们的世界远非止于此。当今大部分碳排放成本都没有被核算到商品价格中去。材料、工艺流程和能源的市场价格无法具体反映商品生产过程中的碳排放，现实情况所做与要求的是恰恰相反。

如果各方达成一致，实现低碳未来，那么问题是：从目前高能耗、高碳型社会，向着新型低碳社会迈进，在新旧世界之间我们应如何作为。其间必然会出现能源使用的重大变革，这将对货物、服务的生产和运输产生影响。

供给方面的问题也许超出了个人掌控的范围，但却应当成为政策革新所关注的重点。

建立碳排放档案

站在个人立场上来说，虽然消费者选择的结果只占碳排放总量的一小部分，并且不是改革的重点，但事实上消费者对商品的选择才是最重要的因素。作为负责任的消费者，我们能够选择购买低碳产品，从而推进转型进程，但消费者需要知道哪些产品属于低碳产品。从全球角度，我们需了解相关碳排放事宜。此外，出于高效和公平的考虑，我们也需要了解碳排放源自于哪个生产环节。

但是，想要建立某一产品的碳排放档案并非易事，因为这取决于诸多不同的因素。一个厂家可能使用风能发电生产 DVD 播放机；而另一个厂家可能使用煤炭发电生产。一个国家使用低碳资源发电的比例可能比其他国家更高。一个生产企业可能选址在某个允许碳排放的国家，这不仅取决于企业的生产能力，也取决于其发展水平和需求，还与国际合作协议密切相关。

拙劣的应对措施

运用“食物里程”（Food Miles）这样的简单概念，或单纯检验货物是否经由航空运输，显得有些手法笨拙。采摘肯尼亚旷野上生长的鲜花，然后空运到荷兰，相比在当地通过温室培育和化肥种植并使用卡车运输的鲜花，前者的碳排放可能更低。或许沃尔玛已经开始在其门店推广太阳能供电，并敦促其供应商使用低碳生产工艺，但只要我们驾车前往最近的商店或超市，大量碳排放已经产生。如何评估特定商品碳排放档案的界定范围？这也将影响计算结果。需要将生产所需的资本商品的碳足迹包含在内吗？如果土地使用方式的改变也要计算在内，那么如何为其定量呢？

义务

从一开始，碳排放的初始义务就难以界定。所有缔约方都站在同一个起点上吗？如果不是的话，我们是否在平等的基础上共同前进？又或者是老调重弹？目前大量的温室气体排放是多年来人类活动特别是广泛应用石油之后的累积效应。对以往排放责任的追溯将成为定义今后排放限额的一项重要因素。

从这个角度来说，全球范围内的公平合作将决定低碳和高碳两个新旧世界的转变究竟可否成功进行。根深蒂固的不平衡以及错综复杂的碳排放共享关系，不仅是碳排放的历史遗留问题，也是目前的发展模式和未来的趋势。

中国目前可能是全球最大的碳排放国，但近期研究表明，中国四分之一的碳排放直接归因于其出口产品生产。中国经济或许因此繁荣。但发达缔约方的消费者却也顺势搭上便车，放弃在本国从事某些污染性生产。

鉴于全球生态系统中，大气对碳排放的吸收能力不分地域，无论碳排放源自何处、我们身在何处，其影响都会广泛散播，那么即便出于个人利益的考虑，消费者也应当承担低碳责任，并将自身责任落实于各项产品和服务的生命周期。

运输因素

将货物从一国运输至另一国是国际贸易中的基本行为，并且这与温室气体的产生和排放相关。然而与运输有关的碳排放却未被列入国家的排放清单之内。

海运承担了全球 90% 的货物贸易运输。国际独立油轮船东协会（Intertanko）近期发布的一项研究称，国际海运造成的年均碳排放不仅数量巨大，且呈增长趋势，甚至堪比日本全国一年的排放量。

此外，就同一产品来说，航空运输的碳排放远高于海运。

碳标签

为实现低碳目标，消费者选择有赖于正确的信息。因此，在消费者选购的产品信息中标注该产品的碳足迹，这种被称为“碳标签”（Carbon Labels）的方法正日渐盛行。

的确，我们在判断不同商品的碳排放量方面能力有限。为确保消费者得到购买过程中的碳价值，碳标签的信息必须准确。力求简洁以求符合成本效益。更重要的是，消费者须被告知温室气体排放产生何种影响。

举例说明各种互相冲突的要求如何困扰各种标签开发过程。2007 年 1

月，英国最大的连锁超市 Tesco 宣布，将对其店内所有 7 万件商品标注生产和销售过程中排放的二氧化碳等量。但该措施不久便陷入了争论的泥潭，其中的一个争议点是牛打嗝制造的甲烷气体是否应当被认定为一块牛肉的碳足迹。

虽然听起来好笑，但这个问题确实值得关注。美国国家环境保护局（US EnvironmentalProtection Agency）推估，反刍家畜制造的甲烷气体占人为甲烷排放量的 28%。而在计算一瓶番茄酱在整个产品周期所造成的碳排放时可能需同时考虑其存放在冰箱的时间。

不管争论如何，在与英国碳信托有限公司（Carbon Trust，一家由英国政府设立的独立公司）的合作下，Tesco 最终找到了一个可行方案，并在 5 月启动了试行碳标签，涵盖了 Tesco 旗下的橘子汁、土豆、洗涤剂和灯泡 4 类自营品牌产品。2008 年以后将有更多上架商品被贴上碳标签。

碳排放重点环节

企业纷纷开始通过削减其产业链的碳排放“重点环节”来抑制排放问题，其中尤以产销链最受关注，当然，此举对节约运输成本和投入的考虑可能更甚于对气候变化问题的关注。英国独立的非盈利性组织“碳披露项目”（Carbon Disclosure Project）与主要机构投资者合作，共同搜集全球大型企业的温室气体排放数据，并寻找有关气候变化给企业带来的机遇和挑战等方面的信息。

Timberland 制鞋公司已经开始增加标注其产品碳排放影响以及化学品使用量。全球最大零售商沃尔玛开始要求其供应商计算各自碳足迹并着手削减碳排放量。法国香槟厂商 G. H. Mumm 正在尝试使用薄型酒瓶，意在削减玻璃原材料及运输的成本。据《金融时报》报道，如果其他香槟厂商也转而选择轻型酒瓶，估计每年将减少 3 000 多辆的载货卡车。

筹备碳排放通行证

如果我们确信，过渡到低碳世界会达成政治共识，那么我们确信需要所有贸易货物都将配上一张碳排放通行证。就此，我们需要注意以下事项：

• 这样的未来能否实现，完全取决于我们是否能够有效地动员社会各个阶层，包括政界、商界和个人的联合行动。理性选择理论认为，个体总是寻求效用最大化策略，从这一理论出发，内化措施所涵盖的各种税收、碳标签及其他政策法规行为将决定消费者行为。要确保这些政策有效，应当引导消费者产生对消费习惯转型的个人自豪感。此外，如果这些政策的有效性取决于理性选择带来假设的正确性，那么消费者需要在相互矛盾和彼此混淆的言论中获得可靠信息以帮助他们去伪存真。伦敦 AccountAbility 研究所在对经合组织国家人口开展“如何使消费者确信气候变化问题”的调查时发现，例如在澳大利亚，目前五分之一消费者中愿意相信企业提供的能源和碳足迹信息，相信政府认证的消费者占整个群体的七分之一。更具启发意义的是，54% 的英、美消费者愿意牺牲个人利益来阻止全球气候变暖，但只有 10% 的人群相信企业和政府在这一问题上为他们提供的指导性意见。[①]

- 迫切需要有关贸易货物碳足迹客观的科学验证报告，该报告须由公正且独立的机构出具。近期由世界银行和威尔士班戈大学（Bangor University）研究人员[②]发表的一份报告显示，目前几乎没有关于整个供应链碳足迹的类似研究。相反，却常常出现许多暗含商业利益的“灰色条文”。新西兰的羊肉出口商无最终权限决定其出口的羊肉生产是否比英国羊肉更加节能，即使其中已经考虑了运输因素。为确保信息的可信度，碳标签必须经过综合数据的核算与评估，并且最好由独立鉴定机构认证。否则，这些措施都将对生产商和环境造成不可预计的损害，并且很快会被认定为实行贸易保护主义的借口。

- 即使供应链碳排放数据经过了科学的可靠审计，消费者仍须意识到，为了合乎道德规范，特定产品的碳标签措施必须包含对小型生产企业和贫穷国家的财务和技术支持，从而允许其调整和转型，而不是简单地迫使其合规和达到认证要求。证实产品碳标签合乎规定的成本非常高昂：为获得碳标签或使其出口产品为零售商所接受，生产商必须定期接受独立机构的评估和认证。发展中国家的厂商和出口商已经面临来自经合组织成员方所设立的强制性、非法定的标准，这些标准往往更加多重、周密和复杂。此外，尚有许多国家（甚至是中等收入缔约方）依旧无法建立传统健康与安全的执行标准。许多发展中国家生产商认为欧美国家广泛使用的个别标准和标签制度难以遵守。而当大型零售商依据这些标准采购商品时，发展中国家生产商便自然而然地因为不合规而失去了原本属于他们的市场。可以想象，碳标签计划可能使得某些低碳产品因无法获得认证而失去应得的认可和奖励。这种情形是必须避免的。

- 消费者应该被告知选购适当的碳足迹商品的重要性。[③] 相比较高排放

---

① AccountAbility. 如何使澳大利亚消费者认识气候变化问题（What Asures Consumers in Australia on Climate Change?），澳大利亚篇 . 2008.

② Brenton, P. 、Edwards-Jones, G. 以及 Jensen, M. . “Carbon Labelling and Low Income Country Exports: An Issues paper”, MPRA 报告 No. 8971, 2008.

③ Weber, C. L. 与 Mathews, S, 2008 年，“Food-Miles and the Relative Climate Impacts of Food Choices in the United States”, Environmental Science and Technology, 2008 年 5 月 .

的制造行业和交通运输业，我们在超市和百货商店购买的消费品的碳排放的总量其实并不多。英国国际发展部（British Department for International Development）也称，“驱车 6.5 英里前往商店购物所产生的碳排放量高于从肯尼亚空运一袋青豆”。我们不能仅仅因为购买了低碳产品而特别的自豪，除非国际合作行动有效控制人均碳排放最大的经济体，并且促使大型排放产业转型，以有效抑制主要碳排放来源。

发展和支援贫困

环境、经济和社会是可持续发展的三大支柱。发展中缔约方人民深受气候变化的影响，而工业化经济体则必须承担造成该现象的历史责任。

的确，非洲和拉丁美洲国家将采摘的鲜花、蔬菜和水果销售到出口市场，在其中找到了发展机遇。北部国家若不在降低人均温室气体排放问题上迈出实质性步伐，其消费者就必须面对微量碳排放的降低以减少低贫困问题。发展水平固然重要，支援贫困也不可小视。如果不对国内及出口市场的生产商采取歧视性的措施及政策，将可以更有效地开展碳排放内部化措施。从消费者角度来说，为了地球的未来，应采取一种循序渐进的方式：消费者的行动应先针对在发达缔约方所生产的产品。只有在解决发达缔约方的总碳排放量（大型产业部分的排放量）的进程取得进展且减排措施顺利实施后，发展中缔约方产品的内部化措施和消费者行动才可能实现。

借用牛津大学能源研究所 Benito Müller 的一句话来说，想在圣诞节吃上非洲草莓，事关道德责任（及权利）。①

① Müller, B. Food Miles or Poverty Eradication? The moral duty to eat African strawberries at Christmas. 牛津大学能源研究所，2007.

免费排放额：气候变化应对措施对贸易可持续发展的影响*

专业科学报告和近来越发无常的天气状况，都让人感觉气候变化的脚步日渐加速。为此，各国纷纷开始起草和执行旨在缓解和应对气候变化的各项政策，但其政策力度取决于对该问题的认识程度、承受气候变化的抵御能力、应对处理能力和政治意愿。在《联合国气候变化框架公约》（United Nations Framework Convention on Climate Change，UNFCCC）下以多边形式开展国际合作的相关谈判则举步维艰。

具有法律效力的国际共同管辖体系是解决气候变化问题的最佳方式，但在缺乏这种综合性约束制度的条件下，多种政策手段各自为政，杂乱无章。政策效果也往往大相径庭：一些国家采取了缓解和应对气候变化影响的复杂政策，另一些国家正在全力挽救业已消耗殆尽的自然资源，还有一些国家则刚刚开始探讨是否应当采取措施以及采取怎样的措施。

在各国对气候变化问题各行其道的背景下，发展中国家（地区）特别担心缓解气候变化影响的政策措施可能对其社会和经济发展产生的不利影响。一直以来，各国通过《联合国气候变化框架公约》的不同角度来探讨这些所谓的“应对措施”。但是，2010 年 12 月在墨西哥坎昆举行的联合国气候变化框架公约全体缔约方大会上终于达成了一项切实的成果，即各方同意将相关问题的讨论纳入一个固定论坛中。[①]

> 93. 进一步决定提供一个关于实施应对措施影响的论坛，并为此目的请附属科学技术咨询机构和附属履行机构的主席在两机构的第三十四和

---

* Ingrid Jegou，国际贸易和可持续发展中心

① 第 16 次缔约方大会决定 1/CP. 16，“坎昆协议：《公约》之下的长期合作问题特设工作组的工作结果”（Decision 1. CP/16，“The Cancun Agreements：Outcome of the work of the Ad Hoc Working Group on Long-term Cooperative Action under the Convention”），http：//unfccc. int/resource/docs/2010/cop16/chi/07a01c. pdf.

三十五届会议上主持一个论坛，目的是在附属机构下制订一个工作方案，以解决实施应对措施的影响，以期在缔约方会议第十七届会议上通过工作方案的实施模式和一个可能的应对措施论坛。

许多发展中国家（地区）特别支持论坛的设立，因为在缺乏论坛情况下，他们将很难准确评估工业化国家采取的应对措施及可能对其造成的影响。

所有缓解气候变化影响的措施中，最有可能以这种论坛形式展开讨论的是碳排放交易体系（Emission Trading Scheme，ETS）中的免费排放限额分配问题。根据此项措施的设计方案，免费排放限额存在着对纳入碳排放交易体系的经济体内的企业进行补贴的风险，从而强化其竞争力，使得包括发展中国家（地区）企业在内的国外竞争者处于弱势。

碳排放交易体系与免费排放限额

作为减少温室气体排放的手段之一，一些国家（地区）正逐步推行碳排放交易体系。该体系主要采取“限额与交易”机制（Cap-and-Trade System）的形式，规定了体系所涵盖的产业部门的总排放量限制、温室气体排放权或“补贴”，以及一个补贴交易市场。“限额与交易”机制可以节约成本，在减排成本相对较低的条件下实现温室气体排放减少，而排放限额不足的企业则可以购买市场上其他企业剩余的补贴份额。

但是，担忧依然存在。如果“限额与交易”机制仅仅作为单边措施，该机制下碳排放成本将改变国内产业竞争力。与受约束较少的国外产业相比，国内产业将因此面临丧失市场份额的风险，而受到影响的企业将有可能选择将生产迁往海外，碳排放则如影随形被带往国外，如此一来，碳排放量并没得到绝对减少。这种情况通常被称为碳泄漏。

针对有关碳泄露议题，各国（地区）政府出台了一些解决方案。目前，在现行和即将启动的碳排放交易体系中，向个别企业发放全部或部分免费排放限额，这已经成为一个被广泛采用的手段，这样，企业就可以不必另行购买排放配额。这些免费排放限额将针对碳泄露问题敏感产业，尤其是深受贸易影响的产业，这些产业将因为碳排放交易体系的推出而成本大大增加。因此，上述企业将被纳入碳排放交易体系，用免费排放限额来充抵其实际排放，从而避免通过拍卖等方式购买排放限额的成本。然而，免费排放配额仍然对碳排放交易体系内的企业构成了制约。在实际使用免费限额的同时，这些企业失去了通过出售等量配额来获利的机会，而如果企业能够在使用部分配额的情况下完成其所有排放，就可以实现出售剩余配额的获利。因此，从理论上来说，得到免费排放配额的企业将受此激励而抑制其温室气体的排放。

补贴因素可能会扭曲贸易并影响可持续发展

乍一看，从贸易的角度来说，免费排放限额比边境征税措施来得温和，因此迄今为止，接受免费排放限额的各国（各地区）政府和产业部门间引起的争论并不显著。诚然，加诸出口的额外碳排放税是可见成本，而与竞争对手获得的补贴则更为隐性且难以评价和估算其效应的情形相比，更容易引起业内不安。但是在接下来的分析中我们发现，第三国确应对此提高警惕。根据碳排放交易体系以及免费排放限额的分配方式，免费限额在弥补碳排放交易体系内企业的碳排放成本之余还可能构成补贴行为，并为体系内企业增添额外的优势。这些企业因此改善了财务状况，比其国外同行占有更高的竞争地位。

补贴带来了刺激潜在出口，并且/或者降低出口价格等效应，参与国际市场竞争的企业都能够感受到这些效应的存在。换而言之，发展中缔约方将无法适用《联合国气候变化框架公约》下的“共同但有区别的责任”（Common but Differentiated Responsibilities）原则，或是 WTO 提出的“特殊和差别待遇”（Special and Differential Treatment）原则。另一方面，碳排放限额措施也不可能专门针对没有碳排放成本的排污企业和国家，而与之不同的是，边境措施则可以通过一定的条件设置，针对个别国家采取措施。由于贸易是经济增长和可持续发展的关键驱动力，因此阻碍自由贸易的措施从发展角度来说可能产生负面效应。

免费限额除了给体系内企业创造财富之外，还有一些其他的潜在补贴行为。首先，措施存在过度补偿的嫌疑。无论是企业分得的免费排放限额高于其实际排放量，还是企业在获得免费限额的同时已经从消费者那里弥补了排放成本，上述情况都有可能造成过度补偿。一旦发生过度补偿，就会产生暴利，而欧盟碳排放交易体系中的电力产业曾出现了类似情况。

其次，根据新纳入体系的企业获得的待遇，免费排放限额可能成为一种投资补贴。按比例向企业生产流程中的能源密集环节提供免费限额，将会刺激对碳排放密集型产业的投资倾向。各国（地区）之间对新进企业缺乏一致的看法，这将导致措施进一步被扭曲。研究表明，在欧盟内部，各成员对一家新设联合循环天然气厂分配的免费限额可能存在巨大差距：瑞典给予企业零额度免费限额，而德国则给予企业每立方吨 10 欧元、总计 1 100 万欧元的免费限额。①

① Markus Åhman 和 Kristina Holmgren. 北欧能源产业新进企业的限额分配：欧盟碳排放交易体系中的激励和选择（New entrant allocation in the Nordic energy sectors: incentives and options in the EU-ETS）. 瑞典环境研究所（IVL Swedish Environment Institute），2007.

再次，这些免费限额可能成为企业在决定是否关闭工厂等情况下，被用作生产补贴。如果工厂关闭就停止派发免费限额，那么产能低效的工厂就会为了继续获得限额而维持工厂生存。如果倒闭企业能够保留享受免费限额的权利，那上述补贴风险就可以消除。最后，如果存在像目前欧盟碳排放交易体系那样的情况，面临各成员国的相同产业之间无法获得同等待遇的情况，那么被优待的成员国产业将处于比其竞争者更有利的竞争地位。如此一来，即使在同一个碳排放交易体系下，各企业之间的有序竞争仍会受到影响。为此，有必要开展进一步研究，来阐明此类扭曲措施是否以及如何影响与发展中缔约方的贸易。

总之，免费排放配额可能以多种形式演变为补贴。根据现有事实，研究主要集中在暴利、特别是电力行业的暴利问题，当然，研究也在向着更广泛的产业领域扩展。[①] 然而，进一步分析和预计措施对贸易的潜在影响并非易事。目前对企业层面受到的措施影响，我们的认知尚不全面，需要开展定量分析。而贸易取代效应则需要通过个案来一一说明。

如果碳排放交易体系设计得当，那么许多与免费排放限额有关的潜在负面效应都可以避免。例如，欧盟已经从其第一阶段的体系执行当中吸取了重要教训，并正打算对第三阶段进行大规模改进。体系方案设计的重要性提醒各贸易伙伴国应当提高警惕，并关注全球范围内正在兴起的其他体系。这也说明，由于不同的碳排放交易体系之间存在差异，贸易伙伴需要理解不同体系的细节，这可能需要调动大量资源。这对于能力有限的发展中缔约方来说尤其是一种挑战。

免费排放限额或将挑战国际贸易规则

WTO 协调着国际贸易规则，如果免费排放限额会对贸易产生影响，那么这种影响也将波及 WTO 制定的规则。WTO《补贴与反补贴协议》是专门规范补贴相关事务的协议，因此可以从该协议入手，开展对免费限额的法律分析。

《补贴与反补贴协议》第一条规定了补贴的定义。以下情况被认定为存在补贴：

（1）政府提供财政资助（例如，放弃或未征收应当征收的政府税收，或由政府提供货物或服务），或者，

（2）以政府收入或价格支持形式以影响贸易，以及，

（3）因此而授予一项利益。

---

① 参见 Christian Egenhofer、Monica Alessi、AntonGerorgiev 和 Noriko Fujiwara. 欧盟碳排放交易体系和面向 2050 年的气候政策——真正的减排刺激和创新驱动措施?. 欧洲政策研究中心（CEPS）特别报告，2011.

正在进行的 ICTSD 研究[①]表明，免费限额分配过程中可能确实存在政府支持因素。事实上，免费限额可被视为政府放弃了在其他情况下应当向企业收取的税收，也可以被认定是由政府以财务资助方式提供的货物或服务，或是某种形式存在的收入支持。

该研究继而探讨免费限额是否会授予一项利益，在接受限额的企业免于支付其所应当支付部分承担的成本时，这种支付应当算作环境损失的价格、税收还是补偿。此项研究非常复杂，存在众多影响因素，其中之一就是如何确立相关的绩效基准（Benchmark）。

接下来一步需要考察，免费限额导致的尚未明确的经济效应是否对其他国家（地区）利益构成了负面影响和损害，而最终使补贴不适当，这一点需要法律验证。如前文所述，免费限额对国际贸易和竞争产生的经济效应，特别从长期来看，仍需实证分析证明。任何有关严重歧视、利益的丧失或损害的法律评估，都只能在实证调查开展之后，以个案形式处理。将免费限额作为政策工具的新趋势也给研究带来了挑战。

例如，可能需要评价补贴是否具有专向性。WTO 协议所定义的补贴，特指针对“一个企业或产业、或一组企业或产业”（参见《补贴与反补贴协议》第二条）的补贴。由于目前可以确定免费限额主要惠及能源密集型产业，因此可以推论，如果免费限额措施构成补贴，那么该措施也具备了《补贴与反补贴协议》第二条所规定的专向性。

免费限额可能在一定条件下构成 WTO 法律所指的不可诉补贴，该结论并不能成为法律分析的终点。在免费限额支持下的公共政策目标主要为了避免碳泄漏和对抗气候变化，目前需要对这些措施运用的合理性进行法律论证。

《补贴与反补贴协议》没有为免费限额提供直接的法律基础。关注点由此转向了一个系统性法律要义问题：《关税及贸易总协定》（GATT）第 20 条规定的一般例外是否适用于为应对气候变化而采取的补贴措施，即免费限额。GATT 第 20 条 b 小节和 g 小节规定如果“为保护人类、动物或植物的生命或健康”以及采取“与保护可用尽的自然资源有关的措施”，可以适用一般例外。

体系设计：设计“最佳实践”

以上提到的免费限额对贸易可能产生的影响很大程度上取决于措施的设计。例如，排放总量上限、排放目标以及决定免费分配的限额数量等方法，

① Ingrid Jegou 和 Luca Rubini. 免费排放限额的分配：法律与经济视角（The Allocation of Emission Allowances Free of Charge: Legal and Economic Considerations）. ICTSD 竞争力与可持续发展项目（ICTSD Programme on Competitiveness and Sustainable Development）成果；“低碳转型”专题（Transition toa Low Carbon Series），刊号 No. 18；国际贸易和可持续发展中心，瑞士日内瓦，www. ictsd. org.

都会使措施产生不同效应。我们也可以发现，对体系新进成员和退出企业的待遇的措施也至关重要。

以上所做的法律分析本身及其与免费限额的经济影响的分析，在很大程度上也取决于措施的设计。

鉴于这一事实，考虑到碳排放交易体系和免费配额的广泛使用，有必要在国际气候和贸易谈判中引入更多的实证分析。开发一套有关碳排放交易体系和免费限额使用的指导原则或“最佳实践”是值得思考的问题。这有助于确保应对气候变化的措施有效率和效果，同时降低此类措施负面效应，特别是对发展中经济体社会和经济发展的影响。

需要设立一个论坛来探讨与贸易有关的应对措施

同时，设立一个论坛是极其有帮助的，以探讨免费排放限额和其他气候变化应对措施。这些措施对发展中经济体社会和经济发展可能产生特殊影响。的确，诸如气候标签（Climate Labelling）、国际运输征税或边境碳调解措施（Border Carbon Adjustment Measures）等应对措施，可能会对贸易造成影响，随之波及全球发展。

目前，尚未设立任何探讨贸易和气候变化关系的多边论坛。WTO 一直以来都把《联合国气候变化框架公约》作为处理这一问题的有关主要部门，而许多参与谈判的贸易方也不断抵制在多哈回合谈判中纳入新议题，认为这样可能使注意力偏离多哈谈判框架下原已举步维艰的贸易谈判。同样的，《联合国气候变化框架公约》下的谈判也避免涉及有关贸易问题。然而，视而不见不等于没有问题。相反，如果这种情况继续，各成员方可能因为问题得不到澄清而继续不采取有效的气候变化应对措施，或者导致相互之间陷入贸易报复和争端的困境。

如果《联合国气候变化框架公约》缔约方同意在该《公约》框架下设立论坛，那么就可以提供一个讨论与贸易有关的应对措施的场所，并反过来更好地全面把握和理解该复杂的议题。相关探讨应当旨在促进气候变化应对措施的有效执行，并避免其对可持续发展产生的负面影响。

这一论坛可能实现的成果包括澄清和引导与贸易和气候变化政策多边治理有关的规则制定流程，确保全球可持续发展最优化。虽然还不足以彻底解决贸易和环境变化之间的诸多挑战，但却是要迈出的重要第一步。

欧洲司法法院意见称将航空业纳入碳排放交易方案合法

2011 年 10 月初，欧盟贸易集团最高法院的一份官方法律意见称，欧盟扩大碳排放交易方案（Emission Trading Scheme，ETS）适用范围并将航空业纳入其中的计划完全符合国际法的规则，并因此对美国航空业的高调质询提出了反驳。

在 10 月 6 日发布的意见中，欧洲司法法院（European Court of Justice，ECJ）总法律顾问朱莉安妮·科克特（Juliane Kokott）指出，欧盟将碳排放交易方案的适用范围扩大到航空业不对任何第三国主权构成影响，并且符合所有与航空业相关的协议规定。

科克特总结道，此举“完全符合国际公法的相关条款和原则”，其中包括《国际民用航空公约》（International Convention on Civil Aviation，即《芝加哥公约》）、《欧盟－美国开放天空双边协议》（Bilateral EU-US Open Skies Agreement）、《京都议定书》（Kyoto Protocol），以及其他国际惯例。该意见没有提及 WTO 法，它的争端解决机制具有特殊权威。

总法律顾问的法律意见在国际航空业界激起了强烈反响。尽管它并不具有约束力，但欧洲司法法院已经在高达 90% 的案件中加以引用。

此次争端的申诉人之一、美国航空运输协会（Air Transport Association of America，ATA）在新闻发布会上迅速对科克特的决定做出了回应。协会在新闻发布会上强调：“将此项单边的、区域性方案延伸到欧盟以外的航空业的做法违反了国际法规则，有 20 多个国家（地区）与我们持相同看法。”

国际航空运输协会（International Air Transport Association，IATA）对该意见也表示了不满。国际航空运输协会总干事汤彦麟（Tony Tyler）说：“虽然总法律顾问认为欧盟有权扩张其治外法权，但国际社会对此并不认可”。他还补充道，这一行为仍然是“对主权和《芝加哥公约》条款的侵犯”。

而尽管该意见对欧盟有利，欧盟对此的反应也相当谨慎。欧盟委员会气候行动委员康妮·赫泽高（Connie Hedegaard）对意见表示欢迎，但重申欧盟“希望第三国能够建设性地参与到这一政策的执行过程中”。

然而，就在 10 月初赫泽高与欧盟成员国环境部长们会晤并讨论欧盟部分成员国和航空公司对意见的反对声音之后，《桥》刊获悉环境部长们也曾提出过推迟执行欧洲司法法院对航空业的延伸。多个成员国因担心其作为货运中心的竞争力受到威胁，而继续反对此项方案。

环保游说团体“运输与环境”（Transport & Environment）项目经理 Bill Hemmings 评论道：“航空业应当依靠工程师来解决气候变化问题，而不是通过律师”。

会议之后，荷兰国家基础设施和环境秘书长 Joop Atsma 在接受道琼斯金融通讯社（Dow Jones Newswire）的采访时透露，碳排放交易方案“在执行之后可能仍会有所调整，从而确保新体系不会对国际竞争造成影响”。

并未侵犯主权

欧盟于 2008 年决定将航空业纳入碳排放交易方案，并定于 2012 年 1 月生效。欧盟指令要求所有进出欧盟的航班都被纳入该方案，包括不在欧盟领空内飞行的航段。国外航空公司纷纷担忧这一举措将导致其机票价格成本性上涨，进而影响其竞争力。

2009 年，美国航空运输协会与美国大陆航空公司、美国联合航空公司一起，就此项方案向英国高等法院提起诉讼，由此引起了欧洲司法法院对该问题的关注。

美国航空运输协会等坚持认为，将欧盟领空以外的航段纳入碳排放交易方案，将使得欧盟享有其领土外的权利，因此违反了国际法的主权原则和公海自由原则。

科克特也许没有意识到“治外法权效应”，而仅仅承认欧盟采取的此项措施“反映了环境保护和治理气候变化措施的实质、精神和目的”。

法律意见中说道：“众所周知，大气污染没有地域界限，温室气体对全球气候的影响也并不局限于其排放地；其对环境和气候的影响作用于每个国家以及包括欧盟在内的每个国家联盟”。

意见还称所谓歧视性的判断论据不足

申诉人进一步对措施的国别歧视做出了论辩，但同样也被科克特驳回。

而有意思的是，科克特回顾了众多国家反复提出的另一则相关论据。在这些国家看来，即使从国别自身角度来说该措施对所有国家一视同仁，但该措施的实施机制从一定程度上说仍具有歧视性，因为《京都议定书》中规定了针对发达缔约方和发展中缔约方共同但有区别的责任原则，而该措施则对两者给予了相似的待遇。

科克特反驳了这一观点，她指出，只有在对所有国家（地区）一视同仁的情况下才能实现《京都议定书》和《联合国气候变化框架公约》（United Nations Framework Convention on Climate Change，UNFCCC）所设定的目标，即全球气候保护。

她还表示，如果采用备选方案，即把国外航空公司或来自第三国的航班排除在方案外，将可能导致国外航空公司和长途航班收获可观的收益，因而引发不平等歧视。

欧盟可能我行我素

最后，美国航空运输协会和美国各家航空公司还抗辩道，根据《芝加哥公约》和《京都议定书》的要求，欧盟有义务避免采取单边行动。

《京都议定书》要求各缔约方分别与国际民航组织（International Civil Aviation Organisation，ICAO）进行对话讨论。国际民航组织与各缔约方的对话讨论已经开展了多年，在此期间欧盟一直致力于推动实现一个多边解决方案。但是由于国际民航组织方面进展缓慢，失望之下，欧盟最终决定另辟蹊径。

科克特引述了《京都议定书》现有版本在这一问题上的模糊措辞，并对欧盟的这个决定表示赞成。她说："如果《京都议定书》的签署国希望国际民航组织拥有排他性的权利，他们早该明确地表达和澄清这个意思"。

适用何种法律？

最重要的是，北美各航空公司在申诉时所引据的许多协议都无法成为检验欧盟法律合法性的基础，因此科克特反驳了这些论据。

虽然欧盟签署的国际协议对其具有约束力，但并非所有协议都可以被各方援引作为申诉依据。可以被各方援引的协议仅限于欧盟作为一个整体签署、条款内容足够明确且无条件实施的协议。

科克特指出，尽管《芝加哥公约》由欧盟各成员国分别签署，但其对欧盟作为整体并不具有约束力；而《京都议定书》和《欧盟－美国开放领空双边协议》虽然可以约束欧盟，却不符合第二个条件。

最后，她强调，即使所有上述协议可以适用，也不能阻止欧盟将航空业纳入碳排放交易方案的措施。

何去何从？诉诸世贸组织？

尽管欧洲司法法院之前从未引用过 WTO 法条，但是有关碳排放的规则仍很有可能对 WTO 案例产生重大影响。欧盟可能考虑将其他行业也纳入碳排放交易方案，首当其冲的就是海运业，因为已经有一些欧盟成员国向国际海事组织（International Maritime Organisation，IMO）提出了一项全球碳排放交易方案，但未在该组织得到通过。

将海运业纳入欧盟碳排放交易方案可能会导致出现与目前航空业同样的问题，特别是在治外法权和歧视性单边行动这两个议题上。

到目前为止，持反对意见的国家尚未将此争端诉诸 WTO 争端解决机制。特别值得关注的是，美国不希望因此造成任何可能影响其今后碳排放控制方案的规则先例，所以显得特别谨慎，而美国未来的方案也大有可能包含单边措施。

然而，既然美国航空运输协会看似已经输掉了在欧洲司法法院的申诉，他们也有可能选择全力游说华盛顿正式向 WTO 提出争端请求。那么，是救助美国各航空公司高油价成本的困境及衰退后果，还是为了每股的气候环境保护目标保持观望，将成为美国政府需要做出的抉择。

将航空业纳入欧盟碳排放交易体系：WTO法律体系下的思考*

2012年1月1日，欧盟将其碳排放交易体系（Emissions Trading System，以下简称ETS）的适用范围延伸到了航空业。现在，所有航空公司都必须为其航班产生的碳排放获取和“让渡”配额（译者注：配额，Allowance，即ETS下的减排单位）。否则，航空公司将面临每配额100欧元的罚款，并须以下年度的配额来弥补当年产生的亏空。ETS覆盖所有欧盟及非欧盟航空公司运营的客运与货运航班。此外，ETS不仅适用于欧盟境内机场间往来的航班，更饱受争议的是，还适用于往返欧盟（包括冰岛和挪威等非欧盟成员）与非欧盟机场的“末程航段”。

ETS在联合国国际民航组织（International Civil Aviation Organization，ICAO）引起了争议。中国和印度已经要求其国内航空公司拒绝参与该体系，而美国参议院也将启动相同效用的立法。2012年2月22日，23个国家（地区）发起了另一项有关欧盟碳排放交易体系的外交回应，起草和通过了“莫斯科宣言”。此前，美国各家航空公司向欧洲司法法院提起的诉讼未获成功。2011年12月该法院提出的司法意见认为，碳排放交易体系既没有违反欧盟在《芝加哥公约》或其他有关航空运输的国际协议项下的义务，也没有违反一般国际法的原则。

本文从法律角度对WTO法体系下的欧盟碳排放问题开展全面研究，但并非要证明该体系不会对贸易产生任何必然影响。事实上，在碳排放配额贸易处于历史低位的时候，欧盟碳排放交易体系的监管成本及其对货物或服务贸易产生的影响已显得无足轻重。该体系仍有可能改变贸易，但无论如何，一项措施的实际贸易效应与其在WTO法体系下的合法性没有关联，因为WTO法更多关注的是抽象的竞争条款。本文在GATT和GATS背景下，就两大协定分别对应的货物贸易和服务贸易（特别是诸如旅游等在欧盟境外提供的服务）从法律层面研究欧盟碳排放交易体系。

---

* Lorand Bartels，剑桥大学三一学院教授

GATT 协定下欧盟碳排放交易体系的法律特征

GATT 的一个基本分类是将影响货物贸易的措施区分为财政措施（包括关税、税收和其他费用）和其他监管措施。欧盟碳排放交易体系不属于税收或其他形式的财政措施。这主要是因为该体系要求航空公司在公开市场购买其允许的碳排放配额额度，并且航空公司会因此拥有一项可交易的物权。即使由此项措施产生的部分交易收入最后流回了政府，或者即使购买配额属于强制行为，也无法改变 ETS 作为非财政措施的结论。值得注意的是，2011 年 12 月欧洲司法法院以欧盟航空运输服务业义务为依据也给出了相同的意见。该法院表示，ETS 不是一项税收或费用征收，因为此项措施“并未意在为政府当局创造收入，也未以任何形式设定估价基准和预定税率以便对航班在一个日历年度内消耗的燃油按吨收取固定的应税税额”。这些理由或许依然似是而非，但对本文结论没有根本影响。

将 ETS 视为数量限制

如此说来，如果欧盟航空业碳排放交易体系不是一项财政措施，那么首要问题便是该措施是否可能构成 GATT 第 11 条第 1 款意义上的禁止性数量限制。该款适用于影响货物进口前或进口时采取的非财政措施，并禁止对进口（以及出口）货物采取具有限制作用的措施。原则上，ETS 可能对国外进口造成此类影响。对于遵守 ETS 要求的航空公司，影响在于无法预计的运输成本增加。对于不遵守 ETS 要求的航空公司，成本则更大，其中还包含每配额 100 欧元的额外罚款。这些情况都有可能使欧盟航空业碳排放交易体系对进口欧盟的货物产生限制效用，而无论其影响有多小。因此，ETS 可被视为 GATT 第 11 条第 1 款意义上的禁止性数量限制措施。

将 ETS 视为歧视

我们还应当考虑 GATT 项下的两大非歧视义务。GATT 第 1 条第 1 款规定的最惠国待遇义务适用于影响国际运输的措施，该款禁止采取歧视来自任何其他成员的进口货物的措施，禁止 WTO 成员基于地理因素对原产于某地的相关产品采取歧视措施。这就对 ETS 提出了挑战，因为该体系的合规性监管成本随货物到达欧盟的运输距离不同而不同。一些国家（地区）的航空公司已采取了“等价措施”，如果欧盟赋予这些公司以例外豁免，那么可以预见将会出现更多问题。按照 GATT 第 1 条第 1 款的规定，欧盟必须“立即无条件地”将此项豁免给予所有其他 WTO 成员。但在欧盟现行的体系内无法预见这一行动。与之不同的是，GATT 第 3 条第 4 款的国民待遇原则禁止给予本国产品更优惠的待遇，而显然，ETS 并没有对已经进口的货物采取相对欧盟境内货物的歧视措施。欧盟成员国间航班上的进口货物和欧盟境内货物承担相同的监管成本。

过境自由

欧盟碳排放交易体系的过境自由合法性应当不成为问题，因为欧盟本身构成一个过渡边境。然而，措施仍有可能违反 GATT 第 5 条第 6 款的规定，该条款要求 WTO 成员对于来自同一原产地的同类产品经由其他成员过境运输的产品待遇不得低于此类产品在不经其他成员过境运输而直接自原产地运至目的地的情况下所应给予的待遇。由于 ETS 的“末程航段”规定区别对待来自同一始发地的直接和间接航班，因此将产生问题。例如，从中国香港直飞法兰克福的直飞航班需要获得 9 130 公里的碳排放配额，而在迪拜转机的航班则仅需获得一半航程的碳排放配额。这在法律上可能会成为棘手问题。

环保理由

假若欧盟碳排放交易体系违反了 GATT 协定，那么是否可以通过环境保护的立场得到合理解释？这主要取决于两个 GATT 条款：第 20 条 g 款和第 20 条 b 款。g 款允许 WTO 成员采取与保护可用尽自然资源有关的措施；而 b 款允许 WTO 成员采取为保护人类、动物或植物的生命或健康所必需的措施。但无论适用上述哪一项条款，此类措施的实施都不得在情形相同的成员间构成任意或不合理歧视。

初步看来，此项措施应当以 GATT 第 20 条 g 款来解释，若以第 20 条 b 款来解释则更为复杂。因为后者要求欧盟碳排放体系至少能够对保护“人类、动物或植物的生命或健康”做出“实质性贡献”。鉴于措施目前尚未产生效力，因此很难说明是否存在贡献。然而，上诉机构也提出警告认为必须着眼长远，这样的话也许可以说欧盟航空业碳排放体系会对保护人类、动物或植物的生命或健康的目标做出实质性贡献。

还有一个更棘手的问题，即 ETS 是否符合另外一项要求——不在情形相同的成员间构成任意或不合理歧视。由此项规定相应地要对两种不同情形进行比较，一种是在已经采取监管措施的成员方（包括欧盟各成员国）之间，另一种是在尚未采取监管措施的成员方之间（目前来说也就是其他所有成员方）。

第一种情形要求 ETS 不得对已经采取等价措施的其他任何成员方构成任意或不合理歧视。也即，欧盟不得只对遵守 ETS 的成员方给予豁免，而应当对所有采取等价措施的其他成员方都给予豁免。如此一来，尽管 ETS 违反了

GATT 第 1 条第 1 款规定，却能够得到合理解释。至于第二种情形，ETS 确实对尚未采取任何监管措施的成员方构成了歧视。首先，ETS 根据其他成员方与欧盟之间的地理距离加以区别对待，但这也可以通过环保立场得到合理解释。而更大的问题在于 ETS“末程航段”规定导致的歧视。对于从同等距离原产地运往欧盟的相同产品来说，如果其中某个原产地所在国（地区）能够相对轻易地选择中转航班运输产品，中转航班将承担较低的合规成本，那么便构成了歧视。

此类情况是否会发生尚未可知，但假设情况属实，接下来的问题就是这种歧视是否能够得到合理解释。上述优惠待遇不存在任何环保理由，相反，鼓励选择中转航线事实上会起到增加碳排放总量的反作用。而欧盟这么做的一个可能原因是欧盟认为其无法在国际法框架内监管中转航班的前段航程。上诉机构在“巴西返修轮胎案”的结论中指出，如果国际义务与措施目标没有关联，那么禁止以遵守国际义务为单纯目的而采取某项措施。第二种解释是，欧盟无法获得终点不在欧盟境内的航班信息和相关数据。如果事实的确如此，那么欧盟也许得救了，即使很难为南辕北辙的环保鼓励措施找到合理解释。然而，正如前文所述，ETS 在这个方面的影响是否当真会成为一个问题还有待观察。

航空运输服务附录

原则上，GATS 适用于所有影响服务贸易的措施。然而，影响航空运输的措施却在不同程度上因为 GATS 航空运输服务附件的存在而被例外地排除在 GATS规范之外。这在很大程度上是为了确保国际民航组织的监管权力。但是，该附件是否也对依赖于航空运输服务而产生的服务（例如旅游服务）具有豁免效应？这是个值得考虑的问题。重要的是，必须注意到该附件实际包含了两个例外。首先，附件第2 小节规定了几项可从 GATS 义务中豁免的措施。但这些措施并未涵盖所有影响航空运输服务的措施，而只包含了所有措施的一个子集。其中唯一与欧盟碳排放交易体系相关的是影响“航空业务权”（Traffic Rights）的措施。附件第 6 小节对术语进行了深入解释，与本文相关的解释是“航空业务权”包含了“收取费用及（确立）收费条件”的权利。这些在现行航空运输监管体系中的重要性非常有限，并且欧盟碳排放交易体系并未影响到航空业务权。因此，欧盟碳排放交易体系并未被排除在 GATS 实质范围之外。

然而，该附件还包含另一个例外。附件第 4 小节涵盖了所有影响航空运输服务的措施，并禁止在用尽其他与航空运输相关协定的救济条款之前，将此类措施诉诸 WTO 争端解决程序。虽然没有明示，但这似乎说明欧盟碳排放交易体系不在国际民航组织《芝加哥公约》规范的范畴内。然而有趣的是，英国与荷兰政府都已在其国内司法程序中表示，《芝加哥公约》与机票税无关，从这个角度来说，欧盟碳排放交易体系的情况与之相似。也许在这个背景下，欧盟也会否认《芝加哥公约》与措施的相关性。如果是这样，第 4 小节就无法适用。再者，即使第 4 小节可以适用，该条款也仅仅建立在有条件豁免的基础之上。如果证明其他协定的争端解决机制无效或无用，第 4 小节的例外就没有意义了。

GATS 义务和例外

假设 GATS 适用，让我们来看一下相关的 GATS 协定义务和例外条款。首先是 GATS 第 2 条第 1 款规定的最惠国待遇义务，由于欧盟碳排放交易体系影响到旅游业等服务贸易领域，因此该条款可被适用。与上文对 GATT 第 1 条第 1 款的解释相似，ETS 很有可能被判定违反 GATS 第 2 条第 1 款。接下来的问题是，根据欧盟对旅游业和相关境外消费（即所谓模式二）服务的开放承诺，如何将 GATS 义务适用到承诺开放的服务业。ETS 并未违反 GATS 第 16 条有关市场准入的规定，但有可能违反了 GATS 第 17 条有关国民待遇的规定。原因在于，相比在欧盟旅游，ETS 将对在其他国家的旅游行为造成更大成本负担。此外，GATS 协定脚注中阐明，WTO 成员无须“补偿因有关服务或服务提供者来自国外这一特性而导致的任何固有竞争劣势”，上述结论不受此条脚注影响。此条脚注使得欧盟免于补偿消费者的国际交通成本，但也不允许欧盟继续增加成本。

最后，让我们来看一下 GATS 例外的适用。GATS 协定第 14 条 b 款重申了 GATT 第 20 条 b 款（包括其引言部分）的内容，如前文所述，ETS 无法从中得到合理解释。值得注意的是，GATS 没有提及与可用尽自然资源有关的措施例外。

结论

综上所述，欧盟航空业碳排放交易体系既可适用于 GATT，也可能适用于 GATS 的程序例外。该措施是否会对贸易产生可预期效应或许并不重要，但措施有可能违反上述协定的多项义务，包括最惠国待遇义务、与货物进口数量限制和货物运输有关的义务，以及服务贸易项下的国民待遇义务。然而，最值得关注的是，除一项例外，欧盟碳排放交易体系的所有其他方面都可通过环境保护的立场得到合理解释。对于从同等距离原产地运往欧盟的相同产品来说，如果其中某个原产地所在国（地区）能够较轻易地选择中转航班运输产品，中转航班将承担较低的合规成本，欧盟碳排放交易体系对经由中转航班运输的产品产生优惠效应，这便是无法得到解释的例外。但这一情况是否会成为现实，仍有待观察。

最新的中国出口政策为2012年稀土贸易前景增色

2011年12月，就颇具争议的稀土配额削减政策，中国出台了新的环保解释，强调只有符合2011年环境保护措施要求的企业才能获得稀土出口许可证。WTO成员之间就该措施与WTO义务是否兼容的问题，展开了长达一年的激烈辩论，而中国此举将为其2012年的稀土贸易战略增添一抹亮色。此项声明的发表正值“中国原材料争端”案件的进展期间，该案与稀土贸易密切相关，其上诉机构报告有望于2012年1月30日公布。

中国商务部这样评价2012年的这项政策：“有关稀土开采、生产以及环境保护方面的法律法规正逐步趋于完善。”

中国方面表示，新的贸易条件反映了中国对其大规模稀土生产而造成的环境影响所表现的关注。但是随着稀土资源日益成为先进制造业以及包括混合动力汽车电池、激光、涡轮式风力发电机以及导弹在内的现代技术组件的根本性需求，批评家依然认为中国旨在抬高稀土国际价格的同时，对国内资源获取进行保护。

制造业较为发达和密集的国家（地区）对中国的出口限制颇有微词。欧盟、墨西哥和美国已经就中国对类似原材料出口限制措施向WTO争端解决机制提起了诉讼，在该起案件中，中国对环境和资源保护的抗辩理由被专家组裁定为无效。由于“中国原材料争端”一案的上诉机构报告尚未公布，稀土进口国将进一步观察此项环保措施在WTO法律体系下的进展状况。

空前的2011年度稀土价格波动

全球超过97%的稀土供应依靠中国，而仅包钢稀土（集团）高科技股份有限公司一家企业就承担了其中过半的供应量。此外，中国还是大部分珍贵重稀土资源的唯一出口国。

2010年中国将其稀土出口配额由45 490吨锐减至27 449吨，对稀土赖以生存的主要制造企业纷纷表达了关切。有限的配额和全球范围内的一系列事件，导致稀土价格持续上升，并且2011年夏天达到了历史最高位。

然而自2011年中期开始，受到持续经济危机导致的需求下降、日本海啸之后的工业生产放缓，以及中国对释放稀土储备决策等因素影响，稀土贸易价格迅速走低。国有企业包钢稀土甚至为了缓解市场压力而停产一个月。

中国稀土出口配额数量将在 2012 年呈增长趋势，因而新近出台的 2012 年配额政策产生的影响较为温和。然而，根据《金融时报》的数据显示，2012 年上半年的配额数量下降了 27%，几乎三分之二的配额申请由于环保措施合规性问题而被搁置，包括包钢稀土也未能合规。

因此，如果企业无法满足环保规则要求，那么出口将大幅缩水。在这种情况下，企业对此做出的反应将至关重要。

稀土资源的独占并非只是一个地理上的巧合。中国仅拥有全球 37% 的已知自然资源储备。针对稀土资源开采而采取的严格环保规则引起其他成员方稀土成本上升之际，中国依然可以通过一如既往的最低价格占有世界上最大的稀土市场份额。但近年来，中国已经向全世界表明，中国愿意在应对环境问题上采取强硬措施。鉴于稀土开采是一项有毒有害、甚至具有放射性危害的作业，中国此项政策的出台可以说与其对外宣称的目标是一致的。

争论中的环境保护

符合稀土配额合规性要求可获得配额，因此，新配额政策被许多专家诠释为中国愿意在稀土资源可持续发展迈进步伐。2010 年，中国环境保护部下令对非法稀土开采进行制裁。2011 年，中国环保部要求限制未通过环保核查企业新建稀土项目。现在，中国限制未能达到《稀土工业污染物排放标准》的企业获得配额，从而加强对环境资源消耗的监管。

虽然中国一再强调其政策以环境保护为导向，稀土进口方仍将矛头指向了严苛的配额制度对中国企业带来的潜在利益。出口量走低将使得商品价格持续高位，从而为国内企业提供稳定的供给，并促使国外企业为了更便利地获取资源而选址中国设厂，由此为中国带来就业和投资。

更棘手的是，2012 年的此项新政对轻稀土和重稀土采取了区别待遇——事实上前者较易获得，而后者才是广泛需求的焦点，而其只占整体配额的 15%。

因此，即使配额制度从一定程度上来说确实出于环境保护的目的，稀土进口方将可能会就 2012 年新政与中国力争奋斗。然而，通过将配额与环保合规性要求挂钩，中国的稀土贸易制度已经显示出比其他原材料贸易更具高瞻远瞩的环保考虑。即使接下来“中国原材料争端”的上诉机构裁决并不将其列为又一起 WTO 争端案件，但仍将对外宣告中国在处置自然资源时是否违反了 WTO 规则。

中国将提高农业科技补贴

作为新年首批公布的政策之一，中国宣布将提高国家在农业科技领域的投入，此举顺延了国家近年来对农业支持快速增长的趋势。

2012 年 2 月初，中国国务院的文件称补贴将主要用于资助粮食主产区，特别是提高对种粮农民的直接补贴水平。

该文件还包括增加转基因作物培养预算，一些政府官员私下承认这一举动将可能引发争议。

然而，尽管该政策主要聚焦科技农业，但总体上反映了近年来国家农业补贴的总趋势，即农民将继续获得良种、良畜，以及低价农机。

“三农”问题

此次政策的公布是中国政府连续九年将开年“一号文件”锁定在“三农”——即农业、农民以及农村问题上，足以显示中国在政治层面对农业给予的高度重视。

尽管“一号文件”罗列了今后一年中国在农业方面的总体政策导向，却并未披露具体资助领域投入的详细数据。

经济合作与发展组织（OECD）高级农业政策分析师 Andrzej Kwiecinski 表示，该文件进一步反映了发展中成员方对发展农业生产力的广泛关注。“这就是为什么该文件较之以往引起了更大关注。”他说。

补贴转移

该文件表示，政府将“加大农业补贴强度”，新增补贴向粮食主产区、种养大户、农民专业合作社倾斜。

官方消息人士向《桥》刊透露，该政策将意味着包括湖南、湖北、广东和广西在内的中国南方大米产区将会获得更多补贴。同时北方和东北小麦产区也将从中受益。

中国向 WTO 通报的所有农业补贴都属于“绿箱”支持，这就表示这些补贴表面上不会引发小量贸易扭曲，而只要补贴金额未超过产品价值的 8.5%，引发小量贸易扭曲的补贴也是被允许的，这就是 WTO 定义的“微量”补贴。

中国决策层强调，所有新的补贴计划都应控制在这一限制范围内。中国国务院发展研究中心程国强博士在最近发表的一篇文章中表示，任何新的价格补贴计划都不应“超过世界贸易组织微量补贴标准限额”。

贸易扭曲？

目前，中国报道的“微量”补贴投入远远低于所规定的上限。但专家指出，例如对肥料等其他农业投入品采取的间接补贴仍然有可能带来贸易扭曲效应。

Kwiecinski 指出，对于上述类型的补贴，“主要受益人并非农民，而是这些投入品的供应商”。

尽管并未出现扭曲贸易的“黄箱”支持，其他分析师仍指出日益增长的“绿箱”支持措施与粮食增产之间的关联。

联合国粮农组织高级官员 Josef Schmidhuber 提出：“如果补贴水平确实那么低，那是什么因素促使了如此巨大的粮食产量增长，这个问题很有意思”。

一位常驻日内瓦的贸易谈判人员指出：“许多人都怀疑中国政府的补贴投入‘是否严格遵守了世贸组织的规定’，各方对这一问题的关注日益加深”。

环境保护

根据“一号文件”，政府补贴将继续以环境保护为目的，致力于保护森林、草地、湿地以及节约土壤和水资源。

然而，Schmidhuber 表示，在中国，政府对肥料和能源的农业补贴以及农民对农业投入品的广泛使用，恰恰可能造成中国的环境问题。

通过观察，Schmidhuber 还指出，农业“氮肥过剩，而钾肥、磷肥不足”，这样使得治理水资源和降低温室气体排放方面的努力都面临了挑战。

今年的文件重点在于农业科技，而去年的文件则强调农业及农村地区节约用水和水利灌溉的重要性。

不过，国际食物政策研究所（International Food Policy Research Institute）所长樊胜根在其最近发表的一篇文章中表示，中国尚未面临在“水资源保护或科技发展”之间抉择，相反，樊所长认为“两者需要兼顾”。

城乡分化

在城乡收入差距继续扩大的背景下，此次“一号文件”的公布毫无疑问被视为中国政府在试图解决社会不平等方面所做出努力。中国 13 亿人口中大约有一半仍然居住在农村，有超过三分之一仍然从事农业生产。在这样的社会里，不平等可能成为引发社会动荡的隐患。

中国农业协会代表岳亮（音译）告诉《桥》刊记者，政府需要着重加大农村地区教育与培训的投资力度。

家住河北的岳亮（音译）："在义务教育阶段，农村地区学校应该教学生如何从事农业生产。如果不具备一定的农业技能，"90 后" 的孩子们将会成为迷惘的一代，因为他们既不会农作，也不愿意进城务工"。

一位官员表示，政府已经"清楚地意识到" 由大量农村劳动力流失所引起的问题。该官员告诉《桥》刊记者，增加农业知识推广和咨询服务投入可以成为解决的方法。

经合组织分析师 Kwiecinski 对此深表同意，他强调了对农业知识推广投入的重要性。他说："农业知识推广以及咨询服务在帮助农民实现农业低成本、高产出方面具有重大意义"。

转基因作物：中国"不甘落后"

新政策提出，政府将继续加大对转基因作物的支持。来自政府的消息显示，这一举措可能引发一定的争议。

"目前，我们还只有棉花和园艺类转基因植物，但没有转基因粮食作物"。一名官员告诉《桥》刊记者。

然而，尽管中国没有种植转基因大豆，却进口了大量此类大豆。此外，去年颁布的一项新政策已经允许中国农民种植转基因大米。

该官员称："这一政策在中国也颇具争议"。

然而他补充道，中国"不应该在技术发展方面落后于其他国家"。

"解决民生"

一位政府官员指出，为了"解决民生问题"，政府需要更加重视国内农业发展。他说，中国"能够自给自足地解决国内 95% 的粮食需求，剩下则依赖国外进口"。

Schmidhuber 承认："中国在解决温饱问题方面取得了很大的进步"。

但 Kwiecinski 指出，中国认为一些粮食应该实现自给自足，而这种情况正在发生变化。之前，大豆也在中国的自给自足粮食之列，现在却大批量从国外进口。今后玉米可能也会重蹈覆辙。

贸易的作用?

贸易对于中国仍至关重要，这不仅体现在满足中国无法自给自足的粮食及其他农产品需求方面，也体现在中国向世界各国（地区）出口劳动密集型农产品。

一位政府官员表示："这就意味着中国农民将有更多的工作机会"。

据中国农业部最新公布的数据显示，2011 年中国农产品贸易逆差达到 340 亿美元，同比扩大 47% 。其中农产品出口 610 亿美元，增长 30% ；进口 950 亿美元，增长 31% 。

尽管贸易持续增长，中国政府仍将继续生产“战略性的产品”，包括小麦、玉米、大米、棉花，这些生产领域将保持自给自足的态势。

该官员郑重表示：“任何国家都无法生产足以满足整个中国需求的食物，这是不可能的”。

中国在非洲投资企业的社会责任*

由于相比投资非洲国家，投资新兴经济体更具有获利高、风险低的特点，最近十几年来，大部分西方企业纷纷尝试着将投资目标转向新兴经济体国家。

而与之相反，在中国与非洲各国密切的经贸关系背景下，中国始终并将继续坚持对非洲的投资。根据非洲最大放贷银行——南非标准银行的预测，2015 年中国对非洲的投资额将达到 500 亿美元，比 2009 年上涨 70%。届时，中国与非洲的双边贸易额也将预计达到 3 000 亿美元。

在如此鲜明的对比下，中国企业对非洲的投资显得尤为引人注目。一方面，中国投资带动了非洲的经济、贸易和就业增长，这一点已经得到了认可。而另一方面，也有很多质疑，比如，在创造就业、增加收入、消除性别歧视和加强环境保护等方面。

在这一研究背景下，本文聚焦以下关键问题：中国在非洲投资企业的社会责任，以及这对于中国与欧盟在非洲发展政策合作方面有何影响。

中国在非投资的现状

中国与非洲的双边经贸关系已经连续八年保持了超过 30% 的增长速度，双边贸易额于 2008 年超过了 1 000 亿美元。受到金融危机的微弱影响，2009 年贸易量略有下降，但在此之后，2010 年双边贸易额跃升至 1 270 亿美元，使得中国成为非洲最重要的贸易伙伴。在中国政府出台各项积极政策、深化贸易关系的同时，中国企业在非洲的投资大幅度增长。

尽管在 2009 年经历了重挫，2003 年至 2008 年间，中国流向非洲的对外直接投资（Foreign Direct Investment，FDI）保持了迅速增长。截至 2009 年年底，中国在非洲的外商直接投资存量达到了 93 亿美元，占中国对外直接投资存量总额的 3.8%。(见图 3－1)。

非洲最大的中国投资流入国是南非（占中国对非直接投资存量总额的四分之一），位列其后的分别是尼日利亚（截至 2009 年年底，中方投资存量 10.3 亿美元）、赞比亚、阿尔及利亚、苏丹、刚果（金）、埃及、埃塞俄比

* 成帅华，国际贸易和可持续发展中心
梁国勇，联合国贸易和发展会议

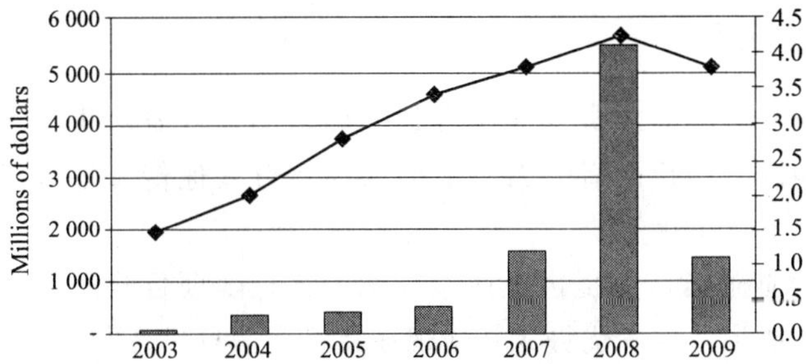

图 3-1 2003—2009 年中国在非洲的直接投资情况

hiese FDI outflows in Africa —◆— Share of Africa in China's total outward FDI stock

Source: UNCTAD, based on the Ministry of Commerce of China.

亚、坦桑尼亚和毛里求斯。

由于数据来源有限，在此无法将中国对非直接投资状况按照行业分类做出定量分析。现有信息表明，受到中国石油及矿业企业对资源需求的影响，采掘业占据了中国对非直接投资总额的很大比重。但是，其他行业的投资项目总数很大，并且随着中国国内产业结构的重大调整，中国对非洲制造业的投资有望增加。

投资供给方面

在中国对非投资的强劲增势背后，有多方面的驱动力。

毋庸置疑，中国政府在鼓励国内企业对非洲投资方面起到了关键性作用。首先，中国政府与非洲各东道国一同努力，不断改善投资环境。截至 2010 年年底，中国已经与 33 个非洲国家签订了双边投资促进和保护协议，并与 11 个非洲国家签订了避免双重征税协议。第二，中国以股权基金形式建立了中非发展基金（China Africa Development Fund, CADF），致力于支持和帮助在非的中国投资企业[①]。第三，总结自身发展经验，中国积极倡导在非洲设立工业园区，亦称经济特区（Special Economic Development Zones）。中国已经向规划中设立在赞比亚、毛里求斯、尼日利亚、埃及和埃塞俄比亚等的 6 个工业区投资了 2.5 亿美元用于基础建设。据报道，设立在赞比亚的工业区作为首个由中国投资的海外工业区，已经实际利用中资 6 亿美元，并且为当地创造了超过 6 000 个就业岗位。

① 一期投入资金 10 亿美元后，中非发展基金已经在农业、机械生产、电力、建筑材料、工业园区和港口物流等领域投资了超过 30 个项目。基金未来将增资到 50 亿美元。

投资需求方面

扩大中国在非洲的投资并非中方的一厢情愿。从需求角度来看，许多非洲东道国更偏好中国投资者，因为他们认为相对其他传统投资者来说，中国投资者具有以下竞争优势：

1. 中国企业通常能够提供低成本技术，并且随项目输送愿意在艰苦条件下工作的熟练技工，这一优势尤其体现在建筑和信息科技服务领域。

2. 与其他零碎项目不同，中国投资企业能够为项目提供由始至终的成套解决方案，其中包括了运输、能源供给、资源开采和提炼等各个方面。

3. 受到中国政府支持政策的一定影响，大部分中国投资企业都可获取长期投资资本。

4. 中国与非洲的经贸合作与发展援助模式以效率高、行政成本低、相互尊重、信守诺言和无附加条件为特征，因此深受一些非洲国家领导人青睐。

综上所述，非洲国家欢迎来自中国的投资企业。这种观点也得到了国际上一些独立学者的响应，例如 Brautigam 就曾强调中国投资企业为非洲带去的三份“礼物”：由中国自身经验得出的结论，援助不是发展的核心；将基础设施建设放在中方援助和投资的核心位置；重新将非洲的形象打造为一片希望与机遇的热土（而不是西方世界眼中的蛮荒之地）[①]。

中国投资企业的社会责任

企业社会责任（Corporate Social Responsibility，CSR）概念的提出，企业能够并且应当坚守“三条底线”[②]，即经济增长、环境友好和社会进步。

中国企业社会责任的概念始于中国政府对国内市场上企业不负责行为的回应。在全国范围内接踵而来的环境污染和食品安全问题发生之后，中国的民间组织和政府部门开始敦促企业更慎重地恪守其法律和道德责任。有两部法规性文件可以作为中国企业社会责任演变进程中的里程碑。一部是 2006 年 1 月经修订后实施的《中华人民共和国公司法》，该法明确规定了企业应当承担其社会责任，因此为企业社会责任奠定了法律基础。另一部是 2008 年 1 月发布的《关于中央企业履行社会责任的指导意见》（以下简称《意见》），《意见》要求中央企业建立必要的机制来履行企业社会责任，必须“坚持以人为本、科学发展，在追求经济效益的同时，对利益相关者和环境负责，实现企

---

① Deborah Brautigam (2009). The Dragon's Gift: the Real Story of China in Africa, Oxford University Press.

② “三条底线”的概念由 John Elkington 在其 1998 年著作《Cannibals with Forks: the Triple Bottom Line of 21st Century Business》中首次提出。

业发展与社会、环境的协调统一”。

除了政府颁布的法规之外，来自生意伙伴、投资方和投资目的地的压力也起到了关键作用，促使中国企业将社会责任纳入到商业战略中。在中国国内，媒体调查结果（例如《南方周末》）以及由本地非政府环保组织倡导的“草根运动”（Grassroots Movements）都颇具话语权和影响力。2009 年，上海证券交易所公布了“上证企业社会责任指数”；2011 年，兴业全球基金与第一财经合作发布了“社会责任投资指数”（Index for Socially Responsible Investment）。一些中国商界领袖还发起了“中国企业家俱乐部”，其首要任务就是构建“绿色企业”。

除了外部法规和压力的作用，大批成功企业开始积极提倡企业社会责任，特别是一些开展国际业务的企业（因为这些企业往往需要直面国际社会有关企业社会责任的辩论和标准裁判）。其中一些企业担心，仅仅因为其他中国企业深陷各类责任丑闻，就会使得他们遭受声誉上的影响。2010 年，471 家中国上市公司公布了其企业社会责任报告。在本文成稿期间，181 家中国企业加入了“联合国全球契约计划”（UN Global Compact），4 家中国金融机构加入了“联合国环境规划署金融行动机构”（UNEP Finance Initiative）可持续银行行列。

我们举两个例子来说明中国企业如何履行在非洲投资的社会责任。自从 1997 年在非洲开展首个项目以来，华为技术有限公司在非洲当地录用的员工数占总员工数的 65%，直接创造了 10 000 多个就业岗位。华为还在非洲各地建立了 6 个培训中心，每年为 12 000 名非洲工程师和工人提供培训。中国水利水电建设股份有限公司在安哥拉投资 9 亿美元、共计 30 个项目，涵盖水力发电、农业、医疗、教育和交通等领域。公司培训和录用了超过 8 200 名当地员工。

尽管在过去十几年间取得了稳定发展，中国企业仍然面临四大主要挑战。

1. 企业社会责任的战略重要性一直未能得到在非总部和分支机构的认可，由此导致企业社会责任的概念无法被纳入企业管理。对于许多中国企业来说，负责社会责任的相关部门往往会被边缘化，而不是被放置在企业战略管理的核心位置。一些企业领导错误地把企业社会责任看做是公关的一种形式。相比拥有更多人力和财务资源的大型国有企业，这一挑战对于新兴私营企业来说尤为突出。

2. 尽管一些中国企业在社会责任问题上已经具备了良好的知识和战略规划，但无论是考核内部职责还是外部影响，企业社会责任的评价体系仍然不足以确保一线经理能够在他们的日常经营过程中履行企业的长期社会责任。即使是对常驻当地的高级别经理来说，其晋升考核指标依然基于短期财务业绩，除非产生针对企业的负面消息，否则生态、社会效益并不在考核之列。因此相比创造更多盈利来说，企业缺乏要求当地员工承担社会责任的激励机制。

3. 中国文化崇尚“讷于言而敏于行”，但这有时却成了中国经理回避民间组织、媒体和当地社团的借口。中国在非投资企业有必要明白，对于企业公民来说，建立广泛合作关系的过程和参与感，远比最后达成的结果重要得多。当地股东对中方投资者既往所为以及今后计划的评价，都是必要而且有价值的。

4. 中国企业应参与到与投资相关的行业标准制定。向环保和社会规范较为宽松的国家（地区）投资可能会降低企业的合规成本，但是从长远来说却增加了商业风险。为此，对中国在非投资企业来说很重要的一点是，要与所在地区或行业的其他龙头企业一起制定行业规则，并通过同行之间的相互学习和合作来规划发展蓝图。

由于存在这些挑战，中国企业及其股东尚未充分考虑到某些关键问题。特别值得关注的问题有两个。首先是对于国家资源的可持续管理，因为东道国的资源型爱国主义者认为，中国投资企业应该为东道国经济注入更多附加值，而不仅是以非可持续发展的方式从东道国获取自然资源。

另一个棘手的问题是当地劳工的雇用。东道国一般期望中国投资企业能够为当地创造就业机会，但是许多中国企业出于管理效率的考虑，就同等资质的人员而言，即使中方员工需要调派，企业还是偏好雇用中国员工。基于对几位中国企业领导的访问，我们发现，中国企业家认为非洲员工缺乏灵活性，也对当地高标准的劳工法律有所顾虑。看来，中方投资者有必要与当地股东就此进行一定的妥协。

在促进非洲发展方面，欧盟与中国有哪些可以合作的领域

中国企业在非洲的社会责任已经日渐成为了时下国际发展问题讨论中的一个重要议题。这个问题其实是一把耐人寻味的双刃剑。一方面，西欧对非洲发展所采取的传统公共援助模式在其有效性问题上受到了挑战。以国家支持投资为特征的中国式援助是否会给欧洲的国际发展政策带来新的启示？另一方面，如何更好地提升中国在非投资企业对当地发展的影响，成为中国投资者面临的主要问题。如果将欧洲公共援助的经验与中国私有资金的运作相结合，从而把中国在非投资的发展影响最大化，这样做是否可行？

欧洲与中国可以在以下四个方面共同合作，来改善中国在非投资的发展途径：

首先，欧盟与中国可以携手提升中国投资者在非洲的企业社会责任能力，

特别是通过培训高级别经理（重点放在企业社会责任的本质及其履行、考核评价、合作关系构建等）。面向未来领导者提供此类培训具有战略意义。这一群体来自中国企业、具备非洲生活经历，是企业在非运营的第一代实践者。他们今后将成为企业的高层，并将协助规划企业在非发展的长期蓝图。

其次，共同建立企业在非社会责任案例库，若能涵盖欧洲、中国、巴西和印度企业的社会责任案例，将会更具价值。该案例库将方便企业之间共享和传播最佳实践经验，并促使中国投资企业不断改善其企业社会责任的履行。

再次，中国投资者应当获得更多机会参与到所在行业有关企业社会责任国际标准制定的讨论中去。由于文化、语言或者意识形态上的障碍，中国企业对此类讨论往往并不积极。而与此同时，许多国际标准联盟又始终固守着“西方俱乐部”的姿态，对新来者较为封闭。因此，为了发展目标而开拓一条私有行业间相互沟通交流的途径显得尤为必要。

最后，以项目合作形式建立跨国的公共和私人部门合作关系（Public-Private-Partnership），可以成为一个有效的切入点。此类合作有两条原则：1）项目是纯技术的，不掺杂意识形态层面的讨论；2）项目为需求驱动型，有益于当地社会、中国投资者以及欧洲发展政策。比如，以中方投资的工业园区为例，开展与之相关的案例分析，并提升园区内企业社会责任业绩。项目可以涵盖以上提到的所有问题，包括贸易和财务绩效、生态工业区、劳工标准和职业道德、改善投资环境，以及与当地社团、民间组织和媒体的交流。

结论

中国在非洲投资的社会责任是一个值得研究的现象，因为这一问题为非洲的发展带来了机遇和挑战。从欧洲对过去十几年间其低效发展政策的反思中，可以吸取一些教训。

在履行对非投资社会责任取得进展的同时，中国投资者也面临着不少挑战，特别是如何更多地展示对促进发展的影响、如何衔接企业社会责任相关知识及其履行机制，以及如何克服缺乏与当地社团交流和制定国际标准的经验。

在这一背景下，欧洲与中国可以建立起有效的合作机制来扩大中国在非投资的影响。开展有针对性的能力建设培训、建立经验共享的案例库、促进中国投资者参与企业社会责任及相关标准制定的国际性讨论，以及共同加入诸如中方投资工业园区企业社会责任的实践项目等，这些措施都可以成为使各方受益的合作模式。

第四部分

在WTO的十年：回顾与前瞻

入世十年对中国和全球贸易治理的影响之会议综述

在中国入世十周年之际，国际贸易和可持续发展中心（ICTSD）于 2011 年 6 月 29 日在日内瓦召开了题为“中国入世十周年——对中国和全球贸易治理的影响”的圆桌会议。此次活动汇集了政府官员、学术界和教职人员、商界领袖等，与会人员共同回顾了过去十年中中国在 WTO 所扮演的角色，评价其作为全球贸易治理中坚力量而对国际贸易和 WTO 产生的影响，探讨中国与其他国家的贸易关系，并展望未来中国在国际贸易和经济环境中的地位，特别是在日益严峻的气候变化、国际发展和全球经济治理问题方面所能发挥的作用。

此次对话由国际贸易和可持续发展中心（International Centre for Trade and Sustainable Development，ICTSD）与中国世界贸易组织研究会（China Society for WTO Studies，CWTO）、弗里德利希－艾伯特基金会日内瓦办公室（Friedrich-Ebert-Stiftung，FES）合作主办。

国际贸易和可持续发展中心总裁 Ricardo Meléndez-Ortiz 先生介绍了 ICTSD 在促进中国可持续发展问题上的对话和研究所做出的承诺，这些工作提升了中国在全球经济治理领域的影响力。

ICTSD 一直以实现可持续发展为目标，致力于提升中国在全球经济治理领域的影响力。为此，ICTSD 将工作重点放在了两大具有影响力的学术网络：一是与中国学术机构和知识界共同建立的“《桥》刊中国网络”（Bridges China Network），另一个是与国际机构共同建立的“全球经济治理”（Global Economic Governance）。在与中国学术机构的合作中，ICTSD 举办了多次对话活动，并且就四大关键议题开展科研活动：与中国有关的系统性问题、中国参与多边贸易的决策过程问题、中国如何应对贸易与气候变化的问题，以及援助政策与国际发展的问题。

随后，前中国常驻世贸组织代表团大使、中国世界贸易组织研究会（CWTO）会长孙振宇先生在演讲中强调了 2011 年的重大历史意义，这一年不仅是中国共产党成立 90 周年，又是辛亥革命胜利 100 周年，还是中国加入世贸组织 10 周年。

孙大使还介绍了中国世界贸易组织研究会（CWTO）。该协会作为中国国内一家权威的科研机构，在与 WTO 有关的问题领域开展科研、咨询、培训、汇编、出版发行和国际交流及合作事项。

在为期一天的交流、讨论和辩论之后，国际贸易和可持续发展中心成帅华博士为大会做了简要总结。他将各方观点汇总成了一个“SWIFT”框架。S（Strategic Value），参会代表一致认为，中国加入 WTO 是一个历史性事件，对其他 WTO 成员以及 WTO 来说，都具有重要的战略意义。W（Win-Win Outcomes），也就是双赢结果。参会代表认为，通过中国进口的增长、中国因为贸易而对全球价值链所做出的贡献、中国对外投资和吸引来华投资，以及中国不断增长的发展援助得以实现，中国和他的经济合作伙伴都从中受益。I（Interactive Integration）指的是，正如中国在履行其入世承诺，以及在争端解决机制中由规则接受者转变为潜在的规则制定者一样，中国实现了互动的一体化。传统强国和新型经济体应当缩短各自的学习曲线，从而通过真诚互动来适应彼此，并勾画出一个经济治理问题的基本蓝图。F（Forward Looking）即：面向未来。与会代表就如何加快多哈回合进程提出了“下一步工作计划”，例如早期收获、如何使得职能委员会更好地解决多哈以外议题，以如何在发展中成员方之间分享经验等。T（Tensions）代表挑战，代表紧张气氛。与会代表谈到，在国内层面（贸易增长带来的环境问题、社会动荡和金融泡沫）、双边层面（对操纵汇率的指责、对去工业化的恐惧和失业问题）以及全球层面（共同面临的气候、贫困和疾病问题等）的挑战，需要通过更多的对话、协商和合作来推进。

会议结束时，国际贸易和可持续发展中心总裁 Ricardo Meléndez-Ortiz 先生表达了对中国和全球贸易的个人观点。Meléndez-Ortiz 先生指出，中国入世的十年是世界经济发生巨大变化的十年。而中国加入世贸组织及其影响确实也是导致上述变化的重要因素。中国与 WTO 现在已经是密不可分了。

Meléndez-Ortiz 先生说，要走出多哈回合迟迟不能结束的怪圈，必须解决如何应对因变革而造成的各种紧张，包括如何将中国、其他新兴经济体、潜在力量以及新生的生产组织形式完全纳入世界经济格局。

Meléndez-Ortiz 先生建议，WTO 的向前发展需要对美欧的经济和社会构架进行有效的微调，并找出社会动荡的对策。同时，对于中国希望重新平衡地区、工业、乡村和城市之间关系、巩固社会政策和机构的策略，国际社会应当对此做出敏锐有效的反应。他说，解决问题的希望在于国际社会的通力合作，正如哈佛大学 Wilson 教授所说的，是“建立在对结果理性分析基础上的有意识行为”。一个可持续发展的未来需要强劲有效的治理制度。未来十年，中国参与到贸易制度演进的重要性不亚于过去十年。

Meléndez-Ortiz 先生补充道，中国的“十二五计划”将会成为改变游戏规则的一大因素——一旦计划中的经济和社会发展/环境目标在 2016 年得以实现，世界经济将会因为中国的参与而发生更大变化。

各方共享中国发展成果的十年*

在多边贸易体制的历史中，十年是相对较短的时期。然而，它对中国却具有重要的意义：中国已经从一个局外旁观者转变为了一个体制内参与者。更为重要的是，这一时期也见证了中国不断深化和加强改革开放的历程。

在这十年里，中国经济飞速发展，给中国人民带来了切实的利益。同时，中国经济的发展也强有力地推动了全球经济的增长，并为世界其他地区的发展提供了机会。

中国国内生产总值平均每年增长 10.5%，经济总量从 2001 年的 1.3 万亿美元跃升到 2009 年的 4.98 万亿美元，几乎扩大了四倍，由世界排名第六上升到世界第二大经济体。

与此同时，中国的家庭收入从大约 800 美元上升到 3 300 美元，每年增长 10%。超过 2 亿人口成功摆脱了贫困，并开始过上了小康生活。每年，超过 10.4% 的农村人口逐步实现了城市化。

中国已经从世界排名第六的贸易国跃升为世界第二大贸易国。中国的进口总量在过去十年里增长了 4.7 倍，不仅极大地丰富了国内消费，也为其他国家创造了大量的就业机会。2010 年中国成为日本、澳大利亚、巴西和南非的最大出口市场、欧盟第二大出口市场，以及美国第三大出口市场。2000 年至 2009 年，中国从最不发达国家进口总量每年增长 24%。2008 年以来，中国一直是最不发达国家的第一大出口市场，占其总出口的 23% 左右。

在服务贸易方面，中国的进出口总量在 2010 年分别达到了 1 920 亿美元和 1 700 亿美元，成为世界第 4 大服务贸易输出国以及世界第三大服务贸易输入国。

中国累计利用外商直接投资超过 1 万亿美元，新增 3.47 万家外资企业。外资企业对中国出口总量的贡献几乎达到了一半。

在中国对外投资“走出去”政策的指引下，中国对外投资累计达到 3 000 亿美元，每年增长 9.5%。对外投资大多以发展中国家为东道国，为之创造了新的就业机会、提高生产能力以及最新技术。

为了共同发展这一目标，中国积极参加了“南南合作”，这其中包括世界

* 易小准，中国常驻 WTO 代表团大使

贸易组织（WTO）的贸易援助倡议，以加强最不发达成员方参与国际贸易的能力。从 2010 年 7 月开始，中国对最不发达成员方向中国的出口提供了免关税、免配额待遇，涵盖了 60% 的进口产品范围以及 98.2% 的对华出口价值。此外，中国准备在未来几年内把免关税、免配额待遇的产品范围提高到 95% 。

综上所述，我始终认为中国入世带来最深刻的影响在于中国现在已经完全接受了以规则为基础的世界贸易组织精神。例如非歧视、透明度和法治等观念已不再仅仅是贸易术语，而成为公众耳熟能详的常用语。通过这一思想上的转变，中国成功地深化了以市场为导向的经济改革，提高了贸易制度的可预见性，并营造了更为良好的投资环境。正是在此精神的指引下，中国已经废除、修订以及新颁布了 3 000 多项中央法律法规和 19 万项地方法律法规。这是中国为了建立与世界贸易组织所一致的法律体系而进行历史上最大的法制改革。

没有多边贸易体制的支撑，这些成就和贡献就不可能实现。多边贸易体制给中国和世界其他国家（地区）提供了共同发展的制度保证。在金融危机中，我们看到了世界贸易组织在抑制保护主义方面不可或缺的作用。我们相信，世界贸易组织在保护世界经济复苏过程中将发挥更重要的作用。很显然，现在我们处于多边贸易体制历史上最为关键的时刻。即将在 2011 年 12 月份举行的世贸组织第 8 次部长级会议将重点讨论有关最不发达成员方这一核心问题，所有成员方为此同心协力，以便尽早实现早期收获。我们也必须继续推动以发展为本的多哈发展议程尽早圆满结束。在这重要时刻，中国将继续坚定不移，为达成这些目标而做出建设性的努力。

展望未来，中国将继续致力于改革开放这一进程。我们知道未来会有许多严峻的挑战。但同时我们也深信，只有通过进一步改革开放，我们才能迎接并克服这些挑战。

在此向各位列举一二：

未来，我们的经济将转变为消费主导型模式，这意味着我们将有更多的产品和技术进口需求。预计未来五年内，进口需求将翻一倍。

我们将鼓励更多中国企业“走出去”，给东道国尤其是发展中成员方带去资金、就业和发展机遇。在未来五、六年内，中国的对外投资将和引进外商直接投资将达到相同水平。

中国将加强同其他发展中成员方的贸易往来，未来将努力打造“南方丝绸之路”。同时，中国也愿意通过“南南合作”机制向最不发达成员方提供更多帮助。

过去的十年见证了中国与世界上其他国家（地区）如何共享发展成果。在接下来的几十年里，中国将继续保持开放，而全球其他国家（地区）也将从中受益。

中国和全球贸易治理的改革*

最近，我想到孔夫子在《中庸》中的一句话，觉得十分有趣，他说："人莫不饮食也，鲜能知味也"。对我来说，这句至理名言的意思是，对于一个事件的认识，当我们身处其中时往往不能完全品味得到，或许只有未来的史学家才能透彻地欣赏到那些划时代事件的重要意义。

纵观全球过去 30 年的历史，我认为有三个与中国有关的重要历史性拐点。一是 1978 年中国实行改革开放和推行市场经济体制；二是 2001 年 12 月中国加入世界贸易组织；三是 2009 年金融和经济危机之后中国在全球范围内显示出的全新影响力。所以，今天我们谈论中国入世，事实上这便是一个开启新纪元的事件。

2001 年 12 月 11 日，中国正式成为 WTO 第 143 位成员。中国曾是 1947 年关贸总协定（GATT）订立时的 23 个创始缔约国之一，但之后不久便退出了该体系。2001 年，经过长达 15 年艰苦卓绝的谈判，中国在时隔 50 年后重新回到了多边贸易体制。中国入世接受了苛刻的谈判条件，因为中国认识到了入世对其国内经济增长和改革的益处。正如近期陈群群（音译）等人在《亚洲发展评论》上发表的文章中所提到的，"这在一定程度上归因于中国领导人的信念——朱镕基总理认为入世是国家改革的动力，因为入世能将国内产业部门暴露在一个激烈的国际竞争和国外投资的大环境中，从而带来政府行政和治理的变革，而这些变革又将为国内外投资者注入信心、鼓励创新型中小企业进入中国市场，并为充满竞争力和活力的国际企业提供便利"。

入世加速了中国经济发展，改变了中国的经济体制，也使得中国在减少贫困方面取得了前所未有的历史性成就。开放的市场和国际贸易在改革中发挥了重要作用。对于发展中的中国，若要想完成巨大的变革，拥有一个稳定的国际环境非常重要，而这个国际环境必须具备开放的、可预见的国际市场，并且拥有可以缓解贸易紧张局势的体系，即世界贸易组织。

截至 2010 年，中国货物进出口量增长分别为 2001 年的近 6 倍。2001 年中国是世界排名第六的出口国和进口国，而到了 2010 年，中国已经成为了世界第一大出口国和第二大进口国，这种巨大变化也体现在了商业服务领域。

---

* Harsha V. Singh，世界贸易组织副总干事

这些成就伴随着中国贸易关系的多样化。与 2001 年相比，2010 年中国与美国、欧盟（27 国）以及日本的货物进出口贸易下降了 10 个百分点。这体现出中国在经济更加稳定的基础上广泛拓宽了贸易关系。中国经济的巨大容量和快速增长势头改变了经济对话的实质和内容，其影响主要有以下几个方面：

- 使得世界上出现了一股新的经济增长力量；
- 成为激励其他国家的典范；
- 在与发展中成员方相关的传统国际问题的讨论和谈判中，提高了其话语权，并因而开始对以往国际格局中的先占大国地位提出质疑。

对中国来说，履行入世承诺和义务意味着大幅度开放市场、通过 WTO 通报及 WTO 各委员会规定程序增加政策透明性，并且更多地参与国际社会的各类事务。

直到 2001 年中国结束入世谈判，其平均关税已经由 43% 下降至 15% 左右。2001 年，中国已将关税下降到了 WTO 约束水平，使其最终简单平均约束关税税率降为 10% 。中国还做出了大量的非关税承诺，其服务贸易承诺比大多数乌拉圭回合谈判成员更为宽泛，在增加政策透明度方面也做了大量通报工作。

中国参与 WTO 事务的过程经历了不断的演变，由原来只注重学习程序的保守性参与，演变为更加积极地参与。中国曾先后 79 次作为第三方参与到 WTO 争端解决机制中，成为以第三方身份参与该机制最频繁的 WTO 成员，这一点体现了中国对程序性学习和全面整体利益的关注。

正如经济危机后世界对中国经济刮目相看一样，我们看到一个更加活跃的中国出现在多边贸易体制中。这意味着中国将更集中地参与解决 WTO 各成员关注的问题以及新出现的重大争端。

那么这些对于世界其他地区和国际贸易意味着什么呢？中国是将经贸活动中心引力转向亚洲的关键因素，也是导致世界格局发生改变的关键因素。中国的发展过程贯穿着科学技术基础的发展，中国向世界展现了产品和技术的新水平，比如在电信和太阳能科技方面的发展。随着时间的推移，我们看到一些企业不仅在中国设立，而且开发出了能够更好适应中国市场的产品和技术。生产流程在适应和充分利用供应链机遇的同时，也促进了许多新价值链的诞生。

中国经济增长的影响力直接或间接地刺激着其他发展中成员方致力于从国际贸易中寻求发展机遇。这使“南南贸易”得以更快增长。对自然资源的强烈需求改变了国际贸易的潜在模式，并且增强了自然资源供给国在国际经济关系中的重要性。许多供给国也在多边贸易体制中寻求更公平的规则，随着时间的推移，这些关注会变得越来越强烈。欠发达成员方对技术和贸易援助的需求日益增大，这些援助可以使其从国际贸易体制中获利。多边机制下的技术援助体制有利于促进全面合作，包括中国在内的经济强国应对此予以高度重视。

伴随着以上所提到的发展，涉及众多国家（地区）、利益集团、多项货物和服务等的、更为复杂的贸易关系出现了。这些进步也使得我们更加紧密地联系在了一起，体现出良好的国际治理在应对共同关切时的重要性，因为：

1. 许多成员方认识到国际贸易中蕴藏着更多机遇，因而更加密切地关注其他成员方影响国际贸易的政策。这些成员方还期待其他成员方在推动增加贸易机会的进程方面做出更大的贡献；

2. 我们有必要解决由于大国格局转变和拒绝进行产品生命周期动态调整而引发的难题，而产品生命周期往往是贸易模式的决定因素；

3. 各成员方已经开始关注贸易政策中传统政策措施体系之外的因素；

4. 国际贸易体制中就业、环境、食物价格以及公正性等因素在国际贸易全球治理进程中的地位逐渐显现；

5. 尽管贸易谈判往往更基于对本土有限生产能力的考虑，贸易却越来越频繁地通过跨国投资关系、技术革新和价值链交互而实现。

多哈回合谈判已经取得了较大程度的进展，也将很多议题摆上了日程，但以上提到的这些因素在一定程度上造成了谈判僵局。目前各成员方的国际贸易更多依赖于自由贸易区，但很多问题是自由贸易区无法解决的，而只有多哈回合谈判才能做到。此外，在这个供应链的时代，自由贸易区只占有部分供应链，因此只会使得情况更复杂。各类不同的原产地规则带来了种种困难，对中小型企业尤为不利。最终，我们仍须努力实现自由贸易区主要原则的多边化。为此我们有必要确保一个强有力的多边贸易流程。多哈回合谈判的成功是实现多边化努力的一部分。

现存谈判中表现出的差距和压力对全球贸易体制的主要参与者具备不同含义。谈判参与者需要找到一条途径来更有效地促成各方参与，并加强决策流程从而达成更明确的结果，这样的话，多边贸易体制这一重要的公共产品才能得以改进并历久弥新。因此，我们需要尽快行动，世界贸易和投资在现行的机制中仍会继续增长，但该机制中存在的不公需要通过像多哈回合这样的多边谈判来解决。如果现在各成员方不关注这些问题的话，那么随着时间的推移，全球发展将有可能产生更多的问题和矛盾，并侵蚀该机制的价值，我们已经看到，多边贸易体制使中国发生了翻天覆地的变化，同样的，21 世纪将见证更多其他成员方可能发生的巨大变化。

中国有句名言：千里之行，始于足下。长达15年的入世谈判是一段漫长的旅程，中国很出色地走完了这个道路。如今中国人民再次踏上一个更长的征程，就是建设现代化的中国，在巩固多边贸易体制的同时，也将有助于世界和平与共同繁荣。我祝愿中国以及其他所有成员方能够圆满实现重大目标。

多哈回合谈判中的中国*

在评价中国对多哈回合谈判所产生的影响时，从不同的角度出发，我们可以得出看似相互矛盾的两种结论。一方面，我们可以假设，谈判陷入僵局，是不是很大程度上要归咎于中国在一系列重要部长级贸易会议上的举动。据我的研究结果显示，这一假设显然是不成立的。然而，从另外一种角度看，我们也可以从一个更为主观的角度设问：中国在谈判过程中是否可以表现得更为主动，是否应该做出更大妥协，从而避免多哈回合谈判走向失败？我对这个问题的答案是肯定的。

乍一看，上述两种结论显得很不一致。事实上并非如此，因为中国在多哈论坛中扮演的角色可以、也应该从不同的角度加以审视。

谈判桌上的中国

看待这一问题最简单也是最直接的方法，就是考察中国代表在谈判桌上的实际行动，特别是他们在最终以失败告终的 WTO 部长级会议上的实际行动。就这点来说，一切证据都清楚地表明中国几乎不应该受到任何指责，至少也肯定比其他 WTO 主要成员所应承受的指责少得多。

在多哈回合谈判的前期谈判中，中国的角色相对被动，这在当时的情形看来也是可以理解的。中国当时刚加入 WTO，就像“街区里新来的小孩”，并且公平地说，中国刚刚为入世做出了大量让步。必须提及的一点是，作为入世的代价，中国所同意做出的开放市场承诺其名目之多远远超出了其他新进 WTO 成员。而且，中国的入世之路相当艰辛，有时甚至可以说有些欺人太甚——最典型的例子是 1999 年 4 月时任中国总理朱镕基的华盛顿一行，当时大家都志在必得，但入世希望最终被时任美国总统的比尔·克林顿所破灭。虽然如今回忆起来当时可以要求中国作出更多让步，但中国认为它对美国的过分要求已经让步够多了。

不管怎样，在多哈回合谈判的早期，中国并不是 WTO 核心成员，在一直困扰多哈回合谈判的争议焦点问题上也没有太多的利害关系。只要简单回顾一下历次以失败告终的会议即可昭然：例如，2003 年 9 月坎昆部长级会议上，

---

* Paul Blustein，布鲁金斯学院研究员

WTO 成员之间的基本分歧一个是所谓的新加坡议题（一个将 WTO 规则延伸到企业投资和政府采购领域的提议），另一个就是美国棉花补贴问题。虽然中国在这些问题上都有自己的看法，但当时反对新加坡议题的主要是其他发展中成员方，而撒哈拉以南非洲国家才是美国棉花补贴的真正受害国。

另一次最终以失败告终的重要会议是 2006 年夏天在日内瓦举行的部长级会议，这次会谈主要涉及美国与欧盟有关欧洲农业市场开放的问题。2007 年，在德国波茨坦举行的会议仍然未能修和这一问题，而此次会议甚至都没有中国代表出席；只有“G4 集团”（美国、欧盟、巴西和印度）的部长出席了会议。

2008 年 7 月在日内瓦举行的部长会议上，中国受到了严厉批评，会议在长达 9 天 9 夜的喋喋不休的讨价还价后仍然没有达成协议。多家媒体在报道有关这次会议的新闻时都将中国、印度以及（至少在少数报告中）美国描述为主要搅局分子。[①] 因此，这一插曲值得深思。

2008 年 7 月会议

简单回顾一系列重大事件对于认识当前形势是非常必要的。开始一连几天谈判没有任何进展，所以到了第五天也就是周五，WTO 总干事帕斯卡·拉米（Pascal Lamy）亲自上阵了。他列出了一份一页长的条款，其中包括他认为有可能被 WTO 主要成员在小范围内所接受的条款；他希望一旦这些条款被主要成员接受，其他成员也会随之接受，这样一来，所有问题也就迎刃而解了。这里的小范围成员即所谓的“七国集团”（G7），中国时任商务部部长陈德铭也在其列，这对于中国来说是具有历史意义的首次参与。然而，在一阵激动过后，Lamy 的提议在七国集团的争论中彻底失败。美国公开指责中国在首先接受提议后又食言，而各大媒体则力挺这一说法。“中国想要成为核心成员中的一员，”《国际先驱论坛报》引用了一位匿名美国官员的话说，“他们成功了，他们答应了这一提议，而现在却想反悔”。[②]

这是一项极其严厉的指责，不仅于事无补，而且不怀好意。那么该项指责是否有用？根据对七国集团多位与会人员和 WTO 秘书处工作人员的采访来看是两败俱伤（后者负责事后的会议记录）。[③]

---

① “就全球自由贸易问题，中国投了让人失望的否决票”，华盛顿邮报，2008 年 7 月 30 日．

② “美国在贸易谈判中猛批中国和印度”，国际先驱论坛报，2008 年 7 月 29 日．

③ Paul Blustein. 最惠国的困境：受挫的自尊、膨胀的野心，以及世界贸易体系大混乱．纽约：公共事务出版社，2009：第 13 章；Blustein. 最惠国的九日困境：WTO 多哈回合谈判何以在 2008 年 7 月以失败告终．布鲁金斯研究所，http：//www. brookings. edu/ ~ /media/Files/rc/articles/2008/1205_trade_blustein/1205_trade_blustein. pdf.

最初当拉米将他的提议展示给七国集团时，中国商务部部长陈德铭和其他贸易部长对多个条款提出了异议，并且对其中难以理解的措辞部分表示了保留意见。然而，他并没有断然拒绝；唯一直接拒绝的是印度贸易部长 Kamal Nath。虽然依据 WTO 协商一致的决策传统，印度的直接反对已经导致否决了提议，但 WTO 仍旧寄希望于撇开印度，等其他成员方达成一致后，印度最终也只能迫于压力而接受。美国贸易代表 Susan Schwab 对这一提议也有所保留，但是根据会议记录，她是这么说的："作为一揽子交易，我们可以接受这一提议……绕过印度其他问题可以迎刃而解。我们应该尽可能坚持这一提议，成功结束谈判。"

然而，当会议进行到 7 月 26、27 日，也就是周末的时候，美国私有部门代表——来自美国工业以及农业集团的说客和行业协会高级管理人员已经按捺不住了，因为他们认为拉米的提议根本不可能保证国外市场对美国产品足够的开放程度。周六早上，他们中有许多人集结在日内瓦地标性建筑日内瓦宾馆大堂，群情激愤地要求抵制拉米的一揽子条款。其中一个人这样说道："现在最好的结果就是让整个提议夭折"。他们将这一信息传达给了有影响力的国会议员，其中最著名的就是时任参议员财政委员会主席的参议员 Max Baucus（蒙大拿州民主党议员），他进而从华盛顿致电正在参会的 Schwab，向她传达了这一信息，表示这一提议绝不会获得国会同意。Schwab 当时的回答是，如果再给她一些时间，她可能会为美国争取到更有利的条款，从而获得国会认同。

周末，由 Schwab 派遣的一个谈判小组与中国常驻 WTO 代表团进行了协商。因为她相信，是否能使庞大的中国市场进一步开放可能对提议的成败具有决定性作用。因此，她的谈判小组向中国提出，让中国承诺削减棉花关税（或者更确切地说，要求中国承诺将棉花清除出可免于深度关税削减的产品清单）。并且，他们还要求中国做出一系列其他让步，这些要求中政治敏感度最强的莫过于要求中国承诺继续进行有关削减化工、机械等特定产业部门的关税谈判。这些要求原本未包含在拉米提议中，事实上，它们只不过是 Schwab 用来说服美国国会的"甜点"罢了。

这些要求都被一一拒绝了。中方谈判人员指出中国棉农大部分都来自中国西北部少数民族地区，处于赤贫状态；换句话说，任由这些棉农参与同国外市场产品的激烈竞争在政治上是不可接受的。关于中国化工、机械等产品的工业关税削减的要求也被拒绝了，因为作为 2001 年入世的条件，中国在这些产业已经做了大幅度的关税削减，而且当时 WTO 已经承诺中国无需承受进一步的大幅度关税削减。

这样一来，Schwab 想要通过上述举措在美国农业和工业集团中激起热情的希望全部落空。之后，原本急于达成协议的美国谈判代表团，也开始在诸多需要妥协才能达成一致的问题上变得强硬起来。

如果中国同意美国提出的一系列让步要求的话，这次会议是不是可以因此免于失败呢？或许存在这种可能，但重要的是，我们必须意识到这些减让要求都只是“附加条款，”而并非拉米提议中所包含的条款。换句话说，从道德立场上看，美国无权指责中国对于该项提议“置之不理”。如果真有谁应该受到指责的话，那么也是美国，因为美国在兜售拉米的提议之后又要求中国做出进一步让步，并将这些要求作为提议的一部分，一旦中国拒绝，美国则“置之不理”。

中国对出口市场产生的影响

以上几点可以解释我的观点，即不应将多哈回合期间数次部长级会议失败的主要责任归咎于中国。此外，仅仅以这样的标准来衡量中国在多哈回合谈判中的作用过于狭隘。反之，应该从更广的层面来看待这个问题。

可以毫不夸张地说，中国在多哈回合谈判中最重要的作用并不是体现在谈判桌上，而是体现在其产品生产现场，换句话说是中国竞争力的不断提高促进了商品出口的巨额增长。2001 年，在中国成功入世，也就是多哈回合谈判启动的同时，中国的商品出口总额为 2 660 亿美元；而到了 2010 年，这个数字达到了 1.6 万亿美元。中国的 WTO 成员身份使得外资企业更加愿意投资中国，并且把中国作为他们最主要的生产基地。这也使中国获益良多，因为随之而来的是中国人民生活水平的不断提高，全世界也从中受益。但遗憾的是，这对多哈回合谈判却非如此。

相反，中国在出口市场上取得的巨大成功却让谈判桌上的其他成员感到忧心忡忡，特别是巴西、南非和印度尼西亚等中国在发展中世界的表面同盟。这让他们更不愿意放开本国的货物市场，而这也成为了多哈回合谈判最大的绊脚石。

这种情结有时竟成为了一些公开谈判场合中的主题。例如，在 2007 年的波茨坦会议上，巴西外长 Celso Amorim 面对美国、欧洲外长要求巴西等国降低工业产品的关税时曾这样回应，“这么大的问题我们可不能只与美国、欧洲商量”，因为那样会冒着“巴西非工业化”的风险。他指出，巴西应保留“与中国商量的政策空间”。[①]

这一问题最具争议性的一点是中国的汇率政策问题。许多经济学家认为这是中国商品在出口市场上获得成功的主要原因。事实上，今年五月由华盛

① Blustein，《最惠国的困境》，第 11 章 .

顿 Peterson 研究所公布的一份颇具挑衅意味的报告中，把人民币币值的低估作为多哈回合谈判遇到困难的主要原因。他们认为，正是由于这个原因使得其他发展中成员方在削减产品关税问题上显得不够积极。[1]

在我看来这些说法显然不免夸大其辞。巴西、印度尼西亚、南非和其他同类成员方不会仅仅因为汇率问题而担心与中国竞争。即便如此，这也不是使那些成员方在多哈回合谈判中对于货物贸易问题采取强硬立场的唯一重要原因（Peterson 研究所的报告中显示的一些数字表明，中国商品出口大幅度增长的领域正是进口国关税保护最高的领域。这就使得新兴市场经济体更不愿意削减货物贸易关税，因为他们会担心本国企业可能被彻底逐出市场。这一观点未必成立）。

总结：中国应该做得更多

根据以上事实可以得出以下结论：虽然仅凭在多哈回合谈判一些重要会议中出现的一些失误而责怪中国谈判代表有失公允，然而，中国也的确应该为谈判的成功做出更多努力，特别是在谈判最后的关键阶段更应如此。下面通过两点来论证我的观点，我想这些观点虽说不能让所有人心服口服，但是中国决策者们肯定不会置之不理。

首先，按照现在的情况来看，如果多哈回合谈判彻底谈崩，或者以略好的“多哈缩减成果”的结局告终，那么其后果如何？虽然大家各执一词，但是我认为果真如此的话，这将给 WTO 带来极其消极的影响。虽然 WTO 整个机构还不至于一夜之间土崩瓦解，但如果 WTO 丧失其作为谈判核心的地位，那其执行规则和争端解决机构的威信力也将面临挑战。哪个国家最需要一个健全的 WTO 并在其倡导下建立一个强有力的多边规则体系呢？不言而喻，答案是中国。

其次，许多重要的观察家已经开始越来越质疑中国入世的正确性，换句话说，他们认为中国也许是在“置 WTO 于死地”。[2] 他们列举了中国的自主创新计划，以及中央通过地方政府与企业间以暗箱操作方式给予一些国有企业的补贴。这些指责显然有点虚伪，因为美国和欧洲在金融危机中也对其大型汽车公司给予了大规模的救济，他们反过来指责中国对本国企业的补贴显然是站不住脚的。此外，也有人质疑中国的某些做法是否合法。其中的一个

---

① Aaditya Mattoo，Frands Ng 以及 Arvind Subramanian. 绿屋里的大象：多哈回合中的中国．政策摘要 11－3，Peterson 全球经济研究所，2011 年 5 月 http：//www. piie. com/publications/interstitial. cfm? ResearchID＝183.

② Susan Ariel Aaronson. 中国是在扼杀世贸组织吗？. 国际经济，2010；亦可参考 Claude Barfield 的博客，“中国应留在世贸组织吗？” http：//blog. american. com/2011/03/should-china-be-in-the-wto/.

例子是 2010 年中国因为与日本在一连串岛屿问题上发生了争端，从而终止了对日本的稀土出口。如果像中国这样的大国仅仅因为地缘政治问题就对他国发起经济战争的话，那么这个基于规则的贸易体系能否持续运行下去就值得怀疑了。

许多中国学者认为这些担忧是片面而有失公允的，而且欧美许多贸易领域的学者也持相同的观点。但即便如此，这样下去只会导致民众进一步失去对 WTO 的信心，而中国决策者们对此坐视不管显然有失明智。中国采取一切积极措施以使 WTO 的权威性免于受损符合中国的国家利益。因此，中国应该尽力提高多哈回合谈判的成功机会，尤其是在多哈回合已接近达成中期结果时更应如此。

不仅是中国，所有国家无论大小都应在多哈回合谈判中敢于担待，也皆须承担谈判失败、WTO 被弱化的严重后果。比起其他成员方，中国会更多地因为没有努力维护 WTO 而后悔，因为不仅中国过去的辉煌依赖 WTO，而且它将来的繁荣也离不开 WTO。

履约、影响和前瞻*

中国加入世界贸易组织（WTO）已逾十年。中国入世对 WTO 及其他成员有什么影响？中国和其他成员因此面临了什么样的挑战？在接下来的十年，中国和 WTO 的前景如何？这些问题经常会浮现在人们脑海中，我本人自去年底离开日内瓦后一直试图寻找出答案。

中国经过持续 15 年的艰苦谈判，付出了巨大的努力才得以签订了中国加入世界贸易组织法律文件。协议中明确规定了中国的权利和义务，其中一些条款甚至带有歧视性质。国内一些学者对这些条款不敢苟同，因而责备中国政府接受了这些歧视性条件。受到特别关注的还有国内农业和汽车产业，担心这两大行业的产品难以抵挡与进口农产品和汽车的竞争。

中国并不是唯一在入世后面临挑战的成员方，其众多贸易伙伴也表达过同样的忧虑。中国在某些行业的竞争优势将如何影响其出口？中国如何履行其承诺？中国是否会遵守 WTO 规则？中国在反对贸易保护主义的斗争中将扮演什么样的角色？中国在多哈回合谈判中将如何表现？人们一直在思考这些共同关注的问题。中国入世已达十年，我们很欣慰地看到中国的成员资格创造了一个双赢的局面。总的来说，中国成功地融入了国际社会，并在 WTO 起到了积极的作用。所有成员都从贸易增长和经济发展中获益匪浅。

过去十年中，中国是如何履行入世承诺的？

中国政府在入世后，首先完成的是认真履行了入世谈判中做出的承诺，这绝非易事。由于并非所有人都对入世谈判结果满意，因此国内阻力巨大。尽管承受着这样的压力，中国仍毅然根据时间表削减了 5 000 余种产品的关税，过渡期过后，平均关税从 20 世纪 90 年代初期的 43.2% 下降到了 9.8%。大豆税率就是其中的一个典型案例，其关税从 60% 直降到了 3%。尽管在考察中国承诺执行情况的过渡性审议（Transitional Review）中，一些成员抱怨中国知识产权保护力度、技术性贸易壁垒（TBT）和卫生和动植物检疫措施（SPS）的标准过低，但是对于中国履行关税削减承诺却不存在异议，只有汽车零部件关税是个例外。而事实上，中国入世后已经将汽车关税从 200% ~

---

* 孙振宇，中国世界贸易组织研究会（CWTO）

250% 降到了 25%，并将汽车零部件关税从 100% ~150% 降到了 10%。为防止进口商通过全散件组装（Complete Knocked Down，CKD）形式或半散件组装（Semi-Knocked Down，SKD）形式进口汽车零部件进而组装成整车进口，并以缴纳汽车零部件关税来逃避进口整车关税，中国海关采取了相应措施，而主要申诉也因此而起。中国遵守了争端解决机制关于汽车零部件的规则，现在已经成为世界上最大的汽车市场。

在服务贸易的市场开放承诺方面，中国采取了所有相关措施确保将 160 个分目录中的 100 多个对外开放，外资在许多企业中可以持有多数股权甚至完全独资。在诸如电信、保险等最敏感的行业，中国允许中外合资经营中外资所占股份比例达到了 49% 和 50%。在考察中国履行承诺情况的过渡性审议中，大部分抱怨已经超出了中国入世谈判中做出的承诺，或者涉及服务业进一步开放，而这些问题应该在多哈回合中得到解决。

知识产权保护是许多发达成员方在中国入世谈判中极为重视的一个议题。中国为保证国内立法与国际准则接轨做出了巨大努力，并且已经加入了所有重要的保护知识产权的国际公约。在过渡性审议中，一些成员提出了知识产权保护的执行问题，这是一个不仅令中国也是令全世界政府头疼的问题，没有成员方敢宣称其在知识产权保护力度方面已经尽善尽美。中国直到 2005 年才有了第一部保护无形私有资产的法律，标志着中国向着正确的立法进程迈进了一大步。关于执行问题，中国的实践独一无二。中国除了像其他成员方一样允许知识产权人可以采取司法程序保护他们的权利外，还采取了额外的行政手段保护知识产权，设置了 50 万名地方人员，对侵权人监督并征收惩罚性罚款。随着越来越多的中国企业拥有其自己的注册专利和商标，以及全社会对知识产权保护重要性的意识不断提高，中国的知识产权保护状况到将会进一步得到完善。

对于中国来说，清查并修订国内贸易法律法规是履行承诺过程中最艰难的一步。为了保证所有的贸易法律法规与 WTO 规则一致，中国国务院下设了一个特殊机构，所有的相关国家部委都派员参与。该机构审查了 2 000 多部中央级法律、法规，并废除了 500 多部与 WTO 规则不一致的法律、法规，其他许多法规在此过程中得以修订，加上地方性法律、法规，一共审查了超过 90 000 个法律、法规。这在中国是史无前例的，对于任何一个国家来讲也都是困难的。比如，我们都知道对于美国国会来说，修正其现行法律法规的任一条款是多么的困难。

如果没有国家领导人的坚定政治意愿和国务院的具体措施就无法取得以上成就。为履行入世承诺，中国召集全国所有部长和各级官员，举办了长达一周的 WTO 规则培训项目。时任国家主席江泽民和国务院总理朱镕基出席了开幕式并发表了重要讲话。在北京、上海、深圳和中国其他城市都设立了WTO 事务中心，借以开展 WTO 规则研究、为企业和当地政府官员提供培训、促进地方立法以及加强对贸易救济和争端解决案例的研究。2002 年，有超过 3 000 多种有关 WTO 及其规则的不同类型书籍出版发行；2003 年举办了全国性的 WTO 知识竞赛，参与人次达 500 万。中央电视台现场直播了竞赛最后决赛，冠军前往日内瓦与素帕猜先生及秘书处人员会面，并在中国驻 WTO 代表团举行了庆祝活动。

中国入世对 WTO 及其他成员的影响

不言而喻，中国入世后获益良多。在过去十年里，中国保持了经济高速增长，成为世界第二大经济体和最大出口国。同时，所有其他 WTO 成员也从中获取了巨大利益。这里，将重点强调其他成员和世贸组织从中国入世中获得的利益：

1. 自中国入世以后，中国成为了促进世界经济增长的动力。随着其出口逐年迅速增长，中国进口也不断增加，中国现在成为了一个年规模达 1.2 万亿美元的市场，仅次于美国。许多 WTO 成员从中国的经济增长中获益，特别是东盟（ASEAN）和东亚经济体，其与中国的贸易都维持顺差。

2. 中国入世使得 WTO 成为了一个名副其实的国际组织。缺少了拥有 13 亿人口和作为主要贸易国家、拥有巨大市场的中国，WTO 是不完整的。在中国入世之前，流行着这样一句话："中国离不开 WTO，而 WTO 也离不开中国"。世界上五分之一人口参与到 WTO 事务并遵守其规则，会使得这个组织更加强大、更具普遍意义和权威性。

3. 作为一个重要的发展中成员方，中国在 WTO 中的地位提高了发展中成员方的话语权和影响力。诸如订立《布莱尔大厦协议》时那样，少数主要发达成员方确定基调、其他成员被动接受结果的日子一去不复返了，中国加入 G20 和 G33 等农业组织，以及中国对最不发达成员方、非洲、加勒比海及太平洋地区国家、非洲联盟和其他联盟合法地位的强大支持，使得 WTO 成为一个利益趋衡的组织。这就确保了 WTO 做出的任何决议都是有利于发展的。WTO 应当致力于缩小各方之间的贫富差距，并且创造一个有利于贫穷成员方快速发展的环境，最终建立一个更安全、更稳定和更繁荣的世界。一个保护发达成员方利益、仅代表发达成员方意愿而忽视发展中成员方，特别是最不发达成员方声音的决议，将会导致贫穷国更穷、富国更富，贫富两极进一步分化将成为影响世界的噩梦。

4. 中国积极参与 WTO 争端解决实践，按照争端解决的规则行动并且尽最大努力与专家组和上诉机构制定的争端解决方案保持一致。争端解决机制被喻为 WTO 皇冠上的明珠，并因此使得 WTO 区别于其他国际组织。中国的积极参与提高了争端解决机构的权威性，借以保证一个公开、公平和稳定的贸易体系。虽然仍存在进一步提升的空间，但争端解决机制整体上运行良好，并且应该进一步加强其影响力。

5. 中国继续坚持改革开放的政策促进了世界经济的繁荣。作为 WTO 的一名新成员，中国随时虚心候教。贸易政策审议程序给予了中国听取其他成员评论和申诉的机会，帮助中国认清了需要进一步改革和改善的领域。同时，通过其他成员的贸易政策审议，中国从中学习了成功经验、吸取了挫折教训。中国最近集中扩大内需、鼓励出口，并鼓励中国企业在接下来“五年规划”中走出去进行海外投资，这无疑对于 WTO 成员来说是个好消息。

6. 作为一个发展中成员，中国一度是一个接受国外援助的主要国家。同时，中国也是一个向许多贫穷的非洲、亚洲、拉丁美洲等成员，特别是最不发达成员方提供援助的国家。入世之后，中国大大增加了对其他发展中成员的援助，设立了包括中非论坛、湄公河三角洲次区域合作等在内的许多项目。中国积极改善亚洲、非洲和拉丁美洲国家的基础设施，帮助其建设学校、提供医疗服务和农业项目技术援助。中国已经履行了对最不发达成员免除关税和免除配额的义务。中国近期发表的对外援助白皮书就是对上述领域贡献的最好证明。

中国面临的批评

必须承认，现状并不尽如刚才描述的那般美好。在现实世界中，任何事情都不可能是完美的。中国入世确实给 WTO 所有其他成员带来了挑战。我在日内瓦任职期间，特别是在贸易政策审议和过渡性审议过程中曾听说过不少对中国的不满。最常见的包括人民币汇率、政府采购中“购买国货”政策、鼓励自主创新政策、出口关税和出口限制，以及针对中国企业的补贴等问题。本文就以上不满谈几点看法，并尝试探究其背后的原因。

1. 人民币汇率问题。国际货币基金组织（IMF）是有关汇率问题的权威机构。中国央行采取的政策目的在于保持人民币币值的稳定，从而促进贸易和投资。政策试图防止所有扰乱贸易和投资活动的大幅度币值波动。这就是为什么中国央行在亚洲金融危机期间能够抵挡住国内人民币贬值的压力，同时，这也是过去几年里中国央行抵挡住国外要求对人民币重新估值压力的原因。现在争论的焦点在于人民币何时转变成可自由兑换的国际货币。我相信虽然这可能是一个复杂而漫长的过程，但中国央行正在朝着这一方向努力。

2. “购买国货”政策。中国尚未加入《政府采购协议》。一旦中国加入该协议，“购买国货”政策将就此失效。对此已经进行了多轮谈判，中国也曾在多个场合不断完善其提议。我相信成员会进一步努力加快谈判的进程，同时希望美国、欧盟和其他提出请求的成员更加现实，不要让追求完美成为阻碍。漠视谈判桌上已经给出的优惠条件意味着最终将失去一个达成协议的良机。

3. 关于自主创新。对中国鼓励自主创新的政策目前存在一些误解。中国人非常善于学习，而且学习的速度也很快，但是在创新和创造性方面可能存在不足。因此，政府鼓励本地居民和企业的创新和创造精神无可厚非。这一政策并不排除在华经营的外国公司，他们也被当做本土企业来对待，其创新被视为本土创新，并享受同等的待遇。外商投资企业期望在各个方面得到国民待遇是合法要求，中国政府也一直致力于此。

4. 关于出口关税和出口限制。中国限制出口焦煤、稀土以及其他商品的政策已经受到一些成员的指责。然而，中国政府除了实施这一政策，别无选择。由于落后的开采技术，焦煤和稀土生产过程中造成了严重的环境污染和消耗了大量能源，而这些都是可用尽资源。例如，中国稀土总储量仅占全球的 30%，但其稀土出口已达到世界贸易总量的 90%。中国采取限制措施的同时，坚持遵循以下原则：（1）采取措施以减少国内生产和国内消费；（2）鼓励其他国家提高国内生产，增加市场份额；（3）寻求与其他国家的技术合作，从而在生产过程中保护环境和提高能源效率。

5. 关于为中国企业提供的补贴。补贴是一个非常复杂的问题。从理论上讲，补贴与世界贸易组织主要发达成员多年所极力主张的贸易自由化原则背道而驰。然而，在实践中，他们每年都为其农产品、工业产品提供巨额补贴，例如飞机补贴，以及经济危机时的银行业补贴。但事实上，谁才是在经济发展的道路上真正需要更多补贴的成员呢？当然是发展中成员。当发达成员多年来利用政策空白，而发展中成员试图效仿他们时，他们却说：对不起，这违反了 WTO 的规则。我相信，关于补贴的争论将在 WTO 内持续下去，未来的法规和规则应该考虑到历史渊源、日益增长的需求和发展中成员的关切。仅采取“过河拆桥”的方法将无助于保持世界平衡。

对于中国及其贸易伙伴的未来展望

未来十年的前景是什么？我个人有以下期望：

1. 在接下来的十年里，中国将成为一个更加活跃的成员。入世十年后，中国已经学到了很多，并培养了更多有足够经验的专业人士来支持其在 WTO 事务中的表现。在 WTO 所有今后的活动和谈判中，可能会有更多来自中国的提议或来自中国和其合作伙伴的联合提议。

2. 作为 WTO 的主要参与者，中国将承担更多责任。然而，中国所承担的责任应当与中国目前的经济发展水平相一致。期望将中国、印度和巴西视同发达成员来对待，那是不切实际的。这不仅因为中国的人均 GDP 只有 4 000 美元，大约只有发达国家平均水平的十分之一，也因为在教育、科技、经济和产业机构、环境状况、社会保障、医疗安全网络等问题上中国与发达成员存在着巨大差距。数量庞大的农村人口和每天生活在 2 美元水平以下的 1.5 亿贫困人口使得要求中国承担与发达成员相同责任与义务的期望变得不合理。这是中国将坚持的一个基本原则，没有商榷的余地。

3. 中国会继续改革开放政策吗？答案是肯定的。这体现在中国目前的“五年规划”中。我个人不相信此项基本国策会有倒退或者与之背道而驰的导向。150 年前的晚清时局和 20 世纪“文化大革命”的经验已经证明，中国没有其他选择。中国将继续坚持开放政策和在社会、政治、经济及其他领域的改革。唯一的问题是改革的速度。改革不可能在旦夕之间完成，也不会是个一帆风顺的过程，因为改革涉及社会利益的再分配。中国的进一步开放将有助于这一进程，来自 WTO 等国际组织和贸易合作伙伴的压力也被视为推动国内改革的动力。

4. 中国将继续在多哈发展议程和今后所有谈判中发挥积极作用。作为一个主要贸易国，中国将继续保持作为多边贸易体系的坚定支持者，将为推动多哈回合进程做出与自己经济发展水平相一致的贡献。在未来谈判中，中国将就目前所有成员普遍关注的问题与其他成员共同合作。中国并不是自由贸易协定和区域贸易协定的坚决拥护者。中国更专注于通过多边协议来确保 WTO 的良好运行。然而，既然多哈回合谈判不会很快结束，其他成员也都忙于各自的自由贸易协定和区域贸易协定谈判，中国除了致力于自己的双边和区域协议之外别无选择。我相信这种趋势将会通过尽快结束多哈回合谈判以及之后可能开启的新一轮谈判得到抑制。

5. 中国充分认识到，作为世界第一大出口国，将不得不面对来自其贸易伙伴的贸易保护措施和争端解决案件。中国已经从过去 10 年的实践中学到了很多，在应对这种挑战时也更加成熟。中国很高兴能在 WTO 的规则框架下处理这些案件，也会努力避免案件政治化的可能性，并试图了解其贸易伙伴的国内政治形势。同时，中国将采取与 WTO 规则相一致的措施来捍卫自己的经济利益。中国将尽其所能，力保多边贸易体系的正常运行，并尊重争端解决机制的权威性。

6. 作为一个发展中国家，中国将继续与巴西、印度、南非、阿根廷及其他新兴经济体密切合作，努力使 WTO 成为一个更友好发展和更平衡利益的国际组织。我们将继续与最不发达经济体、弱小经济体、非加太国家集团、非洲集团和其他发展中国家集团紧密合作，并支持他们的长期立场和需求。我相信，只要中国继续积极参加 G5、G7 或 G11 的集团，最后的决策一定是所有 WTO 成员广泛参与的结果。广大成员都有被告知的权利，无论任何形式的谈判都应该听取和考虑他们的呼声。这可能会延误最后决策的制定时间，但将保证 WTO 成为一个代表其全体成员利益的国际组织。

从被动的规则遵循者到积极的规则制定者*

根据《马拉喀什协定》(Marrakesh Agreement)，世界贸易组织有三个主要功能：贸易谈判、贸易政策审议和贸易争端解决。作为一个新加入成员，中国感到自身参与前两项活动的能力受到严重限制。其中贸易政策审议的限制源于《中国入世议定书》第 18 条有关过渡性贸易政策审议机制的规定，该条款要求中国承诺在其入世后的前八年里每年接受一次过渡性审议，并在入世后的第十年接受一次最终过渡性审议。尽管有人指出过渡性审议在审议范围和审议执行机构两方面都不同于常规贸易政策审议的规定，但事实上这些额外加诸中国的负担使中国难以正常参与常规贸易政策审议活动。另一方面，在贸易谈判方面的限制并没有那么明显。但在长达 15 年的马拉松式入世谈判历程中，当时的 WTO 成员已经从 WTO 规则的各个方面向中国施以压力，要求其做出深入、广泛的承诺。这样一来，中国在货物贸易和服务贸易上都做出了比其他成员更大的让步，而其他成员的大部分承诺自乌拉圭回合结束之后基本没有调整。因此，多哈回合开始后，中国无法像 WTO 其他大部分成员一样有效地参与谈判，因为其大部分谈判筹码已经在入世谈判过程中用尽。这也是为什么中国在多哈回合谈判上提出建议的议题只涉及一些系统性问题而不涉及具有实质性意义的市场准入问题。

与之相比，WTO 争端解决机制是唯一没有从一开始就对中国设置参与障碍的一个领域。正因为如此，很多评论家预言中国入世后，无论中国发起的还是针对中国的争端案例都将压垮 WTO 争端解决机制。然而，预言并未一语成谶，至少在入世的前五年，中国曾试图避免采取正式的争端解决措施，而只在最近五年才渐渐演变成为争端解决机制的主角。在此，本文将分三阶段回顾中国由一个被动角色到一个进攻性诉讼方的转变。

规则遵循者

从中国入世到 2006 年期间，中国对 WTO 争端解决机制保持着谨慎态度，

* 高树超，新加坡管理大学法学教授

作为一个对 WTO 规则不够熟悉的入门新手，中国把重点放在了学习规则上，而没有急于赢取某个具体案例。为了尽量避免启动诉讼程序，即使可能证据充分足以赢得诉讼，中国也常常会在申诉方提起诉讼伊始或威胁将要提起诉讼时就会尽快与其解决争端。[①] 例如，美国于 2004 年 3 月就集成电路产业增值税争端向 WTO 提出磋商请求，该争端在 4 个月后即被解决。同年，欧盟威胁将就生产钢材用原材料焦炭所实行的出口配额制向 WTO 提起正式诉讼，中国仅用两个月时间就解决了此次争端。充分体现出中国退而求全策略的事件是中美牛皮卡纸争端。2005 年 9 月，中国商务部决定对从美国进口的牛皮卡纸征收反倾销税，美国方面指责该措施违背《反倾销协议》原则。最后，美国在 2006 年 1 月 6 日星期五威胁将正式提起诉讼，中国政府在紧接着的工作日，即 2006 年 1 月 9 日星期一宣布停止对该争端涉案产品征收反倾销税。

规则利用者[②]

入世后的最初几年，为了能够更好地理解争端解决程序，中国积极以第三方身份参与到 WTO 争端案。例如，从 2003 年到 2006 年，中国以第三方身份参与了几乎所有成立专家组的争端案例。尽管作为第三方参与，中国加深了对 WTO 争端解决机制的理解，也增强了成为主要参与方的自信。

原中国常驻 WTO 代表团官员纪文华博士在日内瓦主要负责争端解决事务。在下文提到的由其撰写的墨西哥饮料案[③]诉讼技巧一文中，纪博士也提到了中国在 WTO 争端案例中采用的更具攻击性的策略。该文于 2006 年发表在《WTO 经济导刊》（一本由中华人民共和国商务部创办并主管的月刊）上，由纪博士撰写、张向晨博士（时任商务部世贸司司长）编辑。纪博士指出，该案中墨西哥与美国经历了一场艰难的博弈，但成功地赢得了该案。纪博士这样说道：

“在本案中，墨西哥自始至终在诉讼地位和法律问题上处于‘劣势’，没有强有力的法律理由，但‘不屈不挠’提出了很多‘不成理由’的理由，进行了一场‘知其不可而为之’的诉讼。”

“这种应对策略和态度，虽不值得正大光明地‘颂扬’，但却值得有节制

---

① 回顾中国在这一时期中国在 WTO 争端解决中的方法，请参见：高树超 . Aggressive Legalism：The East Asian Experience and Lessons for China. *China's Participation in the WTO.* 伦敦：Cameron May，2005：315－351.

② 回顾中国的策略转变，请参见：高树超 . Taming the Dragon：China's Experience in the WTO Dispute Settlement System'. *Legal issues of Economic Integration.* 2007：34（4）：369－392.

③ 专家组报告，墨西哥——软饮料及其他饮料税收措施案，WT/DS308/R，2006 年 3 月 24 日采纳，后由上诉机构报告 WT/DS308/AB/R 修订，DSR 2006：I，43.

地借鉴——在适当情况下和合理范围内，应考虑一些技巧，该用的时候就用，该‘强词夺理’就‘强词夺理’，该‘拖’就‘拖’。”

“作为被诉方，在抗辩上应当想出尽可能多的事实和法律理由：即使这些理由存在狡辩因素，或为增加审查难度、获取同情、分散注意力、拖延时间等目的，为了自身利益亦无不可。”

得益于这种富有启发性的全新态度，中国处理争端解决机制问题转而采取一种新方式。这一转折点开始于 2006 年 3 月，当时美国、欧盟和加拿大在汽车零部件案[①]中针对中国提起联合诉讼，他们起诉中方将一些进口汽车配件当做整车进口对待，并对其补足征收整车高关税与汽车零部件低关税之间的差额，这违背了 WTO 规则。从法律上说，这是一个很简单的案子，中国的措施很明显不合法，尤其中国还在其《入世议定书》中做出了汽车零部件进口税率低于 10% 的承诺。然而，与以往私下了结争端的做法不同的是，中国这次决定不经过一番鏖战绝不轻易认输。在接下来的两年半时间里，该案经历了争端解决机制的所有程序，从专家组、上诉机构，一直到 2008 年 11 月出台最终报告。

相同的进攻性措施也发生在其他几个案件中，特别是在与贸易有关的知识产权（TRIPS）案[②]，以及出版物和视听产品案[③]中。在这些案件中，中国试图通过尖锐的法律论证来利用、甚至“掰弯”现存 WTO 规则，并使之占到上风。这一战略不仅体现在中国所提出的广泛、夯实的法律论据上，也体现在中国对争端程序中反对权的巧妙利用中。优秀的律师都知道，尽管程序性事务微不足道，但也绝不比实质性诉求次要，如果使用得当，可以使毫无希望的案件起死回生。从中国在这些案件中的表现可以看出，中国已经很好地掌握了“巧辩”技巧。中国基于机制程序，抨击原告在争辩问题中某些证据的准入条件[④]和争议措施的确切范围[⑤]。类似的情况也出现在出版物和视听产品案中。中国就程序性问题提出的论据包括美国无法确立足以构成案件事实

① 专家组报告，中国——影响进口汽车零部件措施案，WT/DS339/R 、WT/DS340/R 、WT/DS342/R 以及 Add. 1 和 Add. 2，2009 年 1 月 12 日采纳，WT/DS339/R 确认，后由上诉机构报告 WT/DS340/R、WT/DS342/R 修订，见上诉机构报告 WT/DS339/AB/R、WT/DS340/AB/R、WT/DS342/AB/R.

② 专家组报告，中国——影响知识产权保护和执行措施案，WT/DS362/R，2009 年 3 月 20 日采纳.

③ 专家组报告，中国——影响部分出版物和视听娱乐产品贸易及分销权措施案，WT/DS363/R 及其 Corr. 1，2010 年 1 月 19 日采纳，后由上诉机构报告 WT/DS363/AB/R 修订.

④ 专家组报告，中国——影响知识产权保护和执行措施案，WT/DS362/R，2009 年 3 月 20 日采纳，第 6. 14 – 6. 37 节.

⑤ 同上，第 7. 1 – 7. 19 节.

的证据[①]、证据标准[②]，以及专家组授权调查的适当范围。[③]

规则制定者

正如前文所述，虽然作为其入世代价，中国接受了一些近乎苛刻的条款，但对于中国而言，想要通过多边谈判程序来更改这些条款是比较艰难的。如此一来，留给中国的选择只有一个：尝试通过创造性地诠释 WTO 争端解决程序向这些苛刻条款发起挑战并降低随之带来的消极影响。

从 2008 年 9 月开始，在中国申诉的 5 个案件中，有 4 个（即美国反倾销和反补贴税案[④]、欧盟钢紧固件案[⑤]、美国轮胎案[⑥]以及欧盟鞋类案[⑦]）都针对规则调整，特别是有关《中国入世议定书》的条款。例如，在“美国反倾销和反补贴税案”中，美国做出了对进口自中国的部分产品强行征收反倾销和反补贴税的决定，中国对这一决定提出了挑战。除了在 GATT、《反倾销协议》以及《补贴与反补贴措施协议》（SCM）项下提出的一般主张，中国的其他两项主张特别引人关注，以下是关于这两项主张内容的详细描述。

中国首先主张，美国未能采用适当方法确定补贴存在和量化补贴收益，因此违反了《中国入世议定书》的相关规定。《中国入世议定书》第 15 条 b 款规定，在补贴调查中，其他 WTO 成员可以“因中国国内现有情况和条件可能无法作为适当基准而另行考虑确定和衡量补贴利益的方法”。与该条 a 款允许其他 WTO 成员在针对中国公司的反倾销调查中运用替代价格相似的是，引用 b 款主要用来说明，鉴于中国的非完全市场经济地位，中国产品的价格无法体现其真实成本。但是，反倾销调查中的非市场经济地位将在中国入世 15 年后期满终止，而与之不同的是，本案中的另选基准法没有截止日期。如此一来，从理论上说，另选基准法可能在中国入世 100 年后仍继续被引用。正如前文所述，对于中国来说，通过 WTO 谈判来改变其入世条款将会非常艰难。因此，中国转而决定通过赋予一些看似无关紧要的

---

① 专家组报告，中国——影响部分出版物和视听娱乐产品贸易及分销权措施案，WT/DS363/R 及其 Corr. 1，2010 年 1 月 19 日采纳，后由上诉机构报告 WT/DS363/AB/R 修订，第 7.458 - 7.460 节.

② 同上，第 7.620 - 7.632 节.

③ 同上，第 7.63 节.

④ 美国——针对特定中国产品的限定反倾销和反补贴税，DS379，2008 年 9 月 19 日提起磋商请求.

⑤ 欧盟——针对中国特定钢紧固件限定的反倾销措施，DS397，2009 年 7 月 31 日提起磋商请求.

⑥ 美国——影响中国特定客运车和轻型卡车轮胎进口的相关措施，DS399，2009 年 9 月 14 日提起磋商请求.

⑦ 欧盟——针对中国特定鞋类产品的反倾销措施，DS405，2010 年 2 月 4 日提起磋商请求.

条款以实际效力而限制条款的可适用性：首先，作为认定补贴利益存在的基础，美国未能证明在中国使用现有情况和条件存在“特殊困难”。其次，美国未告知补贴与反补贴委员会其使用的方法。这是一种试图降低条款引用效果的明智之举。由于在本文截止日前，专家组尚未公布报告，所以本案结果尚未可知。然而，如果专家组确实要给“特殊困难”做出严格意义上的解释的话，将可能大大降低该条款的吸引力，甚至在实质上导致其失效。

第二项主张是中国认为美国违反了《反倾销和保障措施协议》相关规定，对一种产品双重征收反倾销和反补贴税。虽然同一种产品可能同时接受反倾销和反补贴调查，但在实践中，美国一直都避免同时对进口自市场经济国家的一种产品征收反倾销和反补贴税。然而，非市场经济国家无法享受同等待遇，因而遭受双重征税。GATT 第 VI 条第 5 款规定，禁止所有 WTO 成员在同一案件中向一种产品征收反倾销和反补贴税。然而，同一条款也规定此项双重征税禁止只适用于出口补贴而不涉及可诉国内补贴的情形，这样就不适用于涉案中国产品的补贴。另一方面，有人可能会提出，在某种程度上这样的双重适用会导致过度补偿，这可能会导致“较少税额规则”在《反倾销协议》和《补贴与反补贴措施协定》中的不一致。总之，这些规则的现行标准尚不明确。因此，中国希望能够澄清这些规则，或者甚至通过此案来制定新规则。由于反倾销调查中非市场经济国家地位的认定截止日期日益临近，补贴调查将会成为中国公司面临的主要难题。庆幸的是，通过在争端解决程序中对这些条款加以阐述，中国可以根据自身利益改变一些规则，以便将来中国公司遇到类似问题时能够较为轻松地应对。

同样地，中美轮胎特保案和两项中国与欧盟的反倾销案件都涉及了主张违反《中国入世议定书》中授权各类贸易救济措施的个别条款。假设专家组和上诉机构并非特别倾向于救济措施，那么《入世议定书》中模棱两可的条款的效力很有可能在将来受到严格限制。若果真如此，中国将能够通过 WTO 争端解决程序有效地改变这些规则。

前景如何？

正如我们前文所看到的，在入世后的第一个 10 年里，中国由一个不情愿的、甚至有些害怕使用争端解决机制的成员成功转型为一个愈发自信、熟练利用争端解决机制以谋求自身利益的积极参与者。这种趋势在将来能够继续吗？我认为这是很有可能的。从某种意义上说，这不过是 WTO 固有模式的一种延续：纵观 GATT/WTO 历史，几乎找不到美国和欧共体（欧盟）这两大成员的真空地带。现在，我们自然而然地也会发现中国作为下一个贸易大国也将享受同等待遇。虽然一些评论家可能会抱怨它给 WTO 争端解决机制带来额外的负担，但我认为他们应当站在一个更积极的角度来看待这一问题：将大国之间的法律博弈限定在一个基于规则的多边框架范围内起码要比通过诉诸由其掌控的单边方式要合理得多。

中国“多轨制”的贸易政策*

自 2001 年末加入世界贸易组织以来，中国发生了巨大变化。中国政府在 2009 年经济危机中通过采取宽松的财政政策和货币政策刺激经济，其投入资金几近当年国民生产总值的 45%，给中国经济带来了强劲的动力，同时使中国在经济危机后成为全球经济增长的中坚力量。世界其他国家（地区）向中国出口原材料和资本产品来支持中国的工业化进程。此外，其他一些东亚经济体出口零部件到中国组装，再销往世界其他地区。同时，越来越多的国家（地区）将成品出口瞄准了日益增长的中国消费市场需求。亚洲其他国家（地区）更加紧密地围绕在中国周围。中国在国际组织中的影响力逐渐增强，其足迹遍及西方国家以外的地区，除其自身所处的东亚地区以外，还包括南亚、中亚、非洲和南美洲地区。在过去十年里，中国已经成为亚洲的区域领导力量，以后中国将与美国并肩成为世界范围内的“大国”。经济危机后的复苏显然加快了这一趋势的演变。

目前，中国与美国、欧盟并列为全球三大经济体。过去这几年，中国政府引进了一些“国际经济规则”，向其他国家（地区）学习了相关政策、法规并建立了相应的组织机构运行机制。中国还在继续引进这些规则，但由于中国在全球市场上所占的巨大份额，中国同时也向其他国家（地区）输出具有中国特色的国际经济规则。世界对中国的政策决定反映强烈，而且甚于对“金砖五国”（BRICS）中其他四国的反响。中国占据“金砖五国”总产值的 60%、出口总额和外汇储备的三分之二，同时接受对外直接投资也占“金砖五国”的三分之一。在新兴市场里，中国独树一帜，“金砖五国”中的其他四国则处于劣势，并仍在大量引进国际经济秩序规则。

十年里的这种转型，体现了中国贸易政策条件的转变。国际贸易经济学家 Robert Torrens、John Stuart Mill 和 Harry Johnson 都预测到了这种转变。中国入世时更像世界贸易体系里的一个中小型开放经济体，视自己为“价格的接受者”，只能适应国际贸易规则，因此，中国在 WTO 做出的极具约束力的承诺促使中国将单边贸易自由化写入法规。如今中国的决策者们已经开始将中国作为与美国、欧盟并列的世界三大经济体之一，可以影响国际贸易条件与

* Razeen Sally，欧洲国际政治经济研究中心

世界贸易价格，所以中国政府将其政策的影响力由单边贸易自由化转移到互惠互利的方向上来。但是由于转型速度缓慢和规模过大的缘故，中国显然很难充当世界贸易规则、体系的制定者或者领导者的角色。这给中国及其贸易伙伴带来了一些困扰，同时产生了很多不稳定的未知因素，增大了中国成为贸易政策“搅局者”的可能性。

以上是评价中国入世十周年以来贸易政策的宏观背景。以下部分将介绍中国“多轨制”的贸易政策，包括其在WTO的参与情况、中国签署的自由贸易协议、中国的单边贸易以及外商直接投资措施。

世界贸易组织中的中国

中国的改革开放政策始于1978年，但对外开放的关键时期和席卷整个中国的工农业改造是从1994年以后才开始的。入世前的20世纪90年代，中国经历了大规模贸易自由化和外商直接投资自由化，2001年入世后中国遵照WTO承诺，又给经济自由化注入了一剂强心针。中国严格遵守WTO协议，甚至在很大范围内都超越了大多数发展中成员方的承诺。我们应当注意到，最初经济自由化的强劲势头，尤其是20世纪90年代的一轮自由化，主要源自中央领导层面，更偏向国内和单边政策。中国政府利用入世谈判这一战略契机巩固并加速了国内改革。我们更应该把中国的WTO承诺及其入世后对WTO事务的积极参与看做是中国全面改革的结果而不是原因。实际上，入世作为中国对外开放的阶段性成果，已经使其充分发掘了劳动密集型产业的比较优势，与之紧密相连的国际贸易和外商直接投资在入世后也得到了大幅增加。

同样，中国入世后的十年里有许多正面消息。相比其他大多数发展中成员方而言，由于国内改革力量及其WTO承诺的双重作用，加之中国与世界经济的融合，中国更加强烈地意识到多边贸易规则的良好运行与之休戚相关。中国已经成为WTO主要的利益相关者。它现在是WTO各常设委员会事务的积极参与方，在核心规则问题方面尤为活跃。可以看到，中国对WTO事务的参与缓和了国际贸易中纷繁复杂、近乎失控的紧张局势，这给中国快速融入世界经济铺平了道路。简言之，中国入世是WTO迄今为止最大的成功，也是自乌拉圭回合谈判以来国际贸易体制中最为重要的里程碑。这与多哈回合谈判的长期僵局形成了鲜明对比。然而，中国在WTO的表现也并非没有争议，从中国艰难复杂的入世历程就不难理解这一点。

中国践行庞大的WTO承诺，其过程非常复杂。中国已经及时履行了关税壁垒（进口关税和非关税壁垒）方面的大量承诺。但另一方面，尤以美国为主的一些成员指责中国在几个重要领域违反WTO承诺，主要涵盖出口限制、出口补贴、商品标准（包括卫生和植物检疫措施以及技术性贸易壁垒措施）、海关估价、投资措施（《与贸易有关的投资措施协议》，TRIMS）、知识产权（《与贸易有关的知识产权协议》，TRIPS）和服务贸易管制等。以上问题除出口限制以外都与非关税壁垒有关。而针对中国政府的批评，其根本问题在于其各级官员在适用法律和法规时，存在事实上过度宽泛的自由裁量权，因而使法律法规的适用具有选择性和模糊性。

在争端解决方面中国也表现得非常活跃。在入世的最初五年里中国和其他主要成员在有关中国的诉讼案件里都显得相当克制。中国政府把争端解决程序视为一种政治外交机制，在对立性的法律程序介入以前，通过这种折中和调和的方式来解决贸易摩擦。美国、欧盟和其他成员一般也尽量避免将中国告上法庭。

这种相互间的克制似乎在 2006 年结束了。自此，美国向中国发起了一系列诉讼。最近的一些案例表明中国及其主要贸易伙伴在采取争端解决机制手段方面都非常坚定有力。美国发起的诉讼直指中国产业政策以及国内相关法规的核心。而中国在应对一些案件的法律程序时也不像以前那么谨小慎微。总而言之这种现象是健康的。中国若未履行 WTO 义务，当然也要受到挑战。同时，中国也可以借此测试 WTO 争端解决的运作机制，从而不断完善与贸易相关的法律能力、维护自身权利，并且在与贸易伙伴产生摩擦时也提起诉讼。

相比而言，多哈回合谈判中的中国显然是一个被动和边缘化的成员。不采取积极措施意味着中国不会激怒发达成员方和发展中成员方，也可以避免外部压力通过加强中国的 WTO 承诺来进一步迫使其开放国内市场。但是这样中国也付出了相应代价，中国因此而不能主动追求“积极”利益，尤其是在为其制造业出口打开其他成员方市场和加强反倾销规则和其他“贸易救济”措施方面。

在 2008 年 7 月的部长会议上，中国终于在谈判中扮演了一个正面角色，但事实证明这个角色是防守性的，走的是缺乏实际意义中间路线。总之，中国的贸易伙伴希望中国更加活跃，并在 WTO 中确立联合领导地位，同时中国本身也不再甘愿无条件地遵守别人制定的规则。然而，中国在 WTO 谈判中的这种被动角色仍要继续扮演，并保持其他主要成员掌握主动性。这种模式跟国内经济自由化的减速以及中国贸易政策中的其他防守性措施，尤其是过去三到四年里的国情比较吻合。

中国及其自由贸易协议

与中国在多哈回合谈判中的被动表现相比，其在自由贸易协议谈判中一直非常活跃。中国是此类谈判在东亚地区的主要推动力量。截至 2010 年，中国已签署 11 项优惠贸易协议（Preferential Trade Agreements，PTAs），其他 11 项正在协商或提议中。显然中国在双边自由化中的表现比在多边自由化中更加游刃有余。因为双边安排使其能更好地制定对外规则，尤其是在其东亚邻国中。

但是中国签署的自由贸易协议仍非常薄弱，其重点并不在贸易本身。这一点从中国最重要的自由贸易协议——中国—东盟自由贸易区中就可见一斑。在削减货物贸易关税方面已经取得了进展。然而在货物、服务和投资以及其他非关税壁垒措施方面却进展甚微，其中服务和投资两项还是相对比较薄弱的协议。中国与中国香港、中国澳门都在 WTO 承诺之外签订了强有力的自由贸易协议，两者毫无疑问都是特殊案例。最近中国还与中国台湾地区签订了《海峡两岸经济合作框架协议》（Economic Cooperation and Framework Agreement，ECFA）。尽管如此，很多方面仍待完善，因为 ECFA 只是一项贸易自由化程度有限的“框架协议”。中国签订的许多其他自由贸易协定遵循了中国与东盟自由贸易协定的模式，即注重关税削减，但在更为棘手的非关税壁垒措施和监管措施方面，其所做的承诺却不免带有“纸老虎”之嫌。然而，其他现行的或是计划中的自由贸易协定，如与巴基斯坦、南方共同市场，以及南部非洲关税同盟签订的协议，则更加浅显，其中大多数优惠关税削减仅限于一部分商品。中国向 41 个最不发达成员方给予单方面关税优惠，并承诺来自最不发达成员方的进口可享受免税通道，覆盖面高达 95%，但该承诺并没有给出一个详细的履行期限。

总的来说，中国的自由贸易协议更多受到对外政策这一软实力即外交和建立友好关系等因素的影响，而不被视为经济战略的硬指标。这种情况符合亚洲自由贸易协议的模式，在其他发展中国家和地区也是如此。

除了双边优惠贸易协议之外，中国还处于东亚区域经济一体化倡议的核心。比如包括“东盟 10 + 3”的自由贸易区，也有刚刚开始的东北亚（日本、韩国和中国）自由贸易区。而另一项“东盟 10 + 6”的贸易协议还有可能在原有的中国、日本、韩国三国之外，再增加印度、澳大利亚和新西兰三国。

迄今为止相关会谈断断续续，尚未取得任何实质性结果。分歧仍然主要集中在区域优惠贸易协议上，尤其是那些超过贸易本身的协议。由于生产者竞争利益、相互间设置的明显贸易壁垒，以及缺乏深入的跨界合作传统，因此各国之间存在着发展阶段上的巨大差距。此外，存在于中国、日本与韩国之间，以及中国、印度与巴基斯坦之间的强烈民族主义对抗，将在很长一段时间内持续阻碍东亚和泛亚地区的区域经济一体化。

最好的情况可能就是，期待 APEC、ASEAN、APT 和 EAS 这样的区域组织机构能够逐渐形成更加坚固的“软合作”。这些组织可以形成对话平台，逐步改善相互监督和法制透明化，促进贸易便利化和最优措施的完善，并在最大程度上巩固单边贸易自由化，从而抑制困难时期的自由化倒退。中国将不可避免地成为这些组织中最为重要的成员。无论是何种形式的合作都无法离开中国的领导力量。

中国及其单边贸易措施

过去十年，中国的政策变化主要表现在其单边贸易政策方面，即在国内而非在 WTO 和 FTAs 实施的贸易措施。值得注意的是，大概自 2006 年起，具有历史意义的中国对外开放开始有所停滞。在 WTO 承诺之外，中国采取的单边自由化措施微乎其微。由于中国在全球经济发展中越来越占据着举足轻重的地位，因此更坚定地转向重商主义。这一点可以解释为何中国不愿意单方面开放市场，并且在互惠减让措施上坚持与其他成员方，尤其是与美国和欧盟抗争到底，同时加强对工业政策的干预，以促进国内受惠产业的发展。这反映了中国贸易政策的转变——从制度价格和规则的接受者发展到可抗衡其他力量的强大议价者。但是，中国目前还远不能积极有效地制定规则、主导国际体系。

自由化停滞不前伴随着更深入的工业政策干预，其目的在于促进约 120 家国有企业（State-owned Enterprises，SOEs）核心实力的发展，集中在“战略性”制造业和资源型行业，以及主导金融体系的八大国有银行和保险公司。

贸易保护主义政策和政府指导下的工业政策在很多方面有相似之处。对原材料和农产品的出口限制有所增加。中国占世界稀土金属总产量的 90% 以上，其削减 40% 稀土金属出口配额的决定很明显是在转变其国际贸易条件，其目的在于抬高世界价格、降低国内投入价格。税收优惠、补贴、价格控制以及一些投资决策上的行政“引导”使得国内行业相对于进口行业取得了相对优势。中国对一些产品，如 3G 手机设定的具体标准，将使得外国企业产生高额的税赋费用。服务贸易壁垒减速缓慢，这一点特别体现在金融和电信领域。

互联网的限制有所增加，这使得百度这样的本地供应商相对于谷歌等外国竞争者占据了相对优势。在国有企业主导的行业里对外商投资的限制更加严格。带有歧视性的政府采购和知识产权政策以及合资企业和技术转移限制要求，都是“自主创新”的政策工具，使得“自主创新”成为了以限制外国技术型企业为代价发展国内技术型企业的代名词。例如高速铁路项目、电动汽车和可再生能源等行业的发展就得益于此。最后，“投资的民族主义情绪”延伸到中国的“走出去”战略，特别是资源型国有企业通过国有银行提供的优惠资本购买外国资产。

这些模式反映了中国国内混合所有制经济的情况。尽管产品市场在很大程度上实现了自由化，但是以土地、资本和能源为主的生产要素市场依然受到严格控制。这足以解释为什么国有企业在资本和资源密集型行业占有主导地位。过度储蓄和过度投资伴随着对消费的抑制。从其外部影响来看，过度储蓄加上币值低估导致贸易经常项目顺差，这在全球需求低迷的后经济危机时期尤易引发贸易局势紧张。

为应对经济危机，中国实行了积极的财政政策和货币政策，主要通过国有银行为国有企业提供融资，以接受补贴较少的私营部门为代价来支持公共部门和国有力量的发展。这加剧了中国过度投资和消费不足的结构性断层。这样的调控机制使得市场改革出现不稳定的趋势。此外，过剩的制造业能力流入欧洲和北美地区了无生机的出口市场才是真正的风险，会招致贸易保护主义对中国的报复。

在全球经济危机爆发后，中国在出口、政府采购、标准和反倾销等方面的贸易限制措施有所增多，但这些措施还不足以改变持续了三十多年的自由化趋势。全球贸易预警（Global Trade Alert）列出了经济危机中采取贸易限制措施的十大成员方，而中国不在其列。相反，欧盟 27 国、印度、俄罗斯和巴西却榜上有名。总体而言，在经济危机爆发时及其爆发之后，中国并没有落井下石：也没有走向重商主义的极端。近来，中国与美国、欧盟在上述措施上发生了一些贸易冲突，汇率问题也呈现出紧张局面，但是这些都不应该被夸大，毕竟这还不等同于贸易战争。中国已经通过加工贸易和全球生产供应链深深融入到世界经济中，再加上其强有力的入世承诺，这些都能够有效制约贸易保护主义。

展望

中国与开放稳定的全球市场利益相关。作为世界经济三巨头之一，中国的政策信号至关重要。如果中国不抑制贸易保护主义，那么其他国家也不会。因此，出于自身利益，中国应当抑制其激进主义产业政策以及过度保护主义。

在履行 WTO 协议方面，中国需加强执行《与贸易有关的知识产权协议》、《与贸易有关的投资措施协议》、《实施动植物卫生检疫措施协议》、《贸易技术壁垒协议》和《补贴与反补贴协议》，还要将其补贴政策及时通报 WTO；要更好地执行 WTO 协议还需要限制国家和地方的自行裁量权，尤其是要限制一些明显与 WTO 义务相悖的官方“鼓励”和“引导”措施。中国还需要提升透明度。例如，应当及时、迅速地将法律法规草案发给利益相关的外国企业，让其有足够时间发表意见。

中国还应该推进“超WTO待遇”改革。中国可以进一步降低适用进口关税，尤其是工业品的适用进口关税。应当改变对原材料和农产品的出口限制。尽管如此，中国依然面临着更为重大的挑战，即解决在商品、服务、投资和政府采购方面的众多与贸易有关的国内监管壁垒。从政治层面上看，这个问题非常棘手。

理想的解决办法是，中国应减少通过牺牲进口产业而促进资本密集型行业和以国有企业为主导的行业发展的措施；促进国家标准和国际标准相结合，并积极参与国际标准的制定；通过放宽资本比例要求、放松股本限制以及简化许可证操作流程来重新启动服务贸易自由化；减少禁止或限制外商投资的行业，不使用反托拉斯条款阻碍外商交易，以来支持国内产业巨头的发展，以此降低对外资的限制；限制网络和高科技产业的保护主义；逐步使政府采购市场和能源市场自由化。

贸易改革的主要方向必须是单方面的且不受制于外部贸易谈判，紧紧抓住国内改革并改善商业环境，重新“平衡”经济发展、刺激消费、减少投资，给予私有行业更多的自由空间，减少公共部门的控制力。中国还应该突出自己在WTO的位置，积极分担领导重任，特别是要领导各成员一起完成多哈回合谈判，并且构建一个切实可行的后多哈议程。还要消除其在FTAs中的薄弱环节，使之更加符合多边规则。

与此同时，中国的主要贸易伙伴，尤其是美国，有责任加强与中国的“建设性接触”，并抑制其国内保护主义。这样能够促使中国政府加紧国内经济改革。美国如顽固地希望迅速解决人民币以及与中国的贸易顺差并威胁报复不能算是建设性接触，这些信号具有误导性，也很危险。

事实上，这些愿望大多都不在中国政府当前的议程中，中国也并未打算紧缩产业政策和推进超WTO待遇改革。超WTO待遇改革是“边境措施之外”的“第二代”改革。改革同时涉及要素市场和产品市场，关系到国内经济发展和政治稳定的核心问题。从政治角度看，要比包括贸易和外商直接投资自由化在内的“边境措施”即“第一代”改革，要困难得多。

中国不会割断与西方的联系，尤其是不会割断与美国的联系。它也不会突然由依赖出口转变为依赖国内消费。中国不会“称霸世界”，不会充当亚洲乃至世界的领导。因为存在着强大的力量与之抗衡。中国的私营行业充满活力，经济发展趋向全球化，多边规则和多边机构、地区贸易和双边贸易关系深入发展，这些都表明中国极为重视商业发展。但是，最基本的市场改革这包括外部自由化并没有倒退，至少目前如此。FDI持续增多。

作为底线，中国政府还是非常务实地在参与国际事务，也不想过多地

“破坏现状”。但是，贸易和 FDI 自由化停滞不前，国内又缺乏结构性的改革，保护主义有增无减，这些都使得今后的贸易呈现出紧张局势，而且也削弱了中国走向世界的能力，并使中国在区域经济和世界经济的领导力下降。

因此，一旦政治条件成熟，赞成市场化改革的人士应该为未来的发展制定出更好的解决方案，确保这些方案得以实现，哪怕不够全面，哪怕只是一些修补。

以史为鉴，可以知兴替*

当 2001 年 12 月中国加入世界贸易组织时候，大家都很乐观。时任中国领导人江泽民主席和朱镕基总理试图借助于入世推进及巩固国内经济改革。中国的贸易伙伴对由此将要出现的商业机会充满了憧憬。乍一看去，中国入世使得其自身和全世界都明显受益，但令人惊讶的是，对中国入世之初与其入世后第一个十年来的看法越来越显得大相径庭。中国的自身形象和外国观察者（尤其是发达经济体）对其印象之间的差距似乎越来越大。这些差距通常反映在官员和观察家论点的对比中，这一点在国际贸易和可持续发展中心 2011 年 6 月召开的会议上得到了充分反映。

在中国人看来，为了加入世界贸易组织，中国的谈判代表做出了史无前例的让步，其中包括大幅削减关税和非关税壁垒、接受不对其他成员做出要求的“超 WTO”特别条款，例如，过渡性贸易政策审议制度；在入世后的前 15 年间认定中国为非市场经济国家；当中国的贸易伙伴感受到来自中国的进口压力时允许其制定“特殊保障措施”。中国人认为，这些要求使其在一个人人都应被平等对待的多边体系中处于“二等公民”的地位。而与之相反，中国的许多贸易伙伴却认为，中国入世达成的是一桩丰厚的交易，中国经济的许多行业部门也仅部分对外国竞争者开放。跨国公司及其母国政府常常抱怨中国低估的人民币汇率、投资限制、对一些市场准入的限定、知识产权保护不力、不公平的补贴，等等。他们甚至认为，当初应该制定一个更为严厉的议定书，这样一来眼前的诸多问题可能更容易解决。

另外有人认为，某种程度上，正是由于当时没有进一步提出类似的要求，中国经济才不相称地从经济全球化中获益。外部人士认为中国是名不副实的“发展中国家”，他们眼中的中国是一个进口原材料、出口大量产成品的贸易巨人。上海和北京看上去更像东京和伦敦，而不像撒哈拉以南的非洲国家。

毫无疑问，中国人为过去十年取得的经济成就骄傲，但是他们也渐渐意识到面临的问题和挑战。诚然，中国是一个贸易大国，但是只占全球供应链

* Scott Kennedy，美国印第安纳大学中国政治与商业研究中心

的一部分，并且大部分所谓“中国制造”产品中的附加值流向了外资企业。对中国的政策制定者来说，要做的事情很多，任重道远。既要保持经济的快速增长，通过加大创新力度提升产品在附加值链上的位置；又要刺激个人消费，改善环境，为人口老龄化创造一个安定的社会保障体系。如果你从灯火通明、高楼林立、车水马龙的沿海地区向西行进，你就会发现大多数中国人仍相对贫困，与其在美国、欧洲甚至中国台湾地区的中产阶级的生活方式不可同日而语。

最后，对中国在 WTO 的表现分析各异。中国人认为他们一路走来十分艰辛。起初他们作为观察者挣扎着以英文思维努力理解基本规则和程序。现在十年过去了，中国人的经验日趋丰富，深刻理解了明示的和潜在的游戏规则。中国一度只是个局外人，但从 2006 年开始，中国成为了多哈回合的核心谈判者之一。而今，在日常委员会、高级别谈判以及争端解决中，中国已经表现得游刃有余。

虽说国外观察家们承认这些进展，同时对中国在 WTO 的代表团给予了高度尊重，但是他们中仍有人认为中国在促进多哈回合谈判达成共识方面还大有可为。这些努力包括中国在许多领域的进一步让步，并推动印度和其他发展中成员方从加强多边贸易体制的大局出发做出让步。

随着 2008 年金融危机的爆发，这些认知上的不同急剧升温。西方经济体受到危机的冲击，并且发现中国正以快速发展的势头超越自己。同时，中国自身经济体内部的不平衡在国内变得越发明显。今天的中国与十年前已是今非昔比。回顾过去，如果中国今天申请加入 WTO，那么很有可能不会成功。美国和欧盟，再加上许多直接与中国竞争的发展中成员方，将会要求中国在市场准入及出口保护方面做出更大的让步。相反地，中国可能不会接受任何显失公允的“超 WTO”承诺。中国甚至可能会认为入世议定书其他部分的成本高得难以接受。

展望未来，人们对中国在 WTO 该扮演的角色依然见仁见智。中国认为自己还是发展中国家，可以在日内瓦默默地发挥一定的领导作用，但必须始终关注解决其国内的经济挑战。西方国家则希望中国做出与其不断强大和活跃的经济实力相一致的让步。

尽管这些观点看上去根深蒂固，但在某种程度上双方仍有希望能够通过谈判从高投入、高收益的贸易博弈中获益。尽管所言甚少，但中国领导人深知，过去十年间，入世对中国经济的成功起到了关键作用。西方主要发达成员方则认为，比起十年前，中国的开放程度越来越大，其经济增长同时也给这些成员方的企业和消费者带来了好处。虽然金融危机引发了新的挑战，也使得现存的国内问题更为突出，但是我们依然希望各方能意识到，其利益依赖于多哈回合谈判达成的共识。也许无法完成一个全面协议，但在全球治理的其他因素（尤其是金融行业）遭受重创的情况下，即使是一个再小的共识也会对中国和其他成员方有利，这将会提升多边贸易体系的合法性和重要性。WTO 将成为全球经济的稳定因素，而中国比其他成员方更依赖这一体系。

希望中国及其贸易伙伴能意识到这点。维护和改善 WTO 符合其共同利益，应迅速取代目前相互争论不休的趋势。

中美经济关系的三个紧张态势*

2008 年至 2009 年的经济大萧条加剧了中美经济关系的分歧，尽管分歧尚未形成一条鸿沟，但却仍在不断加深。但可以肯定的是，自从 2001 年中国加入世界贸易组织（WTO）以来，两国都从贸易、投资和储备的大规模扩张中获得了收益。2001 年，两国双边商品贸易额为 1 290 亿美元，到 2010 年则达到了 6 670 亿美元，美国对华直接投资存量几近 500 亿美元，中国的官方外汇持有量（以美元资产为主）从 2 000 亿美元迅速上升至 2.5 万亿美元①。十年来，中国受益于出口拉动型经济增长方式，经济实力大幅度提升，而这十年间，美国则通过放松信贷并保持低通货膨胀率而刺激经济增长。

实践证明，这些收益好得过了头。不断上升的通货膨胀率和产能过剩成为中国的核心问题，而美国则面临着惊人的债务 - GDP 比率以及令人担忧的失业问题。美国人批评说是人民币价值低估导致了中美两国的贸易严重失衡。同时美国也受到中国强有力的经济模式干扰，包括对自主创新技术的重视、对高科技产业的补贴，以及知识产权执法力度薄弱。知情的中国观察家把美国贸易赤字归因于其巨大的财政赤字，并且认为中国的产业和创新政策对发展中经济体起到了必要的推波助澜作用。

本文中，我们分析中美经济关系的三个紧张态势，如果这些冲突不能提前解决，我们建议制定一些应对政策。总体来看，这三个态势分别是巨大的贸易失衡、中国特色的品牌以及贸易自由化的坎坷前景。

巨大的贸易失衡

最重要的紧张态势是中国与世界各国巨大的贸易失衡，其中中美之间的贸易失衡又是一个重要的部分。2001 至 2010 年的过去十年间，中国对全球的

* Gary Hufbauer、Jared Woollacott，华盛顿彼得森国际经济研究所

① 贸易数据来自联合国商品贸易统计数据库（http：//comtrade. un. org）。外商直接投资数据截至 2009 年（最近可获得数据），来自美国经济分析局（US Bureau of Economic Analysis）和“基于历史成本的美国国外直接投资”（U. S. Direct Investment Position Abroad on a Historical-CostBasis）（http：//www. bea. gov/international）。中国外汇储备数据估测自中国国家外汇管理局信息（www. safe. gov. cn）。

累积贸易顺差额达 1.3 万亿美元，其中对美国的顺差占 1.1 万亿美元.① 虽然近来贸易失衡有所缩小，但萧条时期全球经济的持久特性并不会保持下去。② 尽管中国官方预计 2011 年的贸易顺差为 1 000 亿至 1 200 亿美元，但美国报告的数据显示中美贸易失衡可能达到 2 500 亿美元。③ 遏制贸易失衡需要大幅度改变中国同其贸易伙伴之间的汇率，这种改变首先要从美国开始。同时还需要对国民储蓄和投资政策做出重大调整。失衡首先是财政和货币方面的问题，须由为解决此种问题而设立的国际货币基金组织（International Monetary Fund，IMF）来调整。我们认为，WTO 的职责不是管理汇率和调整公共财政，我们不应要求其解决巨大的贸易失衡问题。

这两个国家的国内储蓄和国内投资都存在着很大差距，此种差距表现为中国的贸易顺差和美国的贸易逆差。缩小这个差距的方法之一就是实行积极的财政政策，但是这需要付出高昂的政治成本。在美国，尽管各州财政独立核算，但储蓄不足仍是联邦预算的核心问题。就目前来看，美国的财政状况是不可持续的，其特点是赤字失控，正如 Herbert Stein 坦言："如果一件事情不能持久，那么它将会停止"。④ 在美国，几乎所有的政治领袖都呼吁停止赤字，但是要预测时机和明确财政职责的特性并不是那么容易。只有当危机来袭时吗？通过大幅削减开支吗？或是通过大力增加税收？中国的问题在于消费不足和私人储蓄过多，一方面是由于对退休的恐惧，另一方面是金融压抑的结果。中国领导人希望可以过渡到高消费的模式，但到目前为止尚未配套出有效的财政政策。⑤ 或许国际货币基金组织在新领导班子的领导下能加快制定出建设性的政策。过去的事实无法让人们相信国际货币基金组织能促使中、美两个大国做出正确的举动。但是在当前全球失衡问题严重、中美两国财政

---

① 贸易数据来自中国报道的联合国商品贸易统计数据库，中美之间的报道数据有所不同，据美国报道，2001 年至 2010 年间其与中国的累计贸易赤字为 2 万亿美元.

② 参见 Lardy，Nicholas，《中国汇率政策与贸易失衡》（China's Exchange Rate Policy and Trade Imbalanooo），听证参议院委员会银行、住房及城市经济政策事务分会的证词，2010 年 4 月 22 日（参见网址：http：//www. piie. com/publications/testimony/testimony. cfm？ResearchID = 1552）.

③ 2011 年中国世界贸易失衡额，如中国央行顾问李稻葵所料；详见路透社报道，2011 年 5 月 15 日，"中国央行顾问预计 2011 年贸易顺差为 1 000 亿至 1 200 亿美元"。中美贸易逆差数据的预估摘自美国 2011 年季度报告（参见网址：http：//www. census. gov/foreign-trade/balance/c5700. html）.

④ Stanley Fischer，前任国际货币基金组织第一副总裁，2001 年 1 月 2 日引述。参见网址：http：//www. imf. org/external/np/speeches/2001/010601. htm.

⑤ 2004 年，中国宣布其在走一条可持续发展道路，向较少依赖出口、较多依赖消费的经济驱动模式过渡。更多讨论请见 Lardy，Nicholas. 中国：走上消费驱动增长的道路（China：Toward a Consumption-Driven Growth Path. 国际经济研究所，政策简报 PB06 - 6，2006 年，参见网址 http：//www. piie. com/publications/pb/pb/pb06 - 6. pdf.

政策失灵的背景下，此次情况或许会有所不同。

为了迎合财政政策改革，汇率必须调整以使世界市场上的中国出口产品更加昂贵而美国出口产品更加便宜。Cline 和 Williamson 估计人民币与美元之间的均衡汇率是 1 美元兑换 5 元人民币，与现行的 1 美元兑换 6.5 元人民币的汇率相比，人民币尚有 25% 的升值空间。① 很显然，汇率政策属于国际货币基金组织的职权范围，但到目前为止，国际货币基金组织并没有胜任这项工作。令人沮丧的是，许多美国立法委员呼吁对中国进口品全面征收报复性关税，或征收反补贴税来抵销对人民币的“补贴”。如果这些措施得以实施，必将会触犯世界贸易组织的规章制度，演变成特大贸易争端案件，这对世界贸易组织是极其不利的。

因此，如果国际货币基金组织继续推卸责任，我们有一个备选建议。美国应该声明，除非中国让人民币快速升值以使中国的全球贸易顺差根本消失，否则美国将对中国官方机构持有的美国证券所应支付的利息征收代扣所得税。由 Gagnon 和 Hufbauer 起草的这项政策须在取消中美税务条约和制定适当合法的措施六个月后方可实施。② 长时间的准备期传递了一个可靠的信号，即中国会首先回应税收的实际执行问题。美国财政部有一个确定操纵汇率情况的半年期程序，其尚未宣布中国操纵汇率，但是其最近的年度报告接近此意。在提出预扣税的建议之前，应在下次报告中明确提出中国在操纵人民币汇率，并对未来的代扣所得税进行一次预演。

中国特色的品牌

中国特色的品牌造成了一系列的紧张局势。即使巨大的贸易顺差消失后，这些状况可能仍将持续。这种品牌体现在对自主创新的支持、高科技产业的国家补贴和知识产权执法不力。中国品牌在一些方面似乎与 WTO 以市场为导向的原则不符，但是我们认为，WTO 在 2001 至 2010 年中国入世的第一个十年间成功解决了中美之间的贸易争端，这表明尽管未来的争端似乎比以往更激烈，但 WTO 仍有望控制由中国品牌造成的前所未有的紧张局势。

自中国 2001 年入世以来，中国向美国提起了 6 起诉讼，应诉案例 11 起（见表 4 -1）。在中国申诉的案件中，主要针对特殊进口产品的边境措施。相反，美国起诉中国的多是国内政策，如旨在支持中国工业的优惠税收和融资

---

① Cline, William, Williamson, John. 基本均衡汇率的估计（Estimates of Fundamental Equilibrium Exchange Rates. 彼得森国际经济研究所，政策简报，2011 年 11 月 5 日.

② Gagnon, Joseph, Hufbauer, Gary. 对中国资产征税，如何提高美国就业率而不启动贸易战（Taxing China's Assets, How to Increase U. S. Employment without Launching a Trade War. 外交事务，2011 年 4 月 25 日.

方式、垄断行为以及知识产权执行不力等。美国还邀请 WTO 其他成员加入申诉中国的行列，而中国则独立、积极地应对美国的挑战。一般地说，中国被美国投诉的大部分政策都是为了保护新兴产业，而美国被中国投诉的政策则旨在保护发展成熟的产业。

近年来，中美两国互相提起的案件开始增多，自 2007 年以来平均每年达 3 到 4 起。争端结果既有达成谅解备忘录，也有按照上诉机构裁决书执行。总之，WTO 争端解决机制已经被证明是一个能够应对未来十年较大挑战的有效机构。

表格 4－1　　WTO 中美贸易争端

申请日期	概　况	争端涉及的贸易额（单位：10 亿美元）	目前状况
申诉方：美国			
1. 2004 年 3 月	集成电路产品增值税	2.6	双方自行解决，协议执行
2. 2006 年 6 月	影响汽车零部件进口措施	0.5	争端解决机构决议待执行
3. 2007 年 2 月	准予退款、减税或免税等其他支付措施	无法估计	根据谅解备忘录执行
4. 2007 年 4 月	影响特定出版物和视听娱乐产品贸易权与分销服务的措施	0.4	争端解决机构决议待执行
5. 2007 年 4 月	影响知识产权保护和强制执行的措施	无法估计	争端解决机构决议待执行
6. 2008 年 3 月	影响金融信息服务和国外供应商的措施	0.9	根据谅解备忘录执行
7. 2008 年 12 月	拨款、贷款和其他鼓励措施	无法估计	磋商中
8. 2009 年 6 月	与各种原材料出口相关的措施	0.1	专家组成立
9. 2010 年 9 月	对原产于美国的取向电工钢产品征反倾销税	0.3	专家组成立

续表

申请日期	概　况	争端涉及的贸易额（单位：10 亿美元）	目前状况
10. 2010 年 9 月	影响特定电子支付服务的措施	无法估计	专家组成立
11. 2010 年 12 月	风力设备的措施	无法估计	申请磋商
争端涉及的总贸易额　4.8			
起诉方：中国			
1. 2002 年 3 月	对某些进口钢铁产品征收特保税	0.3	争端解决机构决议已执行
2. 2007 年 9 月	对中国造的铜版纸征收反倾销税	0.4	磋商中
3. 2008 年 9 月	对中国的某些产品征收反倾销税	2.9	上诉机构发布调查报告
4. 2008 年 4 月	影响从中国进口禽肉的措施	无法估计	争端解决机构发布调查报告
5. 2009 年 9 月	对从中国进口的某些轮胎强制执行保障措施	1.9	争端解决机构发布调查报告
6. 2011 年 2 月	对中国的某种冷冻海水虾推行反倾销措施	0.1	申请磋商
争端涉及的总贸易额　5.5			

注：争端涉及的贸易额是指，在产生争端的当年对争议措施影响的商品进行单向贸易所带来价值。估计出所有案例中争议的贸易金额是不可能的，详见补充细节文本。

中国对《国家自主创新产品认定管理办法》的大力支持体现出未来将会遇到的更大挑战。作为中国科技发展计划中的一部分，《国家自主创新产品认定管理办法》依照相关标准对竞标政府采购合同的生产商进行审核，以从中做出最佳选择。《国家自主创新产品认定管理办法》并不会明确声明只有国内生产商能享受到这种优惠待遇，但事实上就是这样实施的。2011 年 5 月在华盛顿举行的中美双边战略经济对话中，中国向美国承诺，中国政府采购不会对外国的供应商不利。时间将会证实这一承诺是否能够兑现。与此同时，很多中国企业，尤其是国有企业，享受到了各种各样的补贴，这有利于他们在国际市场上的竞争。这些行为将会成为今后几年 WTO 争端解决案例中的利器。

中美贸易关系中另一个热门话题是知识产权。对侵犯版权和专利权的定义非常模糊。但是微软总裁 Steve Ballmer 近来指出，尽管中美两国市场上个人电脑的销量近乎相等，但微软从中国市场获得的收益只相当于美国市场的 5%，由此可见中国市场的盗版行为非常猖獗。[①] 另外，许多美国公司，特别是著名的谷歌（Google）公司指出，中国黑客的行为已经达到了前所未有的程度。[②] 在一起 WTO 争端案例中，美国成功地对中国知识产权法律中关于授予电影制片版权方面的内容发起了挑战，但是如何合法执行却没有取得任何进展。尽管近些年来中国法庭已经裁决了很多有关知识产权的案例，但违反 WTO 规则的行为仍层出不穷。[③] 从乐观的角度来看，我们认为接踵而来的 WTO 争端案件可能逐步地引导中国更好地遵守规则。

然而，美国面临着一项战略性选择：是通过追究一桩接一桩的知识产权案例来获得补偿，还是就《关税与贸易总协定》第 23 条利益的丧失或损害发起全面的诉讼。我们认为，前者对中美关系的负面影响较小，理应作为首选。相应地，我们将继续保留对第 23 条的方案，至少到首选方案失败。但是，如果美国最终决定起诉第 23 条，应该将人民币币值低估问题作为附加条款提出，这会破坏中国在 WTO 体系中权利和义务的平衡。

贸易自由化前景坎坷

目前中国是完成多哈发展回合过程中的特殊阻力。自 2001 年中国入世以来，其出口成品获得的巨大利润是前所未有的。到 2009 年，美国进口成品中的 20% 和世界进口成品中的 10% 均来源于中国。[④] Mattoo、Ng 以及 Subramanian 曾提出，中国作为世界出口巨头的角色意味着发展中成员方将不愿降低其适用关税，他们担心中国的成品将会进一步大量涌入，特别是在中国有意降低其汇率之后。[⑤] 同时，美国和欧盟要求中国开放其服务业中的商业存在（即《服务贸易总协定》中的模式三），并将关税降低到经济合作和发

① Fletcher, Owen, Dean, Jason. Ballmer 揭露中国的坎坷历程（Ballmer Bares China Travails. 华尔街日报，2011 年 5 月 26 日。请注意，差额也反映了中国的低价和潜在可替代操作系统的可能性.

② 参见：Areddy, James. 北京向 Google 还击（BeijingFires Back at Google). 华尔街日报，2001 年 6 月 3 日。Markoff, John, Barboza, David. 美国调查中国 Google 黑客案件（U.S. to Investigate Google China Hacking Claims. 国际前锋论坛报，2011 年 6 月 3 日.

③ Sepetys, Kristina, Cox, Alan. 中国知识产权保护法：诉讼的趋势和经济损失（Intellectual Property Rights Protection in China: Trends in Litigation and Economic Damages. 国家经济研究局，2009 年.

④ 数据出自联合国贸易统计数据库。

⑤ See Mattoo, Aaditya, Ng, Francis, and Subramanian, Arvind. 绿屋里的大象：中国和多哈回合（The Elephant in the ' Green Room: China and the Doha Round. 彼得森国际经济研究所，政策评述，PB11－3，2011 年 5 月。参见网址：http://www.piie.com/publications/pb/pb11－03.pdf.

展组织（OECD）平均低于 4% 的水平。尽管中国拥有巨大的贸易顺差，但做出让步还是极不情愿的。

总之，即使多哈回合总算达成了些许共识，但实现中国与全世界（包括美国）之间的相互贸易自由化前景似乎还非常坎坷。一种可能是中美两国各行其道，制定自己的优惠贸易协定。美国很可能把赌注放在泛太平洋伙伴关系（Trans Pacific Partnership，TPP）上，试图吸引 TPP 项目中除了中国以外的所有太平洋国家（地区）。中国可能将发展优惠贸易协定（Preferential Trade Agreements，PTA）的全球脉络，把重心放在其周边的亚洲国家（地区）。实际上，煞有介事的中日韩（中国、日本和韩国）优惠贸易协定仍然悬而未决。①

另一种可能是，在后多哈时代，WTO 谈判将集中在各种“俱乐部”里，就像政府采购协议一样，只有愿意接受“俱乐部”规则的 WTO 成员之间，才能享受相应的自由化。例如，“俱乐部”可以由同意环保产品和服务贸易自由化的成员组成，或由不同意对化石燃料进行补贴的成员组成，或由同意对一部分服务贸易实行自由化的成员组成，也可以由对某种产品规格达成共识的成员组成。中国可能会加入其中的某些“俱乐部”，美国会加入另外的一些，但是，找到能使中国和美国共同受益的“俱乐部”并不容易。

结论

在随后的十年，美国和中国之间的贸易和投资可能会有选择性地实现自由化。但这只能是各国为实现自身利益而采取的单方自由化政策，或优惠贸易协定自由化的背景下采取的自由化政策产生溢出效应的结果，② 而不是在 WTO 框架下中美两国互惠的自由化，以让步换取让步。

WTO 在中美两国之间的主要作用将会是争端解决机制的角色，并处理未来有关中国品牌的棘手案件。另外，中国当然也会应对美国超越 WTO 规则的行为提出挑战。

至于中国与包括美国在内的世界其他成员方间巨大的贸易失衡问题，应当由人民币升值、美国财政纪律和中国的消费支出共同解决。如果国际货币基金组织行使特权，将会有力地促进两国采取重大举措来控制不利的失衡状况。不容忽视的是，最糟的结果可能是巨大的失衡将会导致种种贸易限制，从而给多边贸易体系造成严重和永久性的破坏。

① Monahan，Andrew，Fletcher，Owen. 日本、中国和韩国关注贸易合作（Japan，China，South Korea Eye Trade Pact）. 华尔日报，2011. 05. 22.

② 在国家使最惠贸易协定下服务贸易模式 3 自由化的情况下，经常会发生“自由化溢出”（Spill over liberalization）效应；其原因是服务来源方严格制定的规则往往在贸易伙伴方的服务行业内行不通。

中国崛起给非洲带来的机遇和挑战*

2010 年，中国的名义国内生产总值超过日本，成为世界第二大经济体。[①] 同年，中国重夺全球领先制造大国地位，把美国赶下了盘踞 110 年之久的最大货物生产国宝座。[②] 中国的总贸易和经常账户顺差位居世界第一[③]，其外汇储备在 2011 年 1 月达到 2.6 万亿美元，亦为世界之最。[④] 总之，中国的崛起导致了传统经济强国，如美国、德国、法国、英国和日本的相对衰落。

尽管中国已成为世界第二大经济体，但仍然面临着许多重大的发展挑战。即使到 2050 年中国可以赶超美国成为世界最大经济体，其人均收入仍只是美国的三分之一。其次，对生产增值的最新研究表明中国（作为生产流程的最终组装者）对其最终出口产品的价值贡献很少，因此贸易流量的数据需要能够更准确地反映中国在全球出口中的角色。最后，应该纠正各方对中国占有非洲大量的自然资源，特别是石油和天然气资源的贪婪印象。事实证明，与主要工业经济体相比，中国在非洲只是一个很小的投资者。

21 世纪前十年中国转变为全球供应链生产的核心，对其他发展中成员方产生了两个显著影响：首先，由中国作为生产和装配终端所创造的巨大需求

---

* Faizel Ismail，南非常驻世界贸易组织代表团大使

① WTO 文件．东亚贸易模式和全球价值链：从贸易货物到任务贸易（Trade patterns and global value chains in East Asia: From trade in goods to trade in tasks）．日本对外贸易协会发展经济体研究所（IDE JETRO）与 WTO，2011.

② Marsh，P.．中国重夺制造业产出桂冠，结束美国 110 年雄踞历史（China noses back ahead as the top goods producer to halt 110 - year US run）．金融时报，2011 年 3 月 14 日．文章记录了黑暗的中世纪以来的制造业领先国家：公元 500 - 1700 年，中国或印度；公元 1700 年至 1850 年，中国；公元 1850 年至 1895 年，英国；公元 1895 年至 2010 年，美国；2010 年，中国。中国去年（2010 年）占世界制造业产值的 19.8%，略微领先于美国 19.4%。

③ 根据 Hufbauer，G. 和 Woollacott，J. 2011 年 6 月 29 日为 ISTSD 所著的时评“世贸组织十年：给中国和全球贸易治理的启示”（A Decade in the WTO: Implications for China and GlobalTrade Governance），2010 年中国的贸易顺差总额约为 1.3 万亿美元左右，其中约 1.1 万亿美元来源于同美国的贸易。

④ 为什么中国对美元爱恨交织（Why China hates loving the dollar）．金融时报，2011 年 1 月 26 日．

增加了商品的价格和价值。反过来，这种变化使得贸易条件的变化不利于低附加值产品。因此，生产煤和石油等大宗商品，以及生产大豆等农产品的发展中成员方获益颇丰，而那些生产纺织品和鞋类等低附加值产品的发展中成员方则损失惨重。此外，中国作为“世界工厂”的崛起加剧了低附加值生产层面的竞争，在这些产品上与中国直接竞争的发展中成员方在生产和就业方面承受了巨大损失。①

中国在全球经济中的新角色既给非洲经济带来了新机遇又带来了新挑战。然而，中国的崛起也对其与非洲的经贸关系提出了重大挑战。中非之间的贸易模式与非洲和发达国家之间的贸易模式极为相似。因此，这一贸易模式很容易重蹈20世纪非洲和发达国家之间那种不对等和失衡贸易模式的覆辙。此外，中国作为低附加值产品主要生产者的崛起以及低附加值产品贸易条件的恶化，都给非洲国家带来了重大的发展挑战。

本文呼吁形成一种新型中非伙伴关系——一种较之主要发达国家在过去几个世纪内对非洲的发展所形成的挑战，更平衡、更公平和更灵敏的伙伴关系。非洲拥有丰富的自然资源，非洲中产阶级不断上升的消费能力和高增长率为中国提供了契机，可以在未来十年内与非洲建立更可持续和更互利的关系。非洲和中国都必须抓住这一机遇。

关于中国崛起的神话和误解

中国崛起创造了更有益的经贸关系，为了更好地利用这一机遇，非洲需要区分主流媒体和文献中关于中国崛起的叙述，分清哪些是事实、哪些是虚构。因此，我们认为有必要对有关中国崛起的三个严重的误解加以解释和澄清：首先，尽管中国崛起，但大多数中国人仍然贫穷，因此中国与非洲面临着许多同样的发展挑战；其次，虽然中国已成为全球最大出口国，其出口商品价值仍相对较低；最后，关于中国控制非洲资源的问题，需要以中国只拥有非洲资源的很小份额这一事实来判断。

1. 中国和其他新兴发展中成员仍然贫穷，其面临的发展挑战仍然很大

在世贸组织多哈回合谈判和气候变化谈判中，中国和其他新兴发展中成员，如印度和巴西等，还面临着与发达成员承担相同责任的压力。然而这些要求在被加之于中国和其他新兴发展中成员时，没有人意识到上述成员仍然贫穷，其面临的发展挑战依旧巨大！目前大约有1.5亿中国人仍生活在每日1

① Weil Liang. 贸易外交：新世纪中国与发展中国家合作（Trade Diplomacy：China's Engagement with the Global South in the New Century）. 加利福尼亚州蒙特利国际研究学院，国际政策管理研究所。本文尚未发表。

美元的贫困。

以中国为例，仍有 36% 的中国人日均生活标准不到 2 美元（见表 4 - 2）。若美国要求这些经济体与美国同场竞技，至少还需要 50 年的时间。近期一些有关全球增长前景预测显示，即使 2050 年之前中国成为世界上最大的经济体，而印度成为仅次于美国的世界第三大经济体，美国的人均 GDP 仍将是中国的 3 倍、印度的 8 倍有余。①

表 4 - 2　　主要国家经济指标比较

2008	GDP（单位：万亿美元）	低于 2 美元的百分比%	低于 1.25 美元的百分比%	人均收入（单位：美元）
美国	14.4	—	—	47 744
中国	4.3	36	16	2 940
印度	1.2	75	41	1 070
巴西	1.6	13	5	7 350
南非	0.3	42	26	5 820
撒哈拉以南非洲	0.9	73	51	1 125

资料来源：世界银行，《世界发展报告》，2010。

然而，这些预测指出，即使一些非洲国家（如埃塞俄比亚、加纳、肯尼亚和尼日利亚）的经济在未来 40 年内呈指数倍增长，非洲人均收入仍远低于中国，到 2050 年还不及中国的一半。② 该研究提出，相对中国（及印度），撒哈拉以南的非洲国家可能会在劳动密集型产业和外包业务目的地上越来越具有竞争力。因此，中国和印度可以成为非洲主要的原材料和基本制成品的出口目的地。

2. 不应将中国的高出口额与其出口价值混为一谈

中国的高出口额已在许多方面引起各方警觉。但是，实际出口附加值只占中国出口总价值的寥寥无几，其出口价值的绝大部分由中间产品构成。最近一项研究指出，美国、欧盟两大经济体对中国的贸易赤字（如上所述）被

① Dadush, U. 与 Stancil, B.. 2050 年世界格局预测（The World Order in 2050）. 卡耐基政策瞭望（Carnegie Policy Outlook），卡耐基国际和平基金会（Carnegie Endowment For International Peace）工作草案，2010. 另见 Dadush, U. 与 Shaw, W.. 世界主宰：新兴市场如何重塑全球化. 卡耐基国际和平基金会，华盛顿，2011.

② 另见 Dadush, U. 与 Shaw, W.. 世界主宰：新兴市场如何重塑全球化. 卡耐基国际和平基金会，华盛顿，2011.

夸大了，因为其中没有考虑到大部分从中国进口的价值并不源于中国。[①] 该项研究指出，如果亚洲地区（日本、韩国、马来西亚等国家和地区）产生的附加值也被算在了中国对美国的出口价值中，那么美国与中国 2008 年的贸易逆差实际应减少约 40%。

这一分析也可用来解释苹果 iPhone 的案例。该研究发现，“即使在中国制造设备，当地产生的经济附加值也非常低”。[②] 虽然中国从包括日本、德国、韩国在内其他国家（地区）进口中间产品并完成最后组装，但中国在 iPhone 案例上对美国贸易赤字的贡献度不到 4%，而日本要占到 35%，不过日本的这一数据通常不包含在统计中。[③]

3. 中国仍是一个相对较小的对非洲资源投资国

近来中国对非洲的资源投资数量猛增，这一现象却使外界造成了中国企图“殖民”非洲的假象，而事实上中国只是希望通过这些投资从一定程度上确保其经济高速发展所需要的原材料和能源供应。况且，与发达国家相比，中国对外直接投资总额依然相对较少，对非洲的资源投资占其总投资的份额也低于西方发达国家。

据联合国贸易发展会议（UNCTAD）调查估计，2010 年全球对外直接投资总额达 13 万亿美元，其中大约 1 万亿（确切为 9 690 亿美元）来自于发达国家，大约 3 000 亿美元来自发展中国家和地区。但是，来自发展中国家和地区的直接投资中有 70% 流向了其他发展中国家和地区，而中国已经成为一个主要对外投资国。[④] 2010 年中国企业海外投资增加到了 680 亿美元，而 1990 年时候还不到 10 亿美元（大约为 9 亿美元）。[⑤] 相比之下，2010 年美国对外直接投资为 3 250 亿美元，是中国的 4 倍之多。目前，发达国家在非洲吸收外商直接投资的存量和流量方面都占据了多数。2008 年发达国家占了非洲吸收外商直接投资存量总额的 91.6%，然而发展中国家和地区所占的存量比例仅

① WTO 文件. 东亚贸易模式和全球价值链：从贸易货物到任务贸易（Trade patterns and global value chains in East Asia: From trade in good to trade in tasks）. 日本对外贸易协会发展经济体研究所（IDE-JETRO）与 WTO，2011.

② iPod 测试：要还是不要（To have and to have not: the iPod test）. 国际先驱论坛报（International Herald Tribune），2011 年 7 月 1 日.

③ WTO 文件. 东亚贸易模式和全球价值链：从贸易货物到任务贸易（Trade patterns and global value chains in East Asia: From trade in good to trade in tasks. 日本对外贸易协会发展经济体研究所（IDE-JETRO）与 WTO，2011.

④ 联合国贸易与发展会议. 全球投资趋势观察（UNCTAD Global Investment Trends Monitor），2011 年 4 月（6）.

⑤ 另见 2011 年 6 月 28 日《金融时报》载文《中国公司的全球性先锋角色》（Global Pioneers of China Inc）.

为 7.4% 。[①]

中非贸易

中国的对外经济和贸易关系发展得相当迅速。1964 年，中国向非洲提供的贷款占非洲接受国外贷款的 53% ，20 世纪 70 年代又资助坦赞铁路的修建工作，该铁路从赞比亚的铜矿产区一直延伸至坦桑尼亚的达累斯萨拉姆港。自 2000 年中非合作论坛（Forum on China-Africa Cooperation，FOCAC）形成以来，双边关系迅速扩大。该论坛每三年举办一次部长级和主席级会议，为在更多领域提高对非洲的支持做出承诺：包括向最不发达国家开放 95% 的市场、提供优惠贷款和资助、支持基础设施建设，以及慷慨的债务减免。[②]

非洲占世界贸易的份额从 1995 年的 2.2% 增加到了 2008 年的 3.3% 。[③] 中非贸易价值在 2000 年至 2008 年间增长了将近 10 倍，到 2008 年达到了 930 亿美元。2009 年，中国超越美国成为非洲最大的贸易伙伴。南非与中国的贸易结构同中国与其他非洲国家的情况相类似：出口到中国的主要是矿产资源和其他初级产品，从中国进口的主要是工业制成品。[④] 2010 年，中国取代美国成为南非最大的贸易伙伴。中国在非洲对外贸易总额中占 11% ，也是该地区最大的进口商品来源地。[⑤]

非洲同非洲以外的发展中国家和地区贸易来往也从 1995 年的 19.6% 提高到了 2008 年的 32.5% 。其他发展中国家和地区与非洲贸易额的增加使得非洲与其传统贸易伙伴——欧盟和美国的贸易额有所下降。欧盟在非洲的贸易份额从 20 世纪 80 年代中期的 55% 下降到了 2008 年的 40% ，中非贸易的扩大是这一变化的主要驱动力。

中国的世界工厂地位降低了其工业产品的价格，促使对低价产品的需求上升，同时提高了发达国家和发展中国家和地区对这些产品的购买能力。其次，对工业制成品日益增长的需求提高了对工业品生产投入的需求，也推高了初级产品和原材料的价格，例如煤、石油、基本金属和农产

① 联合国贸易与发展会议．2010 年非洲经济发展报告之“南南合作”：非洲与新形发展伙伴关系．2010 年 6 月，联合国贸发会议，日内瓦．

② 联合国贸易与发展会议．2010 年非洲经济发展报告之“南南合作”：非洲与新形发展伙伴关系．2010 年 6 月，联合国贸发会议，日内瓦．

③ 联合国贸易与发展会议．2010 年非洲经济发展报告之“南南合作”：非洲与新形发展伙伴关系．2010 年 6 月，联合国贸发会议，日内瓦．

④ WTO 文件，国际贸易统计，2010 年．

⑤ 联合国贸易与发展会议．2010 年非洲经济发展报告之“南南合作”：非洲与新形发展伙伴关系．2010 年 6 月，联合国贸发会议，日内瓦．

品等。大量的大宗商品生产国，如巴西和阿根廷等，因此从这种价格上涨中获利匪浅。

同样地，非洲国家与日俱增的财政收入支撑了国家的经济增长，创造了基础建设发展需要的财富，并且减少了贫困。① 大宗商品价格上涨以及低端工业产品价格降低导致了“贸易条件”的改变。生产商品的发展中国家和地区得益于这种改变，而那些生产服装和纺织品等低端工业品的发展中国家和地区，如南非、莱索托、毛里求斯和另外几个非洲国家，则不得不与中国同台竞争，因而导致了相当严重的国民失业和工厂倒闭问题。②

中国在非洲的新机遇

中国的崛起给非洲带来了至少五大新机遇：新的融资来源、新的外商直接投资来源、充满活力的新兴动态出口市场、新形式的发展伙伴关系以及非洲在全球治理方面日益增强的话语权。

1. 融资

中国是向非洲提供南方援助（Southern Aid）的主要国家，2006 年的援助金额估计占到南方资金流的 83%，约合 23 亿美元。③ 这项资金支持主要用于基础设施和公共工程建设，2007 年援助金额估计达 47 亿美元。援助主要涉及的产业有电力部门、运输和信息技术产业，主要受益国家包括尼日利亚、安哥拉、埃塞俄比亚和苏丹。④ 在之前召开的多次中非合作论坛上，中国都做出了给予非洲国家债务减免和取消逾期债务偿还的承诺。2006 年的中非合作论坛上，中国承诺取消非洲价值 13 亿美元的债务偿还，并在 2009 年中非合作论坛上再次针对 2009 年到期的债务重申此项承诺。⑤

---

① Weil Liang. 贸易外交：新世纪中国与发展中国家合作（Trade Diplomacy：China's Engagement with the Global South in the New Century）. 加利福尼亚州，蒙特利国际研究学院，国际政策管理研究所 . 本文尚未发表 .

② 参见 Van der Westhuizen，C.. 撒哈拉沙漠以南非洲国家的服装业和纺织业：概述与政策建议（The clothing and textile industries in sub-Saharan Africa：an overview with policyrecommendations）. 载 Le Pere，G. 中国企业在非洲：重商主义猎食者，还是发展合作者？（China in Africa. Mercantilist predator，or partner in development?）. 南非米德兰德和南非国际问题研究院全球对话研究所，南非约翰尼斯堡，2007.

③ 联合国贸易与发展会议 . 2010 年非洲经济发展报告之“南南合作”：非洲与新形发展伙伴关系 . 2010 年 6 月，联合国贸发会议，日内瓦 .

④ 联合国贸易与发展会议 . 2010 年非洲经济发展报告之“南南合作”：非洲与新形发展伙伴关系 . 2010 年 6 月，联合国贸发会议，日内瓦 .

⑤ 联合国贸易与发展会议 . 2010 年非洲经济发展报告之“南南合作”：非洲与新形发展伙伴关系 . 2010 年 6 月，联合国贸发会议，日内瓦 .

2. 外商直接投资

对非洲的外商直接投资从 1985 年的 24 亿美元增加到了 2008 年的 876 亿美元。在全球外商直接投资总额中，非洲吸收的资金所占的比例从 1985 年的 4.4% 提高到了 2008 年的 5.2%。中国已然成为一个主要的对外投资国。相比 1990 年对外投资 9 亿美元的水平，2010 年中国企业海外投资已达 680 亿美元。① 在这股投资浪潮背后，有利的投资环境、推高的商品价格以及高速的经济发展都成为了驱动因素。目前，非洲大部分的外商直接投资流量和存量份额仍被发达成员方占有。2008 年发达成员方占有非洲外商直接投资存量总额的 91.6%，发展中成员方所占份额上升到了 7.4%。南方国家在非洲外商直接投资流量中的份额逐年增加，2000 年到 2008 年间增长了 20%。

虽然中国投资者"寻求商机"的动机日渐显现，但其主要资金还是集中投资在资源和基础设施建设方面。南非吸收了大量的中国对外直接投资，比例占到非洲外商直接投资存量的 40%。②

3. 出口市场

自 2001 年以来，中国与非洲的贸易发展呈指数式增长。2001 年中国对非洲的出口额为 59 亿美元，到 2010 年，这个数值增长到 600 亿美元。与之相似的情况是，2001 年中国从非洲进口额为 48 亿美元，而 2010 年增加到了 670 亿美元。因此，2010 年中国与非洲贸易逆差达 60 亿美元。南非与中国的贸易发展也显著增长，2001 年中国出口到南非的贸易价值为 10 亿美元，到 2009 年已经上升至 74 亿美元。同样的，中国从南非进口的贸易额在 2001 年为 12 亿美元，2009 年则上升为 87 亿美元。所以，2010 年中国成为非洲最大的贸易伙伴，同时也是非洲最大经济体——南非的最大贸易伙伴。

中国一方面通过增加资源产品的需求，提高了非洲资源产品的价值；另一方面中国也是这些产品的主要出口市场。非洲出口中国的价值量呈指数式增长，然而这种贸易模式会加大非洲与发达成员方间现有贸易格局的不平衡性。中国未来面临的挑战是需要通过基础设施建设投资、矿产品精加工和农业加工投资、工业发展和扩大出口能力，来改善非洲产品生产和出口产品并使其种类更趋多元化。

4. 发展伙伴

中国的迅猛发展和创新发展道路为发展中成员方提供了学习的经验，也在传统的华盛顿共识（Washington Consensus）的基础上，为发展中成员方提

---

① 中国公司的全球性先锋角色（GlobalPioneers of China Inc），金融时报，2011 年 6 月 28 日载文.

② 联合国贸易与发展会议. 2010 年非洲经济发展报告之"南南合作"：非洲与新形发展伙伴关系. 2010 年 6 月，联合国贸发会议，日内瓦.

供了新的发展战略空间。中国的经验已经证实了一个发展中成员方可以指导和引领自身的生产力发展、发展策略，并消除贫困。在未来的几年中，技术支持和发展经验的分享对非洲的发展极其重要。

在这样的背景下，有迹象表明中国已经开始参与到这些事务中。2009 年中国在中非合作论坛会议上做出承诺，要同非洲分享其在气候变化、科学技术、消除贫困、中小企业、农业技术和卫生等方面的经验。①

5. 全球治理

中国的崛起提高了发展中成员方在多边贸易体制中的谈判实力，包括国际货币基金组织（IMF）、世界银行（World Bank），以及气候变化谈判等多个领域。中国加入世贸组织同时也增加了发展中成员方在多哈回合贸易谈判中的自信。中国扮演了一个积极的、建设性的角色，并且与其他发展中成员方一起，为在世界贸易组织制定更公平、更平衡以及利于发展的贸易规则而斗争。为了通过《与贸易有关的知识产权协议》（TRIPS）项下更大的灵活性来争取更多低价药品，中国携手印度、巴西、南非和肯尼亚进行谈判。并且，中国与巴西、印度、南非以及其他发展中成员方共同组成了 WTO 中最庞大的发展中成员方联盟之一——G20 国集团，旨在争取一个更公平的农业贸易制度。当中国完全有理由对发展中成员方施加更多压力来降低灵活性以保护发展中成员方不受中国出口打击时，中国应发展中成员方需要，选择了支持发展中成员方提高非农产品市场准入的灵活性。

另外，总的来说，中国支持发展中成员方的努力，力求改革 WTO 使之变得更加透明、更负责任、更具有代表性（如：预算委员会的多样性提案），以及更有利于发展（如：支持制订更公正的最不发达国家入世规则）。这样中国通过在一些发展中成员方联盟（如 G20 国集团和 G33 国集团）中扮演积极角色，提高了发展中成员方的谈判实力和能力。

中非贸易对中国的挑战

21 世纪，中国与非洲建立新型发展合作关系至少面临三项重要挑战。首先，需要中国的资金援助以及对外直接投资来减轻非洲对自然资源的依赖。其次，需要中国支持非洲精加工出口的发展。最后，需要中国控制与非洲制造业形成竞争的低端制成品的出口。以下我们将讨论这三项挑战。

1. 减少非洲对自然资源的依赖

中国对非洲基础建设的支持通常以获得自然资源（苏丹、尼日利亚、

---

① 联合国贸易与发展会议．2010 年非洲经济发展报告之“南南合作”：非洲与新形发展伙伴关系．2010 年 6 月，联合国贸发会议，日内瓦．

安哥拉和刚果的石油；几内亚的铝土矿；加蓬的铁；津巴布韦的铬和加纳的可可粉）为支撑。[①] 但是目前仍然不清楚这些投资对于增加自然资源的多元化和精加工是否有帮助，抑或会使这些国家更加依赖这些自然资源。因此，这一挑战是指援建基础建设的资金援助，是否也能够资助区域项目、降低交易成本，并加强区域经济体的相互联系，以及刺激非洲各国贸易和投资流的扩大。

尽管中国对外直接投资大部分集中在自然资源和基础建设，但是有越来越多的证据表明新投资将会进入金融（例如南非标准银行）、轻工业、农业等行业。2008 年，中国投入非洲的对外直接投资只占其对外直接投资存量的 4.2% 。中国的主权财富基金（Sovereign Wealth Funds）拥有巨大的投资金额。所以，提高中国对非洲的对外直接投资潜力巨大，这些投资将更好地与国内经济相联系，集中刺激国内生产力，成为创造就业机会、鼓励区域一体化的纽带。

2. 提高从非洲进口精加工产品

中国一方面通过增加资源产品的需求，提高了非洲资源产品的价值；另一方面中国也是这些产品的主要出口市场。非洲对中国的出口产品价值呈指数式增长。然而，这一贸易格局重蹈了非洲与发达成员方之间的贸易格局。这一挑战将从生产和出口产品的精加工和多样化开始。

中国最新出台的2011 年至2015 年“十二五规划”中，刺激国内消费增长是一个重要部分。这一转变将给世界经济带来启示。对非洲而言，中国消费力的不断增长将为其提供巨大的商机。非洲最不发达国家已有 454 种产品享受进入中国市场的优先权。到 2013 年，享受优先进入权的产品将会增加到接近 5 000 种，这将为非洲出口商抢占中国市场提供巨大商机。为了避免重蹈过去几十年里非洲与一些主要发达成员方不公平贸易格局的覆辙，中短期内中国需要积极鼓励和支持从非洲进口更多增值制成品。

中国已经资助了七个非洲特别经济区，然而，问题在于要确保这些特别经济区不仅能够获得基础建设和信息通信技术的发展，而且能够获得一个促进附加价值生产的平台，包括一些技术和技能转移、创造就业机会和培养能力。

3. 控制对非洲国家的低值产品出口

大宗商品和制成品相对价格的改变使得贸易条件变得不利于低端产品制造商。同时，中国依靠其低工资、高产量和不断提高的生产效率，比其他发

---

① 联合国贸易与发展会议．2010 年非洲经济发展报告之“南南合作”：非洲与新形发展伙伴关系．2010 年6 月，联合国贸发会议，日内瓦．

展中成员方拥有了更多的竞争优势。其他发展中成员方发现无论在其本国市场，还是在第三方市场都很难与中国竞争。有些非洲国家仍然在生产低端制成品，如服装和纺织品。这些产品不得不与中国产品竞争，结果导致了大量的失业和工厂倒闭。[①]

从更长远来看，随着国内工资水平的上涨，中国可以开始转移一些供应链，并转包和外包部分产品的生产。中国的一些服装生产已经开始向孟加拉国、越南和印度尼西亚迁移。[②] 其中部分生产也可以向非洲地区转移，输出其生产能力、培养人力资本、创造就业，并提高非洲国家的福利。另外，投资基础建设、给予价格适中的贷款，还有为中小企业提供培训等，都将会帮助当地构建其生产能力。

中非关系的未来发展方向

中国的崛起为非洲提供了一系列新的机遇。然而，中国更倾向于专注通过提供可选择的融资形式、支持直接投资基础建设和生产制造，以及提供减轻非洲贫困的发展援助，来促进本国出口和确保原材料供应。[③] 另一方面随着其丰裕资源变得越来越珍贵，以及中产阶级数量不断增加，非洲对出口者和投资者来说变得越加充满吸引力。非洲可以利用其上述优势与中国协商建立更加互惠互利的关系。

中国可以和非洲建立一种新型的合作关系——一种并非加强依赖而是培养互利共赢的经济关系，而这种关系将会促进非洲发展与进步，帮助非洲经济与世界经济重新融为一体。这就是寄托在世界新领袖——中国身上的真正考验。如果中国在这一历史性挑战上获得成功，那将会对减少世界贫困、促进可持续发展做出贡献，不仅使非洲，而且使全世界更稳定、安全、和平。

---

① 联合国贸易与发展会议．2010 年非洲经济发展报告之“南南合作”：非洲与新形发展伙伴关系．2010 年 6 月，联合国贸发会议，日内瓦．

② 通胀中的预期（An inflated outlook），金融时报，2011 年 4 月 10 日．

③ 参见非洲及其新兴经济体伙伴（Africa and its Emerging Partners）．《非洲经济展望》（African Economic Outlook），2011 年．

中国和巴西贸易关系的现状和模式*

中国作为贸易伙伴的总体状况

首先，我们先来看一下巴西与中国的双边贸易发展状况。

中国在过去几年中崛起的速度着实惊人。事实上，每天都有关于中国如何影响全球事务的文章和报告，尤其是在经济领域。我将通过一些具体事例来阐明中国与日俱增的重要性：

自 1978 年启动经济改革进程以来，中国经济以年均近 10% 的速度增长，并当之无愧地成为同一时期世界上 GDP 增长速度最快的国家。因此，在 2010 年，中国赶超美国成为全球制造业"领头羊"，取代了美国占据了一个世纪之久的位置。此外，根据国际货币基金组织的观点，以购买力平价法为基础测算，中国将会在 2016 年成为全球最大的经济体。经济学人智库（Economist Intelligence Unit）预测，以市场汇率为基础测算，中国将会在 2020 年成为全球最大经济体。此外，在出口导向型经济增长模式的推动下，中国已经积累了超过 3 万亿美元的外汇储备。

加入世界贸易组织（WTO）让中国的变化更加明显，这些变化不仅涉及内部改革，还包括中国为融入世界经济和遵从国际贸易体系的规则和纪律而做出的改变。其经济已经从运行有序的多边贸易体制中获益，并且中国也在进行中的多哈回合谈判中发挥了领导作用。中国已经成为 WTO 争端解决机制的一个主要参与方。

双边贸易：现状和模式

双边贸易往来在过去十年间已经有了很大的增长，中国的双边贸易总额从 2001 年的 32 亿美元攀升至 2010 年的 564 亿美元。中国目前是巴西最大的贸易伙伴，占巴西出口总额的 15.2%，占中国进口总额的 14.1%。2010 年，巴西对中国的贸易顺差约为 52 亿美元。

---

* Roberto Azevedo，巴西常驻世界贸易组织代表团大使

2011 年，双边贸易往来扩大的趋势丝毫没有减弱。2011 年 1 月到 5 月，双边贸易总额达到了 278 亿美元，与去年同期相比增长了 44%。在 2011 年前五个月，巴西对中国的贸易顺差为 36 亿美元，与去年同期相比增长了 93%。

由于 2010 年出口形势表现良好，因此巴西出口到中国的前三种商品总体价格有了大幅度提升，分别是铁矿石、大豆及其制品和石油产品，全部都是大宗商品。三种产品的出口总额占到 2011 年前五个月巴西对中国出口贸易总额的 86%。

这一趋势反映了巴中两国双边贸易的传统模式，其特征是巴西向中国出口大宗商品并向中国进口工业产品，特别是机器、设备、电气材料、核能设备与反应堆。这些产品占到了去年巴西向中国进口总额的 53%。

这一双边贸易模式表现了巴西在大宗商品贸易，特别是食品贸易中的较高竞争力，也反映出随着中国经济发展和消费者购买力的增强所带来的大宗商品需求的增加。2010 年，中国对于一些大宗商品的需求在全球需求中所占的份额如下：① 大豆（65%）；② 铁矿石（54%）；③ 煤矿（47%）；④ 铜（38%）；⑤ 石油产品（10%）。

相反地，巴西从中国进口工业产品主要是由于：第一，由相对较低的成本结构所带来的中国工业固有的全球竞争力，加上大量投资而致的高效出口基础设施；第二，巴西货币的升值及其对工业部门竞争力的负面影响；第三，基础设施的缺乏增加了巴西的生产成本；第四，过去几年中经济快速发展，伴随着数以百万计的消费者进入市场，因而形成对工业产品需求的上升；第五，巴西拥有丰富的原材料和食品，因而这些产品并不在巴西的进口商品清单上。

目前巴西国内的争论

虽然在过去几年间贸易往来增长迅猛，中国和巴西两国都彼此从中获益，但巴西国内的争论在一定程度上体现了对于目前双边贸易模式的担忧，特别是那些能够更直接受到中国产业竞争力影响的部门。

这些关注通常突出表现在以下因素中，例如：

- 中国异常高的出口增长速度；
- 中国出口对进口国原本占据优势的传统工业部门的渗透；
- 巴西出口产品只集中在一些大宗商品上；
- 中国的出口产品集中在高附加值的产品上；
- 巴西农业和矿业领域的投资大部分是以产品出口到中国市场为导向的商业模式；
- 注册在巴西的中国公司也在巴西市场上形成竞争，其中一些公司的投资方还是国有企业，拥有更低的成本投入。

这些均被认为引发了不公平的竞争。

当然，正如设想的那样，中国方面也同样有其不满，其中一点就是巴西针对中国产品与日俱增的反倾销调查。

总的来说，越来越多的贸易摩擦在两国贸易额迅速增长的背景下十分正常。当传统的贸易模式面对贸易发展的新趋势，适应新趋势的过程将可能是曲折和非线性的。这不应该成为两国气馁的理由，而是共同努力和紧密合作的动力。

结论

巴西和中国将继续鼓励双边贸易和投资，并采取旨在促进其多元化和可持续发展的措施。

胡锦涛主席于 2010 年 4 月访问了巴西，并签署了包括《中华人民共和国政府与巴西联邦共和国政府 2010 年至 2014 年共同行动计划》在内的一系列协议，这标志着两国在加强许多相关领域合作方面迈出了重要一步。

最近，巴西总统 Dilma Rousseff 于 2011 年 4 月对中国进行了访问，恰逢胡锦涛主席访问巴西一年之后。在两国领导人峰会上，双方就增强对话和解决双边贸易问题的内容进行了广泛的讨论。

在世界贸易组织中，巴西和中国正在通力合作寻求一个平衡且公平的多哈回合谈判成果。双方对于目前阶段的事态都非常失望。尽管如此，两国都会把握机遇，促进双边贸易往来，加强“南南”贸易与合作。

下一个十年：建立和谐社会的迫切性 *

2001年11月，在卡塔尔首都多哈发生了两件大事：一是中国在经过15年的漫长谈判后终于加入了世界贸易组织（WTO），二是WTO多哈回合谈判正式启动。2001年，中国仅占世界贸易额的4%；到2010年则超过了10%。2011年12月，WTO部长级会议将在日内瓦举行，这标志着多哈回合谈判启动十周年，但是出现意料之外的事情不太会发生，因此有一点是基本确定的，那就是多哈回合谈判仍不会结束。

可能出现的情况

那么下一个十年有什么是值得期待的呢？根据现在的趋势，中国的全球贸易份额将达到20%，同时政府官员和专家们也将宣布多哈回合谈判20周年会为谈判结束提供一个非常好的契机，尤其是当谈判者接近终点的时候。

当然我们知道也应该知道，地球不是围绕着推测运转的。正如2011年的情况和2001年截然不同，2021年的情况与2011年相比也会有根本性的变化。姑且不提这些推测，鉴于现在的趋势，可能会出现以下情况：

（1）到2021年，世界呈现运转相当良好的多边贸易环境的可能性为20%，届时贸易壁垒和贸易扭曲措施不断减少，全球经济保持较快增长，一方面劳动力市场有能力吸收大量的新生力量，另一方面也有能力避免过度的资源消耗。我们可以称之为和谐的景象。

（2）有50%的机率是多边体系无法运作，WTO组织只是个空壳，失去了合法性、公信力以及公众支持，世界贸易体系以区域和双边协议为基础运行，还会经常出现集团之间的保护主义、高交易成本和对贫困国家的排挤现象，导致全球发展极不平衡，人口数量多、发展水平低的国家更加贫穷，尤以非洲国家的情况最为明显。我们可以称之为不和谐的景象。

（3）有30%的可能性将会出现严重的贸易投资矛盾，WTO将会变得缺乏威信，如同20世纪30年代的国联。届时全球增长缓慢或倒退，世界贫困人

---

* Jean-Pierre Lehmann，瑞士洛桑国际管理发展学院（IMD）

口增加，社会动荡频繁出现。我们可以称之为“去全球化”的景象。

全球市场

我们生活在一个极其独特的年代，过去二十年发生了影响深远而又极其迅速的变化。中国著名的经济学家和改革者郑必坚在《中国的和平崛起》（载 Foreign Affairs，2005 年 9 月、10 月刊）一文里写道，中国在 1970 年后期做出的最重要的战略抉择就是“拥抱”全球化。事实证明这或许是人类历史上最热烈的拥抱之一。

全球化对中国乃至世界产生了巨大的影响，促进了经济持续高速增长，让数百万人民脱离了贫困。中国向境外贸易、境外投资和境外人员敞开了大门。城市中高等收入群体的生活方式变化不仅要以数量衡量还要以质量衡量：境外旅游的中国人达四千万人次，中国是法国波尔多葡萄酒最大的市场，也是三角钢琴购买量增长最为迅速的市场。中国的城市正经历着一场前所未有的中产阶级革命。

这对世界产生的影响是巨大的。中国购买美国国债，为美国政府摆脱债务困境提供帮助。2009 - 2010 年间，中国发展银行和中国进出口银行向其他发展中国家提供的贷款超过了世界银行；2001 年，中国和巴西的双边贸易额可以忽略不计，而现在前者已成为后者最大的贸易伙伴。

过去两个世纪里，国际贸易一直是由西方占据主导地位。这使得世界经济在第二次世界大战之后的十年出现了一种中心辐射的模式，其中经济合作与发展组织（OECD）成员国是中心，而世界其他国家（地区）是外围。1985 年，日本商业策略专家大研前一在其《三位一体的力量：环球竞争将要到来的形态》一书中写道，一个公司的全球战略中必须确保在三个市场中（德国、日本和美国）占据强大的份额，其他的国家（地区）应视作这些国家各自的后院。

第一世界和第三世界之间所有的贸易都是这种中心—外围的辐射模式，基本上全都是后者向前者提供原材料，而前者向后者提供各种制成品和服务。阿根廷著名经济学家 Raúl Prebisch 在其关于大都市和附属城市的依赖理论中曾对这种关系提出过警告。然而，“亚洲四小龙”——韩国、中国台湾、中国香港和新加坡这四个经济体组成的所谓新兴工业化经济体，则打破了这一模式，在 20 世纪 70 年代成为了劳动密集型产品的主要出口方，经济发展迅速，减贫工作成效显著，城市化进程加快。

跟随上述四个新兴经济体的脚步，中国开始了自己的全球化革命。其他国家（地区）或多或少地也效仿中国加入了拥护全球化的潮流，开始了进口替代的内向型工业化政策。21 世纪初，全球范围内开始了市场经济改革。

1990 年前，参与全球市场的国家（地区）只占少数，大多数第二、三世界国家（地区）被排除在外，然而到 2000 年，已经不存在第二、三世界国家（地区）这种分类了，绝大多数国家（地区）已成为 WTO 的成员。

如今的市场是全球化的市场。那为什么这个市场没有一个健全的治理全球贸易的多边体制呢？多哈回合谈判又为何寸步难行呢？

价值体系上的分歧

为什么全球市场没有配套的全球贸易治理体制？最基本的答案，也是 10 年艰难谈判却毫无成果的原因，就是尽管市场已经全球化，却没有形成“地球村”和“全球性”的社区，没有寻求共同利益的全球视角，因此便没有全球合作的精神。

一些深层而又根本的差异阻碍了一个稳固的“地球村”治理体制的建立。西方国家在 1950 年至 2000 年这段时间以所谓的四国鼎立（欧洲、加拿大、日本和美国）形式毫不动摇地控制着全球贸易，尽管存在过一些紧张局势，特别是在 20 世纪 70－80 年代美日两国之间的一些紧张局势，但从根本上来说这些国家的步调是一致的。这些主要的贸易大国在经济发展和国民收入水平上情况相似。他们是有着共同利益的“富人”，而利益之一就是阻止落后国家（地区）进入其市场中政治敏感的领域：因此他们在农业贸易、纺织品和服装贸易方面设立了各种贸易壁垒。

我将现今的国际环境比作一部名为《六个寻找作家的角色》的戏剧，这是 19 世纪末、20 世纪初意大利诺贝尔奖得主、超现实主义作家 Luigi Pirandello（皮兰德娄）的剧作。在剧中，六个演员登上舞台，都知道要在台上演戏，却找不到作者和剧本。他们走来走去、茫然若失、不知所措。这一情节正符合 G20 集团的情况。20 个角色（连同同伴和追随者）来到了首尔，很快他们又将转战戛纳。他们四处游走、各抒已见，却毫无逻辑，又缺乏实际内容。然而在落下帷幕时，他们全都出现在最后的纪念照片中，他们在照片里微笑挥手。

然而，这看似欢快和谐的一幕只不过是为了粉饰深藏在其内部的不和谐和疑惑。

在各类差异中，最根本的是在价值体系上的差异。G20 集团成员国的情况各不相同，经济发展水平和国民收入差异很大，经济发展的侧重点也有所不同，更别提拥有 154 个成员的 WTO。各国不同的历史经验和历史观造就了不同的文化传统。过去 200 多年的经验教训使得新兴经济体无法赞同“贸易有益说”的价值体系：英国以保护贸易为名发动了鸦片战争，给中国带来了毁灭性的重创；东印度贸易公司在印度实行殖民主义，大肆剥削印度的资源；

荷兰也在印度尼西亚强取豪夺。

尽管印度已经实行了改革，自给自足的传统和观念仍植根于印度人民的意识中，包括印度人民追求独立，他们心中的圣雄甘地以及泰戈尔一起代表的印度民族身份中最精华的部分。在拉吉夫·甘地担任印度总理期间，我曾到过新德里，那时政府刚开始在实行一定程度的经济自由化。有一次，我在和一位印度政府高级官员聊天时，谈到了跨国公司在印度的投资，他说："别忘了，跨国公司（东印度公司）曾把我们当做殖民地"。

中国政府在过去十年里一直推崇儒家思想的复兴，以此来表明和谐世界原则下的世界观。"和谐"是儒家思想的核心；尽管儒家思想在毛泽东时代曾遭到批判，如今中国官方话语中却频繁提到这个词。每当我向非中国籍的政府官员和商界领导人询问"和谐"的意义、起源、哲学意义和对全球治理的影响时，我却只能得到漠然的回应。

如今的全球贸易形势用中国的一句古话形容就是"同床异梦"。"床"就是全球市场，各国拥有不同的历史经验，面临不同的挑战，面向不同的目标，由此形成了不同的"梦"。除非我们协调好各自的梦想，或者至少承认和尊重他人的梦想，否则前途渺茫。

印度、中国和伊斯兰国家各占了世界人口的大约 22%。印度、中国和印度尼西亚（世界最大的伊斯兰国家）是 G20 集团的重要成员国。这些价值体系和以基督教义、希腊哲学、罗马法律为基础的西方价值体系都是文明，它们之间绝不会像萨缪尔·亨廷顿（Samuel Huntington）在其著作里提到的那样发生必然冲突。事实上，几个世纪以来，四大文明一直和平共处，并且通过贸易给文明注入活力，丝绸之路恰恰验证了这一点。印度、中国、阿拉伯和欧洲都非常重视贸易，并且贸易已成为促进社会进步、文明发展的根本支柱。14 世纪，突尼斯学者 Ibn Khaldu 这样赞颂贸易："通过贸易，人们对自己的生活越来越满意，商人们的利润越来越大，国家越来越富有"。

今天的问题很大程度上受到了 19、20 世纪西方帝国主义的影响，西方帝国主义将贸易带到了殖民地区，比如英国对印度的统治和对中国的鸦片战争。对于受到重商体系影响的贸易以及全球贸易文化，人们持怀疑态度。只要谈判的进程仍然建立在一方妥协和让步、而非全球人民的共同利益的基础上，只要重商体系和精神仍然普遍存在，就不能跨越人们在价值体系上的差异。总而言之，多哈回合谈判之所以毫无进展可以归结为一点，即信任缺失。

2021 年——和谐不再只是一种设想，而成为了一种现实

在现有的重商主义基础上继续谈判，显然不能在 2021 年达成一个和谐的景象。富兰克林曾说过，"一遍遍地重复做同样的事情，却期盼有着不同的结

果是愚蠢至极的”。这就是多哈回合谈判这十年间所发生的情况，正如皮兰德娄戏剧这种荒诞的主旨一样。如果这种愚蠢的行为继续下去的话，在中短期内很可能会有不和谐的现象出现，而且很有可能最终导致“去全球化”的现象发生。

为了打破这一愚蠢行为的怪圈，首先我们必须改变思维模式。重商主义阻碍了思维模式的转变，使人们无法宽容对待与自己不同的价值观，更别提敞开胸怀接受了。而自由主义却相反，因此必须用自由主义来取代重商主义。

随着中国逐步成为世界上数一数二的贸易大国，中国也需要在全球贸易的思维和价值体系上担负起领头人的角色。21 世纪迫切需要一个价值体系来指导全球贸易，和谐世界的这一概念再合适不过了。儒家学说一大优势在于其强调统一而非排斥，这是普遍的道理。16、17 世纪，耶稣会传教士在中国了解到儒家思想，他们撰写了大量关于儒家思想的专著，其中最著名的是 Philippe Couplet 和 Prospero Intorcetta 所著、出版于 1687 年的 *Confucius Sinarum Philosophus*（《孔夫子，中国的哲学先圣》）。基督传教士认为儒家学说是与基督教义完全相容的一种道德体系。他们的作品深深影响了 18 世纪欧洲启蒙运动的哲学家们。儒家思想孕育了启蒙运动，而启蒙运动又产生了自由主义。

儒家学说在欧洲思想界的影响以及对启蒙运动兴起和发展的贡献说明了两个不同文明之间未必相互排斥，相反可以相互促进。然而，想要实现两种文明之间的相互促进，必须要有开阔的视野和胸怀以及对不同文明的尊重。

如果中国领导人能将“建设和谐社会”这一口号转化为实际行动，其他成员也准备好遵守这些原则，那么到 2021 年建成和谐世界的目标就会实现。带领我们建立一个和谐世界是摆在中国领导人面前的一个巨大挑战。

入世十年的环境评估*

自从中国实行改革开放政策，特别是中国入世以来，中国的国际贸易迅速发展。2002 年至 2008 年，中国的贸易总量以每年 20% 的速度递增。2001 年，中国的贸易总量达到了 5 000 亿美元，该个数值仅用了三年即翻了一倍。2007 年，中国贸易量已经达到了 2 万亿美元（见图 4－1）。除此之外，出口总额增长速度也很快，已经从 2001 年的 2 660 亿美元增长到了 2008 年的 14 310 亿美元，平均年增长率高达 20% 以上。中国出口排名从 2001 年的第六名稳健地上升到 2009 年的第一位。目前，中国已成为全球最大出口国和全球第二大进口国，年贸易总量达到了近 3 万亿美元。

中国出口的快速增长促进了中国贸易顺差和外汇储备量大增。2001 年，中国贸易顺差仅为 225 亿美元，但 2008 年已经增长到了 3 000 亿美元，即使在 2009 年全球金融危机严重影响国际贸易的条件下，中国贸易顺差依然达到了 1 900 亿美元之多。截至 2010 年年底，中国的外汇储备达到了 2.85 万亿美元。中国人民银行数据显示，截至 2011 年 3 月底中国外汇储备量已经达到 3 万亿美元。中国的高额外汇储备不仅有利于稳定人民币汇率，也有利于维护中国金融和整体经济的稳定。

在入世之后，尽管中国贸易发展迅猛，但同时中国的污染物排放量也急速增加。目前，中国的温室气体排放量位居全球第一，其中包括超过 60 亿吨的二氧化碳排放。二氧化硫的排放也已经达到了 2 500 万吨的峰值，还有其他排放物也呈快速增长趋势，例如氧化氮、二氧化氮（及其他氮氧化物）、粉尘（PM）、水中有机污染物（化学需氧量检测结果）等。

当环境保护和可持续发展受到人们关注时，中国的政策也发生了相应的变化，从以 GDP 为导向的经济发展转向了科学发展观，从灰色经济模式转向了绿色经济，从以出口为导向的贸易政策转向了平衡的贸易政策。在“十一五”节能减排的指导方针下，中国日趋严重的环境污染在某种程度上已经得到了遏制。

中国入世的事后环境影响评价（EIA）

在环境影响评价方面已经存在不少国际经验，其中包括可持续影响评估

---

* 胡涛，中国环境保护部环境与经济政策研究中心

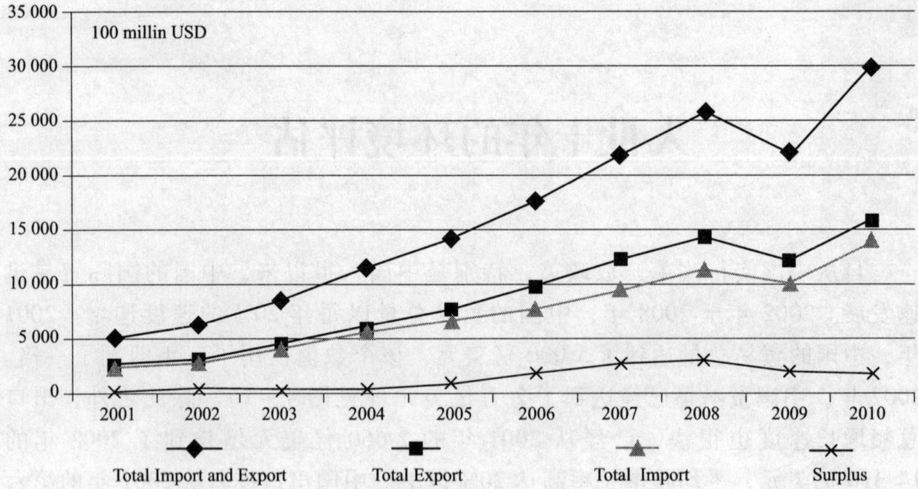

图 4-1：2001—2010 年中国进出口概况

来源：中华人民共和国财政部

译者注：Total Import and Export 进出口总额；Total Export 出口总额；Total Import 进口总额；Surplus 顺差。

(Sustainability Impact Assessment，SIA)、EIA 以及 RTA 等。而对于贸易的环境影响评估，《北美自由贸易协定》的事后评价则可以成为一个很好的例子，可以用于下文提及的对中国入世的事后环境影响评估。贸易平衡的环境参数不失为评价贸易环境影响的一个不错方法，这一方法的有效性已经在有关中日韩三边贸易协定的事前环境影响评价中得到验证。

方法论

目前，大多数贸易平衡的评价仅仅以贸易价值为参数，而从未关注过资源和环境成本。环境保护部的贸易专家组从资源和环境的角度出发开发了评价贸易平衡的方法（胡涛，2008）。在生产和消费过程中，货物和服务都会消耗资源并排放污染物，因此产品中往往隐含着资源消耗和污染物排放，这些被称为虚拟污染物，比如虚拟水、虚拟二氧化硫以及虚拟二氧化碳。我们可以通过货物贸易中所隐含的污染物测量贸易对环境的影响。

从贸易流量的角度来看，假设我们定义虚拟污染物的出口为负数，而虚拟污染物的进口为正数。当他们的总和大于 0 时，环境贸易顺差，反之则为逆差。我们也可以采用这种方法从存量角度来评估环境贸易，如果贸易可以使资源和环境变得更好，我们就可以认为环境贸易顺差，反之则为逆差。

通过 CE3 - GEM（中国能源 - 经济 - 环境一般平衡模型）和在 2002、2005 和 2007 年的投入产出表，我们可以评估中国入世之后贸易对二氧化硫、二氧化碳、化学需氧量和能源消耗的影响（胡涛，2008）。

结果

在过去的十年里，中国的贸易水平从贸易值角度来说一直处于顺差，但是如果将环境指数考虑在内表现为贸易逆差，这表明当货物出口到国外时污染物却被留在了中国。

1. 因虚拟污染物所导致的净出口对二氧化硫排放的贡献率超过了 20%

就 2002 年至 2007 年间贸易对二氧化硫排放的影响来说，与总出口和总净出口额的增长率相比，虽然由出口和净出口导致的虚拟二氧化硫排放的平均年增长率相对较低，但增速仍比二氧化硫总排放量高 10%，这表明出口对于中国的二氧化硫排放产生着重要影响。同时，尽管 2005 年之前的二氧化硫排放量逐年增加，但由于“十一五”规划期间采取了排放调控政策，出口和国内二氧化硫排放量已开始逐渐减少。

从图 4－2 中可以看到，2002 年到 2005 年间，出口虚拟污染物和净出口虚拟污染物与二氧化硫总排放量的比率快速增长，而后有小幅降低，这两个数据在 2007 年底分别达到了 50% 和 20%。因此，出口已经成为影响二氧化硫排放的最重要因素之一。

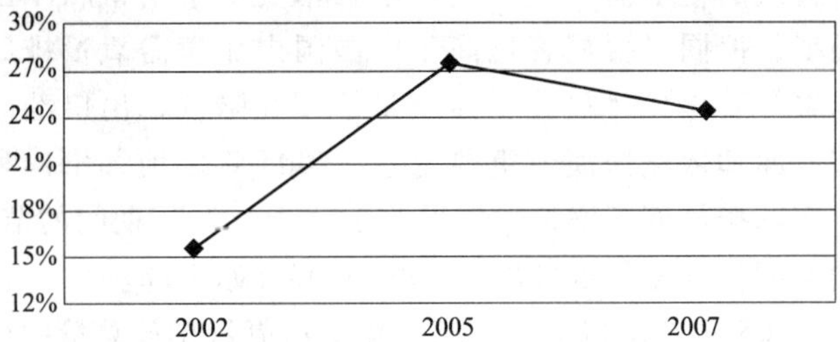

图 4－2：2002—2007 年由净出口导致的虚拟二氧化硫排放量所占比例

2. 因虚拟污染物所导致的净出口对二氧化碳排放的贡献率超过了 30%

出口同样对中国的二氧化碳排放量产生重要影响。近几年来，中国的二氧化碳排放量迅速增加，2002 年到 2007 年的平均年增长率为 12.48%。许多二氧化碳排放是由出口造成的。由出口和净出口造成的虚拟二氧化碳排放量增长率比二氧化碳总排放量增长率高出 9%～12%，这反映了出口商品比其他商品集中消耗更多的碳元素。

与二氧化硫情况相似的是，2005 年之前出口贸易的虚拟二氧化碳排放量呈现增长，而 2005 年之后则为递减。此外，2002 年到 2005 年间，出口和净出口造成的二氧化碳排放量在二氧化碳排放总量中的比例迅速增加，直到 2007 年才开始下降。然而，即使到了 2007 年底，出口造成的二氧化碳排放量仍达到了总排放量的65%以上，净出口造成的二氧化碳虚拟排放量达到总排放量的将近1/3（见图4-3）。出口已经成为中国二氧化碳排放的主要源头。假设碳排放成本为每吨10欧元，则2007年由净出口导致的二氧化碳排放量相当于造成了171亿欧元的经济损失。这意味着我们仅仅是为其他国家代工生产，却没有得到相应的回报。

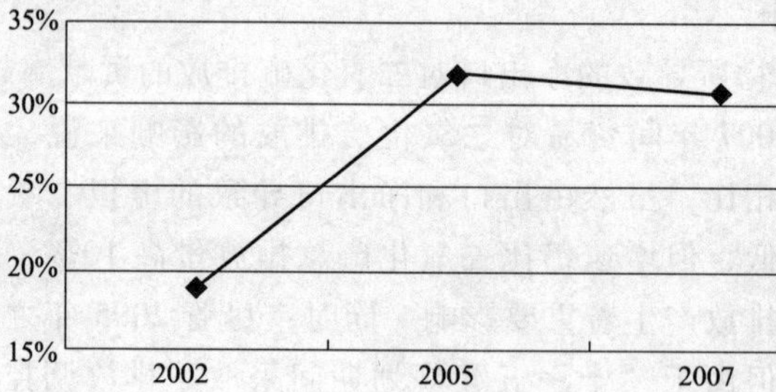

图4-3：2002—2007年由净出口导致的虚拟二氧化碳排放量所占比例

3. 因虚拟污染物所导致的净出口对化学需氧量排放量的贡献率超过20%

在化学需氧量排放方面，我们可以看到，在2002年到2007年间中国的对外贸易对虚拟化学需氧量排放的影响存在着与其他排放物相似的情况，即出口和净出口造成的化学需氧量平均年增长率要低于出口和净出口贸易价值的年平均增长率，但同时要显著地高于中国国内化学需氧量排放的年平均增长率，这意味着尽管出口排放化学需氧量浓度在降低，出口部门在中国的化学需氧量排放方面却依然扮演着重要角色。2005年之前，出口和净出口造成的化学需氧量实际排放逐渐增长，但得益于“十一五”期间的节能减排政策，净出口造成的实际化学需氧量排放自2005年起开始下降。

2002年至2005年，出口部门在国内化学需氧量排放总量中所占比例有较大增长，随后开始下跌。至2007年年底，来自出口的化学需氧量排放量仍占到总排放量的40%。相比之下，2005年后净出口造成的虚拟化学需氧量排放量增长则更加缓慢，但仍然稳定在20%左右（见图4-4）。

总的来说，出口造成的虚拟污染量（包括二氧化硫、二氧化碳、化学需氧量）从2002年到2005年有显著增长，在2005年达到顶峰后开始略微下降。这证明“十一五”规划的排放控制政策已经取得了显著成效。

4. 对2010年至2030年的展望

如果中国目前经济发展、技术进步以及排放控制政策的趋势不变，那么中国的虚拟能源消费和由贸易产生的污染物数量将会逐渐下降，但在2030年以前尚不能达到平衡（届时贸易造成的化学需氧量排放量仍会是赤字水平，见图4-5）。

到“十二五”规划末，贸易造成的污染排放量以及能源消耗仍然会保持

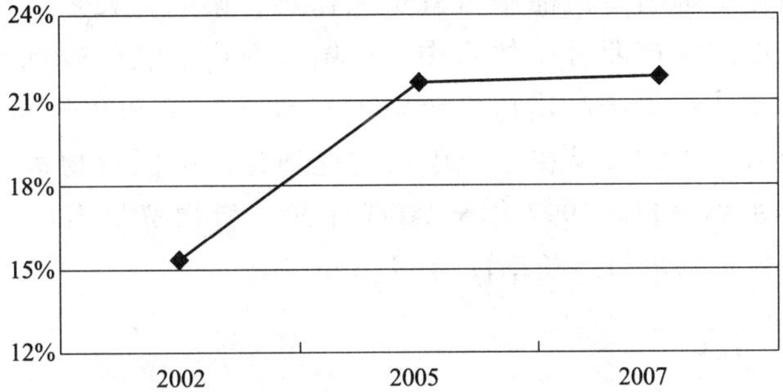

图 4－4：2002－2007 年净出口造成的 COD 实际排放量所占比例

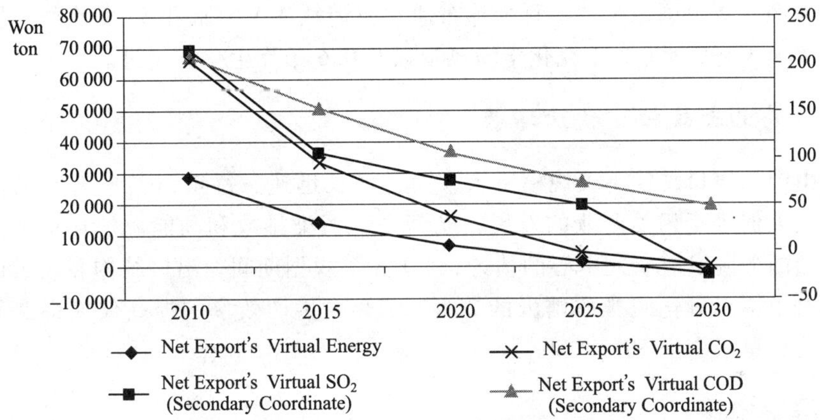

图 4－5：2010—2030 年净出口导致的虚拟污染排放量

译者注：Net Export's Virtual Energy 净出口虚拟能源使用量；Net Export's Virtual CO_2 净出口虚拟二氧化碳排放量；Net Export's Virtual SO_2（Secondary Coordinate）净出口虚拟二氧化硫排放量（第二坐标系列）；Net Export's Virtual COD（Secondary Coordinate）净出口虚拟化学需氧量排放量（第二坐标系列）。

在高位。净出口导致的能源消耗、二氧化硫、化学需氧量和二氧化碳排放量将分别达到 140.7 百万吨、1.03 百万吨、1.51 百万吨和 328.31 百万吨。在进一步有力的污染控制政策出台前，“十二五”期间的环境问题仍会很严重。

可能的原因

不合理的贸易结构

不合理的贸易结构对中国的环境贸易平衡造成了巨大压力。中国贸易结构的不合理性表现在以下三方面：第一，出口太多的资源和污染密集型产品，例如纺织品、皮革制品、化学制品、水泥以及钢铁产品，这些高污染的资源密集型工业品在中国出口产品中占有很大比例；第二，大多数出口产品为低附加值产品。在国际产业分工体系中，中国处在产业链的较低水平，加工贸易在出口总额和高技术产品出口中分别占有超过 55% 和 90% 的比率；第三，相对于服务贸易，货物贸易在出口中占支配地位。中国货物贸易出口增长率远远高于服务贸易出口。1997 年至 2003 年间，货物贸易出口平均增长率为 30.2%，而服务贸易出口增长率仅为 11.3%。

低效率的出口

中国货物贸易和服务贸易出口的平均能源消耗和污染强度都处于较高水平。中国大多数出口产品的单个产品污染强度要高于发达成员的水平。以纺织品为例，在中国每生产一百米棉布通常要消耗 3.5 吨水和 55 千克煤，同时要排放 3.3 吨废水、2 千克化学需氧量以及 0.6 千克生化需氧量。

贸易的大规模、快速增长

中国的出口总值不仅规模巨大，而且增长迅速。每年 20% ~30% 的高速增长大大促进了相关产业的发展，尤其是高污染排放和高能源消耗产业。根据中国国务院发展研究中心的估计，“十五”规划期间，出口结构和规模因素分别占中国二氧化硫排放诱因的 20% 和 5%，生产效率的提高仅使得二氧化硫排放总量减少了 5%。

缓解措施

为了缓解贸易对环境污染的影响，中国急需采取绿色贸易转型策略。在环境成本内部化的原则下，中国的绿色贸易政策工具将主要关注出口，并将会依照产品、企业、产业部门以及宏观经济的不同层面采取区别化措施。

中国与 WTO 贸易政策审议机制之回顾*

按照《中国加入世界贸易组织议定书》，我国将在入世前八年内接受世贸组织九次过渡性贸易政策审议，并在入世后的第十年接受第十次过渡性贸易政策审议。过渡性审议机制的设置主要是为了监督我国在入世后对于入世承诺的履行情况。在顺利完成过渡性审议之后，由于我国的贸易额上升为世界前四，按照规定，世贸组织分别在 2006 年、2008 年以及 2010 年每两年对我国进行了正式的贸易政策审议。

世界贸易组织（WTO）的贸易政策审议机制（Trade Policy Review Mechanism，简称 TPRM）是 WTO 体制下一项重要制度，通过定期对每个成员的贸易政策和做法及其对多边贸易体制的影响进行审议和评估，达到加强对 WTO 成员贸易政策的监督，提高成员方在贸易政策上的透明度，督促成员方更好地遵守多边贸易规则。

贸易政策审议机制概述

在第二次世界大战之后不断扩大的国际贸易形势下，GATT 缔约方越来越意识到，贸易政策正在成为推进全球贸易自由化的一大障碍。由于缺乏必要的透明度机制，缔约方之间的相互监督也缺乏基本的事实依据，因此，贸易摩擦、争端和报复频繁发生，贸易谈判进程受到阻碍。为了明确多边贸易体制的规则和承诺，贸易政策审议机制（以下简称 TPRM）应运而生，并随后与贸易谈判机制、争端解决机制一起，构成了世界贸易组织的三大支柱。它最初产生于 1989 年 4 月 12 日的乌拉圭回合中期评审会议，正式实施于世界贸易组织协定生效之日——1995 年 1 月 1 日。建立 WTO 协议的附件三即是贸易政策审议机制，简称为 TPRM 协议。作为世界贸易组织的一个永久性特征，WTO 所有成员的贸易政策和做法都必须接受审议。

---

* 张磊，上海对外贸易学院 WTO 研究教育学院院长、教授
冯陆炜，上海对外贸易学院 WTO 研究教育学院教师
汪明，上海对外贸易学院 WTO 研究教育学院研究生

1. TPRM 的历史

分析 TPRM 的产生历史，要追溯至 GATT 成立之初。由于 GATT 体系形成时的制度性缺憾，GATT 作为一个准组织，最初缺乏一般监督机制，主要通过条文来促进各缔约方贸易政策措施的透明度，并通过诉求争端解决程序来恢复缔约方之间权利和义务的平衡，从而监督多边贸易规则的实施。20 世纪 70 年代以来，由于当时主要的资本主义国家陷入了滞胀困境，世界经济出现衰退迹象，市场竞争不断加剧，因而贸易保护主义又出现了抬头趋势，这对多边贸易体制构成了巨大冲击。而这一轮贸易保护主义趋势采取了更为隐蔽的手段和方式，使得 GATT 对政策透明度的规定变得苍白无力，政策告知等原则被漠视。于是，在 1973 年 9 月至 1979 年 4 月举行的 GATT 第 7 轮东京回合多边贸易谈判中，由于贸易保护主义的问题已经无可回避，因此东京回合开局之时就把加强对缔约方贸易政策和措施的监督机制作为了谈判目标。在 1980 年 3 月 26 日通过的《总干事关于通知和监督问题的建议书》中，《谅解》的具体实施规范得到了明确。该建议要求各缔约方制定通报贸易政策的时间表，由 GATT 理事会每半年举行一次审议会议。虽然《谅解》较原先规定了更多的告知义务，也赋予了缔约方更大的知情权，但是这种审议只是针对国际贸易体制一般情况的讨论，但是在其实践中作用非常有限。关贸总协定总干事邓克尔于 1983 年 11 月邀请以国际清算银行前行长费里茨·洛伊特维勒（Frits Leutwiler）为组长的七位著名经济和金融界权威人士，组成七人小组，经过长达两年的考察，于 1985 年发表了题目为《争取更好未来的贸易政策》的研究报告。报告指出“应授权总协定秘书处着手进行国别贸易政策研究、收集、保存和公布贸易政策措施和行动的综合性资料；要求就这些措施和行动提供更多的情况并加以说明；要求讨论这些措施和行动。”这样，秘书处作为整个贸易制度的监督者将帮助防止背离这些原则，并加强所有国家（地区）（特别是小国和发展中国家和地区）维护其贸易利益的能力。由此，“七贤报告”首次系统地提出了建立贸易政策审议机制的建议，并为日后该机制的正式确立绘制了基本的轮廓。

1986 年 9 月，在启动乌拉圭回合谈判的《埃斯特拉角部长宣言》中这样写道：“谈判应旨在增加谅解和达成协议，保证关贸总协定的监督机构能够对缔约方的贸易政策和做法及其对多边贸易体制运作的影响进行定期监督。”①乌拉圭回合谈判结束，在成立 WTO 的决定达成的同时，TPRM 被设立为常设机构，《贸易政策审议机制》文件修改后成为《建立世界贸易组织的协议》的附件三被列入乌拉圭回合最后文件中，它的审议范围也由货物贸易扩大到服

① 陈咏梅．WTO 贸易政策评审机制法律问题研究，西南政法大学博士学位论文，2007：17.

务贸易和知识产权贸易。

2. TPRM 的运作机构

WTO 部长级会议下设三个并列的机构——贸易政策审议机构、总理事会、争端解决机构。但事实上，这三个机构是一套人员三种职能，都由全体成员代表组成，但各自选举不同的主席。WTO 总理事会在各次部长级会议召开的间隔期间内代表部长级会议负责组织的日常事务。当按照审议周期原则需要审议成员的贸易政策时，总理事会依据《马拉喀什协定》附件三《贸易政策审议机制》的规定，扮演贸易政策审议机构（Trade Policy Review Body，以下简称 TPRB）的角色。WTO 秘书处下设有贸易政策审议司（Trade Polices Review Division），负责协助和配合 TPRB 的审议工作，所以审议司也是贸易政策审议的主体之一。

根据《马拉喀什协定》附件三《贸易政策审议机制》第 C 条第 ii 条规定，"所有成员的贸易政策和做法均应接受定期审议。"[①] 因此 WTO 各成员就是贸易政策审议的对象。WTO 现有 153 个正式成员，其中除了主权国家之外，还有一些作为独立关境的地区，这些地区在贸易政策审议制度下作为单个对象接受评审。另外，例如欧盟这样的关税同盟，也是贸易审查的一个特例。

3. TPRM 的内容

曾经有国内学者将 TPRM 归纳为一项"三合一"的制度，即对成员内部政策透明度的提醒和督促、对多边贸易体制产生影响的国际贸易环境的年度回顾，以及对 WTO 各成员具体贸易政策和做法的定期检查。[②] 其中，第三个方面也就是一般认为的贸易政策审议的核心。前任贸易政策审议司官员 Sam Laird 曾经用这样的比喻来形容贸易政策审议制度："贸易政策审议制度是世界贸易组织内部一个主要的政策透明度机制，它就像一面透视镜，使得 WTO 各成员可以相互检查彼此的贸易政策和实践措施。与 WTO 的其他各项机制不同，TPRM 不仅针对某一项 WTO 规则，而且是针对 WTO 某成员贸易政策的全方位审议。"[③] 贸易政策审议的核心内容是对被审议成员贸易政策的审查和评议，用 TPRM 的措辞就是贸易政策和实践措施（Trade Policies and Practices），包括被审议成员的政策、法律、法规及其实施，这些内容涵盖了货物贸易、服务贸易和与贸易有关的知识产权三大议题。在审议实践中，除了这些已经

---

① 对外贸易经济合作部国际经贸关系司（译）. 世界贸易组织乌拉圭回合多边贸易谈判结果法律文本：汉英对照. 北京：法律出版社，2000：380.

② 王新奎. 入世后过渡期贸易政策评审机制对深化中国经济体制改革的影响. 世界贸易组织动态与研究，2004（2）：2.

③ Laird, Sam: The WTO's Trade Policy Review Mechanism-from Through the Looking Glass, The World Economy, Vol. 22, Issue 6, 1999, P741.

存在的文本惯例，TPRM 还要对被审议成员的贸易措施对多边贸易体制所造成的影响进行评估。

4. TPRM 的审议周期

根据《马拉喀什协定》附件三《贸易政策审议机制》第 C 条第 ii 款规定："所有成员的贸易政策和做法均应接受定期审议。各成员对多边贸易体制运行的影响是确定审议频率的决定因素，此种影响按其在一最近代表期的世界贸易中所占份额确定。按此确认的前 4 个贸易实体（欧共体计为一实体）每 2 年审议一次。其后的 16 个实体每 4 年审议一次。其他成员每 6 年审议一次，但可对最不发达成员确定更长的期限。"

WTO 对中国的贸易政策评审与对 WTO 一般成员的贸易政策评审不同。中国 2001 年加入 WTO 时，按照中国在世界贸易中的排位，应该每 4 年接受一次审议。按照中国的年贸易量，现在对中国的审议周期应该是每 2 年审议一次，对中国的第一、第二、第三次常规贸易政策审议也已经分别于 2006 年、2008 年和 2010 年举行。但是除此之外，根据《中国加入世界贸易组织议定书》第 18 条"过渡性审议机制"（Transitional Review Mechanism，TRM）的规定，中国应在加入后的前 8 年和第 10 年，分别接受 WTO 的 16 个机构①和总理事会对中国执行 WTO 协议情况进行的一年一度的过渡性审议。按照议定书的 18 条还规定，我国应在接受审议前向 WTO 每一下属机构提供给相关信息，这些下属机构包括货物贸易理事会、服务贸易理事会、与贸易有关的知识产权理事会、国际收支限制委员会、市场准入委员会、农业委员会、技术性贸易壁垒委员会、卫生与植物卫生措施委员会、补贴与反补贴措施委员会、反倾销措施委员会、海关估价委员会、进口许可委员会、原产地规则委员会、与贸易有关的投资措施委员会、保障措施委员会和金融服务委员会等 16 个机构。2001 年中国入世时，接受审议的第一梯队是美国、欧盟、日本和加拿大（即所谓四方，"Quad"）。由于之后中国逐步取代加拿大，跃升为排名前四的贸易方，现在第一梯队的名单已经更新为美国、欧盟、日本和中国，每两年须接受一次贸易政策审议。因此，中国从入世之日起，除了要接受专门针对中国的额外的过渡性审议外，还从 2006 年起接受每 2 年一次的常规审议。过渡性审议和常规审议一起，使得中国成为受审议最为频繁的成员。

贸易政策审议描述事实大于分析因果。当然，这是由 TPRM 的透明机制

① 这 16 个下属机构包括 3 个理事会和 13 个委员会。它们是货物贸易理事会、与贸易有关的知识产权理事会、服务贸易理事会、国际收支限制委员会、市场准入委员会、农业委员会、卫生与植物卫生措施委员会、技术性贸易壁垒委员、补贴与反补贴措施委员会、反倾销措施委员会、海关估价委员会、原产地规则委员会、进口许可程序委员会、与贸易有关的投资措施委员会、保障措施委员会和金融服务委员会。

性质决定的，作为 TPRM 的基本原则，TPRB 最应当完成的任务就是陈述 WTO 成员的贸易政策相关事实。但是可以看到，在针对某个 WTO 成员的审议过程中，其他成员所关注的政策焦点问题，不仅会影响到被审议成员日后的政策调整方向，也很有可能对全球贸易造成影响。因此，从这个角度来说，贸易政策审议具有一定的政策预见功能。目前，WTO 在整个审议过程中的角色是中立的，是一条反映事实的渠道、一个对话交流的平台。我们承认，WTO 在其中不应当掺杂任何的倾向性意见，但是作为信息汇集的中心，WTO 应当可以在一般政策审议的基础上，对一些成员的政策走向提出指导性意见。毕竟，WTO 是一个超主权的国际性经济组织，有义务协调其成员的经济贸易关系。通过这些意见，能够更好地发挥 WTO 的监督作用。

我国的过渡性贸易政策审议阶段

2001 年 12 月 11 日，中国经过了长达 15 年的艰苦谈判，最终签署了《中国加入世贸组织议定书》（以下称“议定书”），正式成为 WTO 成员之一。这 15 年可以说是伴随着中国改革开放的步伐，是从经济体制、法律法规到市场准入等各个方面的改革。在这份议定书的第十八条规定了对于中国的“过渡性审议机制”（Transitional Review Mechanism，简称 TRM），要求中国入世后的八年时间内，每年接受过渡性审议，第十年或在总理事会决定的更早的某个时间做出最终审议。

2002 年 9 月至 12 月，WTO 的 16 个机构和总理事会对中国进行了第一次过渡性审议，这次审议可谓是在各方的分歧和争议中进行的。审议开始之前，中方认真制订工作方案，收集信息，以及提交通报资料，同时，也积极与其他成员方进行磋商，尽可能在审议之前解决更多的问题，即使未能解决，也做到心中有数，为之后的问题回答做好准备。审议期间，中国认真回答成员方各种问题，同时也对不合理要求进行反驳。共回答成员方书面问题 1 024 个，其中美国的问题就多达 335 个，发达成员方主要在贸易体制及法律制定过程中的透明度问题、知识产权问题、服务贸易领域市场开放问题和汽车行业产业政策问题等方面给予巨大压力，而发展中成员方则普遍称赞我国在入世承诺履行上所做的努力，认为中国在法律法规的制定和修改、行政管理体制的改革、普及世贸知识、使国内贸易体制符合世贸组织规则等方面取得了举世瞩目的成果，同时对多边贸易体制的贡献也很大。用总理事的话来说，“中国已基本完成了所承诺的第一年要履行的义务”。

2003 年的第二次审议，中国面临来自各成员方更大的压力，尽管对我国在修改关税配额管理体制、放开汽车、金融服务等方面表示认可，但是在知识产权方面等方面，外界质疑依然不断，尤其是美国，美国提出了 17 页包括

80 个问题，对我国知识产权保护严重不满，另外，例如农产品贸易政策、服务行业开放，汽车产业政策国民待遇等问题都是美国所关注的。欧盟同样也表达了对我国汽车产业政策的质疑，以及对服务行业准入要求提出不满。在此次过渡性审议中，美国和日本虽然也承认我国在使反倾销立法和实践符合 WTO 协议方面所做的不懈努力，但同时也指出了诸多质疑，例如，中国没有把调查和复审程序特别是有关损害调查的法律文件向有关各方充分公开，导致许多被调查的公司没能有效行使答辩的权利；没有公布行政当局决策过程和理由，特别是据以做出裁决的实质性事实和分析过程等关于透明度问题。美方还认为，虽然中国已经通知其外经贸部和国家经贸委的职责由商务部承担，但是国务院关税税则委员会的职责仍然不清楚，美国因此敦促中国界定清楚关税税则委员会的职责，包括何种情况下由该委员会做出决定以及遵循何种程序。日本也希望中国进一步改善反倾销程序，特别是启动调查程序的通知程序以及相关信息的公开。总的来说，尽管各方施与更大压力，但是中国也算顺利完成这次审议。

2004 年 11 月，中国接受 WTO 的第三次过渡性审议。此次审议中值得一提的问题是成员方针对中国在保障性措施的法律法规和实践所提出的异议，其中美国对保障措施调查过程中提交的机密数据将如何得到保护很关注，尤其是雇佣外聘顾问（Outside Experts）时。美国同样关注在诸多程序性要求和限制下，利益相关方和一般公众如何接触保障措施调查中的非机密报告。对于措施实施前，临时措施征收的保障措施关税的退税（Refunding）问题，美国提出质疑。欧盟也表达了目前对早有讨论的 31 条的特殊兴趣，当中国受制于歧视性保障措施时采取某种形式的对应措施（Counter-measure）的可能性也很关注。中方代表表示，中国已经在过去一年中对《中华人民共和国保障措施条例》做了修改，以符合 WTO《保障措施协议》的要求，对于其他代表团的意见，中方表示已经注意并给予关注，中国也希望在委员会的框架下和其他成员交换意见，但他更希望通过正常的程序进行交流，而不是通过过渡期审议机制（TRM），因为中国在 TRM 上的态度是鲜明的，即中国不会对其他成员提出的问题给予书面答复。

2005 年至 2009 年的最近 5 次过渡性政策审议依然延续了之前审议的模式和关注点。发出质询的 WTO 成员仍然是以美国、欧盟和日本为主，其次是澳大利亚和加拿大两个成员在服务贸易领域，尤其是金融服务贸易问题上提出了特别的关注。从受到质询的行业上来看，依然集中在汽车、钢铁、化工、能源。而焦点问题在于焦炭、萤石、有色金属、稀土、矿产品和其他原材料的出口限制，以及进口汽车零部件达到一定比例视同整车进口的规则。同时，在几个专门领域，各成员也提出了质询。在动植物检验检疫方面，美国和欧盟都认为中国在限制其动物制品进口时所出具的报告缺乏科学调查和风险评估。在农业问题上，美国认为中国的关税配额制度不够透明，中国对出口农产品采取的退税政策属于补贴，同时存在歧视性 VAT 减免待遇。在技术贸易壁垒方面，日本和欧盟仍然十分关注 CCC 认证体系，认为该体系给其本土企业带来了不必要的行政负担，因此向中国提出简化认证流程、缩短认证申请时间的要求。在与贸易有关的知识产权领域，日本和欧盟都要求中国取消或降低对侵权行为处罚的刑事门槛，也对申请知识产权案件调查过程中的信息和数据保护提出了要求。在 2006 年的质询中，美国要求中国对如何将查没的假冒产品清理出商业渠道进行详述，而这一点也是 2007 年美国针对中国就知识产权问题诉诸 WTO 争端解决机制的预演。欧盟于 2007 年首次提出网上侵权的问题。在补贴与反补贴领域，自 2007 年起，除了传统的农业补贴问题，美国更是将质询的产业扩展到了中国的软件与集成电路行业和银行金融业，2008 年还提出了中国的土地资源管理问题。美国认为中国对土地资源的国家控制是为了其工业发展的需要①，因而据此认为这是一种对个别产业的补贴行为。在与贸易有关的投资措施领域，欧盟于 2009 年向中国提出了对国产化率标准要求以及对合资企业控股比例要求的修正。而随着时间的推移，中国入世之后出现的一些问题也开始显现历史效应。例如，2007 年部分涉及美国产品的反倾销案件在几年中将进入终期审核阶段，因此美国希望中方能够提供充分的信息渠道使相关企业得以捍卫其权益。②

在之后的几次连续过渡性审议中，对于各成员方对我国的审议关注程度有增无减，涉及问题也越来越多，但关注核心领域仍然没有改变，首先，中国贸易体制以及法律、法规的制定过程中的透明度是一个广泛关注的议题，尽管我国的一些部门已经采取一定措施使公众更大程度上参与到法律、法规的制定过程中，也对一些具体法规查询给予的方便，但是其他成员方还是认为我国经济贸易制度没有很好的连续性和稳定性。事实上，对于法律法规的体制完善一直是我国所重点关注的，尤其是在入世之后对各种不合理的法规条例的修改，废止等。其次，部分行业的准入存在较高门槛。通过几次的过渡性审议，我们不难看出，美国、欧盟以及日本频繁对于我国汽车行业，服务领域施压。的确，在这些领域，我国很难一步达到发达成员方所要求的，事实上很多发达成员方本身对于例如服务行业的准入问题上也存在着各种分歧，而我国则是在这过程中不断完善，并在各方面做出一定承诺，例如，中国加入《金融服务协议》承诺在 5 年内逐步取消外资银行经营外汇和人民币

① WTO Document, G/SCM/Q2/CHN/41, 23 Oct. 2008, P. 2 - 3.

② WTO Document, G/ADP/W/462, 27 Sep. 2007, P. 2.

业务的客户和地域限制等。

尽管过渡性审议机制对于我国具有明显的歧视性和额外性，削弱了中国作为WTO正式成员的待遇和地位，但是既然已经同意做为入世议定书的一部分，具有法律约束力，我国应该认同并接受这一制度，尽可能减少其带来的压力和负面效应，充分发挥其正面作用，并着眼于其积极意义。事实上，每年一次的过渡性审议给我国各部门带来巨大压力，但同样也为我国在市场经济体制转型过程中把脉，更为我国在2006年的正式贸易政策审议的启动，做预备工作。

我国的常规贸易政策审议阶段

WTO对我国进行的首次常规审议

2006年4月19日世界贸易组织开始对中国贸易政策进行入世以来的首次审议。在审议大会正式开始之前，WTO秘书处公布了一份长达303页的《中国贸易政策报告》，这份报告耗时两年时间准备，详尽阐述了中国经济环境、贸易与投资政策、相关改革措施等，并对中国经济前景的进行了预测，报告高度赞扬了中国改革开放政策所取得的显著成就，例如：中国的平均关税水平从2001年入世前的15.3%降到2005年的9.8%。同时指出中国在未来的发展中仍面临一些挑战，其中包括收入分配不均衡现象日益突出、经济快速发展造成的资源瓶颈和环境问题、金融和资本市场的改革、提高劳动力素质等。在这次审议中，中国收到了创纪录的1 100多个问题，充分说明这次审议所受到的极大的关注度。

当然，在这样的审议大会上，美国当然不会放过这么好的机会来对中国的各种问题提出质疑。美国指责中国政府通过补贴保护本国工业和企业，美国驻世贸大使特别提到汽车和钢铁行业，还声称中国政府在知识产权方面“执行不力”，盗版侵权现在仍在中国“广泛存在”。欧盟驻世贸大使也对我国银行、电信和建筑服务领域的准入水平发难。

但是，审议大会主席哥伦比亚大使、审议讨论引导人新加坡大使以及印度、智利、美国、欧盟、加拿大、澳大利亚、日本、瑞士等成员的代表均高度评价中国的经济发展。他们普遍认为，中国加入世贸组织给世界带来了机遇，中国信守承诺是对多边贸易体系的重大贡献。各成员代表还对中国在多哈回合谈判中发挥的建设性作用予以充分肯定。

WTO对我国进行的第二次常规审议

2008年，中国贸易规模已经位列世界第三，需要接受世贸组织每两年一次的贸易政策审议。5 月 21 至 23 日，WTO 秘书处举行了对中国的第二次贸易政策审议。事实上，在这过去的两年中，欧美等成员方不断对我国贸易政策提出质疑，并将中国汽车零部件进口管理措施、补贴问题、知识产权、出版物市场准入、金融信息管理措施等诉诸 WTO，这也预示着此次的审议大会上中国必将会面临更多的问题。

按照惯例，会前一个月，WTO 秘书处向成员散发了《中国贸易政策报告》。到 5 月 15 日为止，共有美欧和巴西、印度等 19 个 WTO 成员向中方提出了约 900 多个问题，包括中国政策透明度问题、进出口方面的某些限制措施、政府对某些投资领域的非直接干涉、知识产权问题、服务业开放问题以及金融改革问题等。会前，中方提交了大约 2/3（共 524 个）问题的书面答复。其他问题的答复也将在 WTO 规定的时限内，即审议结束后的一个月内完成并向秘书处提交。

审议大会上，一些成员方就关注的中国政策与中方展开激烈的交锋，针对有关成员对我国贸易政策在“倒退”的论调，我国进行了有力的驳斥，并重申“中国改革开放坚定不移”。在各方争议问题中，首当其冲的是关于人民币汇率问题，各成员方，包括秘书处都认为中国的汇率制度市场化不充分，以至于人民银行通过利率水平控制流动性的效果被大大削弱，货币政策面临紧迫的通胀挑战，个别成员方还强调中国汇率被低估的问题，对此中国的回应是汇率问题并不属于贸易政策审议的范围，汇率的低估与否应该让市场来检验。此外对于农业市场的开放问题也引来诸多争议，的确，在这方面中国是存在农业保护，但是这也是各成员方普遍存在的，况且作为一个 13 亿人口的发展中国家，对粮食的某些方面进行管制，这也是可以理解的。

在这次审议大会结束之后，WTO 贸易审议机构主席对本次针对中国贸易审议工作进行了总结，他强调：“各成员方赞赏中国所进行的不断改革，包括贸易自由化方面的进步，这些改革对于中国自上次贸易政策审议以来每年实际以超过 10% 的经济增长做出了贡献，同时也促进了人均收入的快速提高和贫困的减少”。

WTO 对我国进行的第三次常规审议

2010 年 5 月 31 日至 6 月 2 日，WTO 秘书处对中国进行了第三次的贸易政策审议，此次审议中既有常规审议的特点，又有后危机时期特定的国际经济环境。在 2008 年金融危机爆发之后，贸易保护主义在各成员方都有抬头之势，中国的经济政策和贸易政策，对于推动经济复苏具有重要作用。

本次审议前，世贸成员共向中国提交了 1 508 个书面问题，创造了历史纪录，可见中国所受关注的程度。其中美国提出 148 个，欧盟提出 250

个。在世界各国（地区）都在为抵御经济危机所带来的经济不景气时，中国已经成为全球第三大经济体、世界第二大贸易体和第一大出口方，在经济危机中，中国通过扩大内需和增加进口，不仅为自身的经济复苏和结构调整创造条件，同时也为其他贸易伙伴创造了更大的出口市场，带动了其他成员方的经济复苏。世贸组织公布的《中国贸易政策审议报告》中，也高度赞扬了中国近两年来经贸领域所取得的显著成就。与会的世贸组织成员也普遍认为，中国经济发展给世界带来了机遇，在应对全球金融经济危机中发挥着重要作用。

在为期两天的审议中，许多世贸组织成员称赞中国在应对全球金融经济危机中抵制贸易保护主义和帮助增加全球需求的努力，并肯定中国为推动全球经济复苏所做出的重要贡献。但与此同时，来自发达成员方的压力也明显增大。

在秘书处报告和各代表团的发言中也不乏对中国贸易政策的指责和批评，尤其是来自美国和欧盟的指责尤为尖锐。在此次审议中，有几个问题尤为突出，首先是关于中国的政府干预和透明度问题，在《中国贸易政策审议报告》中指出，中国使用产业政策来指导某些部门的发展，2009 年推出了 10 大产业振兴规划，对国有企业给予政策倾斜，其中技术转让、歧视外国设备的做法有违反 WTO 规则之嫌。中国的贸易政策体制复杂且不够透明，动辄朝令夕改，给行政裁量和腐败创造了空间。中国还大量使用关税和非关税壁垒、国营贸易、出口限制和出口退税等手段调控进出口。

其次，是出口限制，这是中国出口体制的一个重要特征，具体包括出口禁令、出口许可、出口配额、出口税和出口商品增值税不足额返还等，其中，增值税不足额返还被认为是变相构成了出口税。

其他问题诸如，我国为保护环境淘汰落后产能而实施的对部分资源性产品的出口规范行为被认定为出口扭曲行为。中国在标准和合格评定方面也被认为存在违反透明度和国民待遇等问题，如 WAPI 加密标准、“绿坝”事件、3G 标准、3C 认证等被认定为典型的技术性贸易壁垒。知识产权侵权在中国较普遍存在，知识产权执法力度不足等老生常谈的问题。

贸易政策审议机制对中国的意义

首先，过渡性审议机制是 WTO 其他成员利用中国申请加入 WTO 的谈判地位附加给中国的一条不公正的条款，带有明显的歧视性，是由美国首先炮制并在多边谈判中施加给中国的，是专门针对中国而制定的一项特殊规定，是用于监督中国履行加入 WTO 承诺的一项特殊机制，迄今为止在 WTO 中没有任何先例可循，这明显违反了 WTO 的基本原则——非歧视原则，是非歧视原则的一种国别例外。[①] 第二，过渡性审议机制的权利与义务具有不对等性，它极大地赋予了 WTO 其他成员对中国贸易政策审议的权利，同时使中国承担了更多的义务，是对中国提出了高于 WTO 任何成员的一项要求，具有额外性。第三，过渡性审议所涵盖的内容具有广泛性和复杂性。在过渡性审议中，中国必须接受 WTO 下属 16 个机构和总理事会对贸易政策的审核，程序上先由下属机构评审材料，并将材料通报给有关理事会，再由总理事会根据《中国入世议定书》附件 1B 规定的框架和各下属机构通报的评审结果进行评审。[②] 此番程序，相比常规审议的报告准备和评审会议两大阶段要复杂得多，增加了我国相关部门的行政工作量。

一般的国别贸易政策审议，审议内容都是成员的贸易政策和做法，审议结果对各成员不具有直接的约束力和强制力。但是，针对中国的过渡性审议机制在审议内容上，更侧重于中国加入 WTO 承诺义务的履行与完成情况。这主要是因为其他 WTO 成员认为中国还是一个非市场经济国家，制度环境方面还不完善，在贸易政策和措施的制定和实施上仍具有随意性，从而对中国是否能按时、全面履行加入承诺心存疑虑。所以，对中国进行过渡性审议就主要审议履行承诺情况，具有极强的针对性，参照的文本主要是《中国加入世界贸易组织议定书》。由于国际社会对中国履行承诺情况极为关注，加上审议周期频繁，使得中国的贸易政策和措施被置于国际社会的广泛监督之下，这种强大的外部压力对中国构成了一定的制约。

中国目前正处于经济改革过程中，贸易体制、贸易政策确实存在着诸多问题。在对中国的审议过程中，这些问题都可能被 WTO 成员拿来向中国施加压力。中国正好可以充分利用这一外部压力，主动加强对自我的监督和检查，减少或制约国内保护势力对政府政策的扭曲，有效地降低经济关系调整和改革中的阻力，坚定不移地加快国内调整和改革，加快市场经济体制建设及调整国内产业结构的步伐，进一步完善中国的贸易体制和政策。从这种角度看，贸易政策审议机制就如同中国改革的外部约束，使得改革只能前进而不能后退。通过参加贸易政策审议，中国可以评估其政策的合理性和合法性，同时也通过这样的分类掌握各类贸易争端的紧迫性，从而做出应对上的战略安排。[③] 一直以来，中国都以谦虚的态度参与贸易政策审议，因为秘书处相对独立和客观的地位，使贸易政策审议为中国带来了一个让贸易伙伴了解我们的机会。

---

① 陆燕．发挥正面影响——WTO 对我国的过渡性审议机制评述．国际贸易，2004（3）：15.

② 陈咏梅．WTO 贸易政策评审机制法律问题研究．西南政法大学博士学位论文，2007：136.

③ 程大为．WTO 对华第三次贸易政策审议的制度效应．WTO 经济导刊，2010（7）：44.

此外，在应对审议过程中，中国政府各部门加强了内部的合作、讨论与交流，而且，审议过程中其他成员针对中国的提问也都及时地在WTO网站上予以公开。这样，与贸易相关的各利益主体能够更加方便、快捷地获得有关贸易政策信息，这对于加强中国贸易政策的国内透明也起了很大作用。而国内透明的提高，将会增强国内支持贸易自由化的力量，从而提高贸易政策的稳定性、连续性，增强贸易政策的可预见性。从企业的角度来说，贸易政策审议可以为进出口企业提供与之实际利益密切相关的信息。通过贸易政策审议而提高的国内政策透明度，有助于为企业经营决策提供有力、便捷的政策依据。从这一点上来说，正如贸易政策审议机制所预期的那样，该机制在WTO成员方内政策制定的问题上适当地扮演了监督的角色。当然，必须承认，增强贸易政策制定的国内透明问题在中国还有着极其漫长的路程。

再者，无论从过渡性审议还是常规审议的质询来看，WTO成员所关心的问题都很有可能成为日后提起争端解决的起因。因此，在经历了多次审议之后，我们不难从这些问题中发现一些脉络。程大为曾经归纳过第三次常规审议中WTO成员对我国的质询。战略性大问题包括：（1）涉及国家的经济体制，如国有制度等；（2）涉及战略性竞争利益，如为了获得稀有的战略性自然资源而抱怨中国出口限制；（3）涉及宏观经济政策或产业政策，如人民币汇率问题；（4）涉及中国未来制度变迁，如政府采购问题。而细节问题包括：（1）常规性关注，如关税措施；（2）规律法规的变化，如技术法规的变更；（3）某一具体问题的关注，如对中国反垄断法中什么是“国家安全”的解释。[①] 一方面，如果将这些问题进行归类和分析，就可以在一定程度上把握到今后可能遇到的贸易争端的解决对策，在问题到来之前掌握主动权。另一方面，WTO的本质原则就是谈判协商，该体系本身并不是用来互相揭短的，因此认真听取其他成员的一些客观、合理、真实的意见，对我国日后进一步完善贸易政策法规非常有益。

因此，从正面影响角度来说，我国不仅把贸易政策审议机制当做是我国履行WTO义务的一部分，还将其作为一个学习的过程。该机制为我国提供了学习和调整的机会，作为一个积极参与多边贸易体制的负责任的WTO成员，中国非常珍惜这些机会。尽管在审议过程中面临种种困难和问题，我国依然坚持履行入世承诺，在回应各类质询的过程中耐心、细致，尽可能真实全面地展示了中国的贸易政策全貌。

我国未来贸易政策审议的工作方向

通过这三次的贸易政策审议，我们注意到，成员方们关注的问题往往是

① 程大为. WTO对华第三次贸易政策审议的制度效应. WTO经济导刊，2010（7）：44.

长期存在的、通过双边机制、其他多边场合等发现各方关注的重点和焦点，这样可以使我们在整个审议过程中做到心中有数，对一些成员方可能提出的尖锐问题做好心理上和实质上的准备工作。当然，我们不难看出，随着我国贸易地位的不断提高，尤其是在经济危机中依然表现出强劲的经济增长动力，世界各成员方对于中国的经济贸易政策给予越来越多的关注，这也可以从中方在审议过程中接收的清单问题数量中显现。贸易审议，这样一个对于一国经济环境、宏观经济政策、贸易与投资的体制和各种具体政策规定的“全面体检”，给了中国一个展示自己的机会，一个发现自身问题的机会，因为每一次准备材料和回答问题方面的任务都是艰难而复杂的，这一过程使我们学会如何在全球视野中来审视自己的每一次审议过程。对于具体某一个议题来说，采取双边多边互动模式，对于受审议国，通过这样的机会能向其他成员方进行很好的解释，展示各方的立场，即便有些问题由于特殊原因暂时未能解决，但是坦然地面对问题，真诚地展示中方解决问题的决心和态度，这也不失为一种取得其他成员方谅解的有效途径。

同时，在这三次的审议工作中，我们也发现了审议工作中的不足之处，将来的工作任重而道远，由于贸易政策审议范围之广，许多议题甚至已经超过了 WTO 协定的权限范围，对于应对如此广泛的议题，已经远非中国商务部能够独立完成，政府的其他职能部门应该全面加入审议工作中来，建立一个应对审议工作的联合机制，增加政策间的协调性和资源配置的有效性，正如今年 3 月由商务部世界贸易组织司召集各个政府职能部门，主办的“世贸组织贸易政策审议工作会议”上，俞建华部长助理所说的那样，审议工作需要各部门加大合作，应对审议工作，增加审议工作的效率。随着未来每两年一次的审议工作已经不可避免，中国商务部以及各个职能部门应把此项工作的任务常态化，在部门内部成立与其他部门协调工作的专门工作小组，以更好的地完成审议工作。

更值得一提的是，虽然入世十年，但是在审议机制中，相比于美国和日本，他们都已经经历 10 次的贸易政策审议，中国还只能算是一个新成员，在经历繁重审议工作和来自各方巨大压力之后，我们也应更好地利用贸易政策审议机制，参与到其他成员方的审议工作中，但是中国在这方面的工作是非常滞后的，这主要是由于缺乏政府部门之间的配合以及与其他机构的参与和支持。以财政部为例，参与其他成员的审议，需要我们花费大量人力和财力对其他成员的经济环境、贸易政策以及我国企业和产品受影响程度进行研究，而我们的政府部门很难在此方面投入大量人力，同时与各个企业、行业协会以及研究机构也缺乏合作，导致对于其他成员方的审议程度不深，未能充分利用好审议机制应有的作用。

上文提到的中国对贸易政策法律法规等方面的清理、调整，不仅是履行入世承诺、应对过渡性审议的需要，而且也是符合中国长远利益的。中国现行的经济体制与建立社会主义市场经济体制的要求相差还较远，要从长远上提高中国经济的竞争力，加强立法程序和行政程序的制度建设是最根本的。因此，中国必须要在建立制度和完善程序方面有所作为，不断提高自己贸易管理的透明度和民主性，以充分实施 WTO 要求的透明度，避免立法及行政过程中可能出现的片面性和不合理性。显然，这对中国现行的以行政立法为主体的体制和程序提出了严峻的挑战，对中国政府涉外经济管理的角色和方式的转变提出了更高的要求，这与中国根本的、长远的利益是完全一致的。

但是，对于发达成员方所普遍关心的汽车、服务贸易、农业等领域的自由化问题，中国则应该适当坚持自己的原则。从经济意义上看，这些领域属于中国应该保护的“幼稚产业”或具有战略意义的产业，这些领域的开放要有合理的节奏，不应该操之过急。我们应当适当地强调，中国的贸易开放是相对的、有条件的开放，而不是在国外压力驱使下的绝对自由。公平原则是 WTO 多边贸易体制的核心原则之一，因此在贸易活动中，我们理应秉承互惠互利、合作共赢的宗旨，在贸易伙伴不采取贸易保护主义的前提下，逐步相对应地开放我国的市场。在审议过程中，WTO 主要成员对中国这些方面存在一定的“私心”。对于这些“敏感”领域的质询，中国可以利用评审的过程，阐述自己的立场和观点，解释中国在认真履行承诺、向 WTO 规则靠拢方面所付出的努力和取得的成绩，以赢得更多成员的理解和支持。同时，也可以利用 TPRM 对 WTO 其他成员贸易政策审议的机会，对中国关心的问题提出质疑，这样，对其他成员也是一个有力的制衡。毕竟，世界上再强大的国家也有需要保护的本国贸易利益。

从政府报告的准备过程来看，我国除了重点阐述入世之后为配合 WTO 规则而做出的政策调整以及历年来取得的经济建设成就外，还应当适度说明我国在经济政策改革中面临的困难。王新奎教授认为，当我国处于被审议地位时，我国所提交的贸易政策报告应全面反映经济贸易的改革进程、经贸政策措施为逐步向 WTO 原则和规则靠拢所做的努力和取得的成绩，并详细说明经济发展需要、发展走向及所面临的内外经济环境、经济贸易政策的目标和实现手段、深化宏观经济管理体制改革的规划和实施步骤，并在说明实际困难的同时，对于我国某些暂时难以与 WTO 原则和规则接轨的方面如实报告。[①] 由于我国过去在相当长一段时间内受到计划经济体制的制约，一些经济贸易政策很难在短时间内完全与国际接轨。对这些方面的如实报道，将有助于我

① 王新奎. 入世后过渡期贸易政策评审机制对深化中国经济体制改革的影响. 世界贸易组织动态与研究，2004（2）：5－6.

国树立务实进取的国际形象，并取得其他 WTO 成员的谅解和尊重，同时为我国调整相关政策赢取宝贵的时间。

综上所述，对于各成员提出的合理问题，可以在短期内改正的，我国应当积极配合并且提出改进的方案和前景；而对于不能在短期内修正的合理问题，则应当向其他成员明确解释我们的处境和态度，在取得其他成员谅解的同时争取改进问题的时间。当然，不可避免的是，一些成员可能借贸易政策审议的机会来攻击我国，那么对此类问题，我们需要据理力争，从而在国际舞台上树立良好、积极的正面形象。

总结

对于过去的过渡性审议，尽管充满着争议和歧视，但是中国已经顺利完成，未来只需要完成正式审议。接受和参与到 WTO 的贸易政策审议，是每一个成员的权利和义务，通过贸易政策审议，增进成员间的了解和互信，预防和减少贸易争端，这也是审议机制的最大价值所在。我国作为世界贸易大国，理应更积极地参与其中，并充分利用审议机制所带来的机遇，调解各方分歧，促进各方履行自身义务。

入世十年，也可以说是中国经济接受世界考验的十年，不仅是审议机制本身，也包括各方对于中国市场经济体制的质疑，而中国在这十年中的经济飞速发展，甚至在金融经济危机中所体现出的持续强劲的发展动力，让世界认识到中国在世界经济与贸易中的重要地位。审议机制对于中国这样一个发展中国家，所能带来的积极效应必然是毋庸置疑的，这也正是中国发展过程中所需要的。

中国执行 WTO 争端解决结果十年考[①] *

考察一个 WTO 成员方对其争端解决机制的态度，存在很多方法，例如对争端解决机制的利用和参与，推动争端解决机制改革的愿望等，然而最本质的途径是考察该成员方对争端解决结果的执行。在中国加入 WTO 十周年之际，本文拟对中国执行 WTO 争端解决结果的情况进行阶段性的总结。在数据统计的基础上，从具体的执行方式、执行效果、执行领域以及执行难度等角度展开深入分析。并运用国际法、国际关系以及政治经济学中的相关理论，结合中国当前政治经济及法律体制等方面的基本国情，解释中国切实执行 WTO 争端解决结果的内在推动力、客观障碍和现实阻力等。最终概括出中国执行 WTO 争端解决结果的特点以及中国尊重 WTO 多边贸易体制及其争端解决机制这一基本态度和立场，并对未来中国如何更恰当地执行 WTO 争端解决从而维护多边贸易体制略提建议。

中国执行争端解决案件的数据统计

根据 WTO 官方网站统计，自 2001 年 12 月 11 日中国正式加入 WTO 至 2011 年 9 月 1 日，中国共在 8 个案件中以申诉方身份参与争端解决，在 22 个案件中以被诉方身份参与争端解决，在 78 个案件中以第三方身份参与争端解决。根据本文设定的考察中国执行争端解决案件的命题，我们研究的对象限于中国以被诉方身份参与的案件。作为被诉方，中国共参与了 22 个案件，其中 11 个案件已经结束，8 个案件尚未达成任何结果（或正在磋商或处在专家组/上诉机构程序中）。在这 22 个案件中，申诉方只涉及 5 个成员方，其中美国共在 11 个案件中提起申诉，欧盟名列第二，在 5 个案件中提起申诉。剩余三方分别是：墨西哥 3 次，加拿大 2 次，危地马拉 1 次。其中共有六组案件是由不同成员方根据相同事由提出的相同申诉，因此真正涉及的争端数量为 13

* 徐昕，上海对外贸易学院 WTO 研究教育学院讲师、法学博士
张磊，上海对外贸易学院 WTO 研究教育学院院长、教授

① 本文载：《理论探索》2011 年 第 6 期，p. 130 - 132。本文同时也是上海对外贸易学院承担的 WTO Chairs Programme（WCP）项目的阶段性研究成果。

起。从时间上来看，中国从 2004 年开始第一次作为被诉方参与 WTO 争端解决，从 2007 年开始被诉案件不断增多。

对于这 22 起被诉案件，试按照执行状况列表如下[①]：

表 4 – 3　　　　中国执行争端解决案件情况

已结束的案件（11 个）	磋商达成谅解备忘录并已执行	6 个[②]
	通过专家组/上诉机构报告并已执行	5 个[③]
未结束的案件（8 个）	磋商中	6 个
	进入专家组程序	2 个
	进入上诉审程序	3 个

在通过磋商达成谅解备忘录的 6 起争端中，几乎全部以被诉方中国做出全部或部分让步才得以达成协议，中国随后履行了谅解备忘录中的内容。而通过专家组/上诉机构报告的 5 起争端中，中国也几乎全部在合理执行期限内完成了对己方不利的裁决和建议。对比其他成员方的执行情况，这是一个非常了不起的结果。按照 WTO 秘书处前任法律司司长威廉 · J. · 戴维（Wililam J. Davey）对前十年的情况进行的统计，“大约有 60% 的案件在合理期限之内或之后不久得到执行，有 20% 的案件尽管最后得到执行，但有重大拖延，平均拖延时间是 13 个月。在剩下的 20% 中，有 6 个案件处于 DSU 第 21. 5 条的执行审查程序之下，另有 6 个案件则完全没有履行。”而截至 2010 年 2 月，美国对裁决或建议没有执行或执行存在争议的案件就有 11 个。同一时期欧盟的统计数字是 13 个。[④] 以下将从不同角度对中国执行 WTO 争端解决结果的良好状况做进一步深入的剖析。

中国执行争端解决结果的研究分析

第一，执行程序严谨、完善。按照 DSU 的规定，作为执行争端解决的第

---

① 按照 WTO 官方网站公布的信息统计而成，统计时间截至 2011 年 9 月 1 日。

② DS309：China-Value-Added Tax on Integrated Circuits（Complainant：US）；DS358，359：China-Certain Measures Granting Refunds，Reductions or Exemptions from Taxes and Other Payments（Complainants：US，Mexico）；DS372，373，378：China-Measures Affecting Financial Information Services and Foreign Financial Information Suppliers（Complainants：EU，US，Canada）.

③ DS339，340，342：China-Measures Affecting Imports of Automobile Parts（Complainants：EU，US，Canada）；DS362：China-Measures Affecting Protection and Enforcement of Intellectual Property Rights（Complainant：US）；DS363：China-Measures Affecting Trading Rights and Distribution Services for Certain Publications and Audiovisual Entertainment Products（Complainant：US）.

④ 据 WTO 官方网站公布的信息统计而成。

一步，败诉方应首先履行通报执行意向的义务。DSU 第 21. 3 条规定，在专家组或上诉机构报告通过后 30 天内召开的 DSB 会议上，有关成员应通知 DSB 关于其执行 DSB 建议和裁决的意向。中国在所有执行案件中都很好地履行了该通知执行意向的义务。[①] 其次，如果立即执行不可能，则败诉方应按照 DSU 第 21. 3 条各项的规定确立一个执行的合理期限。按照 DSU 第 21. 4 条的规定，该合理期限在任何情况下不应超过自专家组和上诉机构报告通过之日起的 15 个月。中国在五个执行案件中均通过与对方磋商达成了关于执行期限的协议，其中最长的是在 DS363 中，中方与美方达成了合理执行期限为 14 个月的约定。在 DS362 中，中美约定合理的执行期限为 12 个月。在 DS339、DS340、DS342 系列案件中，执行期限则为 7 个月 20 天。全部符合 DSU 第 21. 4 条的规定。再次，在合理期限届满时，败诉方应向 DSB 提交报告，描述其具体的执行状况。如果该报告为申诉方接受，则执行完毕。如果败诉方未能提交该报告或者申诉方对此表示异议，则执行程序将继续推进，转入由申诉方和败诉方就不执行的赔偿问题展开磋商及之后成立执行专家组等程序。到目前为止，中国在所有执行案件中都在约定的执行期限届满时提交了执行状况的报告书。[②] 总之，中国对 DSU 规定的执行程序履行的非常完善，这既表明了中国对争端解决规则的理解和运用日渐成熟，也表明了中国非常良好的执行意愿。

第二，执行程度高，执行效果好。这主要表现在以下几个方面。(1) 完全执行率高。通常，各国对于 WTO 的裁决和建议的执行状况会被分为完全执行、不完全执行和完全不执行三种情况。中国对于前述 11 个案件的执行没有完全不执行的情况，只在 DS362 和 DS363 中，申诉方美国表示其尚不能认同中国关于其已执行 DSB 裁决和建议的声明。为此，双方在两个案件下分别通知 DSB 其已就 DSU 第 21、22 条项下的程序达成了协议。如果最终中美双方在是否存在为遵守建议和裁决所采取的措施或此类措施是否与适用协定相一致的问题上存在分歧，则美国可以提出磋商请求并直至要求成立 DSU 第 21. 5 条项下的执行专家组。截至目前，WTO 官方网站尚无双方在 DSU 第 21、22 条项下程序的最新进展通报，因此中国对这两个案件的执行情况如何尚有待

---

① 是否履行该通知义务表明了成员方执行案件的意愿，因此，并不完全是一种形式和走过场。例如在欧共体香蕉案（EC-Banana），欧共体牛肉案（EC-Hormones）及加拿大飞机案（Canada-Aircraft）等。在这些案件中，败诉方在履行通知义务时含糊其辞，没有明确执行意向的具体内容，而其后这些案子果然出现了不执行或拖延执行裁决情况，因此，是否良好履行通知执行意向的义务也是表明成员方执行诚意的风向标。

② 其中在 DS362 和 DS363 中，美方与中方就开展 DSU 第 21、22 条项下的程序达成了一致约定，详见下文介绍。

最终确认。相比之下，截至 2009 年，美国被诉并被其贸易代表认定败诉的有 37 个案件，其中完全执行的案件 19 起，不完全执行的案件 9 起，完全不执行的案件 6 起，另有 3 起案件尚处于执行审理过程中。其完全执行率只有 51%，这一数字显然低于中国。(2) 执行时间短。在中国全部 11 个执行案件中，尚不存在拖延执行的情况。中国均是通过合理利用 DSU 的规定争取到合理执行期限并在该期限内完成执行。(3) 执行质量高。正如威廉·J.·戴维所阐述的，成员方在执行 WTO 争端解决结果时存在质量高低。执行裁决和建议存在或撤销或修改与 WTO 协议不符的国内法这两种不同的做法，两者在效果上显然有高下之分。中国在执行 WTO 争端解决结果时高频率地通过颁布新的行政法规或部门规章来取代之前违反 WTO 协议的争议法规，属于高质量的执行。

第三，执行所涉领域广，敏感行业多。在中国作为被诉方的 22 起案件中，争议措施涉及贸易救济、出口限制、进口关税、服务贸易、与贸易有关的投资措施以及知识产权等多个领域。其中出口限制涉及国家重要的原材料物资，服务贸易涉及敏感的金融信息服务，知识产权则涉及文化产品的市场准入。中国能够在这些领域坚持执行 WTO 下的争端解决结果，确实表明了中国非常高的执行意愿。例如在 DS363 中，中国商务部条法司就该案的执行表示："尽管中方对于世贸组织对此案的裁决持保留意见，但中方尊重世贸组织裁决。出版物案涉及文化产品的市场准入，具有不同于一般贸易争端的复杂性，希望相关成员方充分理解中方在执行方面所面临的困难及其复杂性"。在这一涉及"意识形态"的案件处理中，中国政府能够努力按 WTO 裁决去修改条例，显示了中国政府对 WTO 机制的高度认可。

第四，执行难度大。总体来说，对于 WTO 争端解决结果的执行，往往涉及不同等级的法律或者政策的调整。大致可以分为贸易措施的调整、法规规章的调整以及法律的调整。其中，最为容易完成的是对贸易措施的调整，由于这类措施位阶低、涉及部门少，所以案件的执行都会比较容易。其次是对法规规章的调整。但如果涉及法律的调整，不管是修改、撤销还是重新制定，难度通常都要大大增加，因为各国的立法程序通常对法律的立、改、废规定了严格的程序要求。此外，在像美国这样立法、司法、行政三权分立的国家，则执行 DSB 的裁决和建议往往还会受到国会的阻挠。

在中国目前的所有执行案件中，几乎没有涉及贸易措施的调整问题，涉及最多的是调整行政法规和部门规章，剩余的则需要修改法律，例如，在 DS309 中，中国修改了国务院 2000 年颁发的《鼓励软件产业和集成电路产业发展的若干政策》(国发［2000］18 号）这一行政法规，取消了其中的若干相关规定。在 DS339、DS340、DS342 中，中国工业和信息技术部，国家发改委发布了联合法令，终止执行《构成整车特征的汽车零部件进口管理办法》。这就属于部门规章的调整。在 DS358、DS359 中，中国的执行措施是颁布新法规以取代中国财政部、国家税务总局颁发的若干部门规章。[①]修改法律的情形则包括在 DS362 中，中国为完成专家组的裁决和建议，通过第 11 届全国人民代表大会常务委员会修改了《中华人民共和国专利法》等。

执行难度大的另一表现是多数执行案件涉及多项法律法规和部门规章的立、改、废。例如，在 DS363 中，总共涉及 19 个法规和部门规章。在 DS358、DS359 中，争议法规也多达 10 项。而在所有案件中，没有任何一个执行案件只涉及一项法律、行政法规或部门规章。也即，多数执行案件中，中国都至少需要一个以上的政府部门开展合作与协调，有时则需要立法机构与政府部门的共同努力。因此，可以说中国为快速有效的执行 WTO 争端解决结果确实克服了诸多困难。

中国执行 WTO 争端解决结果的理论分析

从以上分析可以看出，中国对 WTO 争端解决结果的执行是非常出色的。然而，WTO 争端解决的执行机制本身是非常薄弱的。正如上诉机构成员之一谷口安平所说，WTO“村落”的所有成员都是平等的，每一个成员有权管理自己的事务，但无权以自己或组织的名义管理其他成员的事务。简言之，“村落”里没有独裁者。因此，对专家组和上诉机构报告的执行就不可能采用类似国内法院判决执行程序那样的方式。WTO 的执行方法相当温和，对于违反义务的行为不具有足够执行力度。因此，关于阐述国家为何执行国际争端解决机构裁决结果之执行学派的观点不足以说明中国的选择。执行学派认为要想使国家执行国际裁决结果，就必须对不执行施加足够高的物质和精神上的成本（包括经济制裁和名誉谴责）才能从根本上解决执行问题。通过在国际体制以及国际组织内设置并加强机构监管、制裁以及宣判制度从而增强其外部约束，将有效地改变国家关于成本－利益的核算。随着被指责以及受处罚的可能性大大增加，国家选择不执行的预期成本也水涨船高。当然，一国的政治和经济实力会显著地降低该国受此类成本影响的程度。因此，缺乏足够的政治和经济实力并对国际声誉以及与他国的合作依赖较强的那些国家会对上述不执行的成本更加敏感。他们也往往更倾向于快速的执行国际争端解决

① 2000 年 1 月 14 日发布的财税字［2000］49 号《关于外商投资企业和外国企业购买国产设备投资抵免企业所得税有关问题的通知》、国家税务总局 2000 年 5 月 18 日发布的国税法［2000］90 号《关于印发（外商投资企业和外国企业购买国产设备投资抵免企业所得税管理办法）的通知》、财政部和国家税务总局 1999 年 12 月 8 日发布的财税字［1999］290 号关于印发《技术改造国产设备投资抵免企业所得税暂行办法》等。

机构的裁决结果。DSU 选择的是一种温和的、不直接的强制执行方式。其中最有效的执行方式是 DSU 第 22 条规定的作为一种授权的自救行为。① 这种实践中被称为报复和交叉报复的机制事实上取决于成员方的经济和政治实力。而中国当前的举国经济贸易实力决定了中国在相当程度上有能力接受报复和交叉报复。因此，WTO 争端解决机制下的执行方式并不足以对中国构成足够的外部约束来完成如此出色的执行结果。

换言之，中国选择良好的执行 WTO 争端解决结果并非主要出于 WTO 施加的外部压力，更多地应该是源于自身对于多边贸易体制及其争端解决机制的态度和认识。

首先，正如社会学及社会建构理论所强调的，WTO 成员方之所以选择执行专家组和上诉机构的裁决和建议，原因在于他们认为如此行事是恰当的，并且他们希望在国际上被看做是具有良好声誉的合作者。而这种认识则来源于通过社会学习以及劝说过程所实现的社会化和规则内在化。中国在加入 WTO 之后，一直在努力了解以及学习通过多边体制维护和推进自由贸易的理念及其具体规则。通过这种不断地学习，中国对 WTO 下的基本原则，例如关税减让、国民待遇、最惠国待遇、差别与特殊待遇、透明度原则等有了基本的认同，对于多边贸易体制和多边争端解决机制有了基本的认同。中国在持续深入地卷入到 WTO 体制中，并看到了该体制对本国经济发展的巨大推动力以及深化国内政治经济体制改革的巨大促进力。因此，中国对于争端解决结果的执行，最本质的原因就在于对于多边贸易体制和多边争端解决机制的认同和尊重。

其次，WTO 经历了不断法制化的进程。和其前身 GATT 相比，WTO 的法律化程度大大提高。这种取向既缘于国内利益集团的偏好与动机的影响，也是由法律的功能价值以及法治精神的发展所决定。加入 WTO 后的这十年间，也是中国不断加强法制建设、提倡依法治国的十年。中国对 WTO 裁决和建议的良好执行，也是出于对法治精神的认同，出于对国际法规则合法性和权威性的认同。

毋庸讳言，在过去的案件中，中国执行裁决和建议的状况也并非完全

① 但是第 22 条对程序规定得异常冗繁，效率低，甚至对执行的成员尤为不利。执行问题总使得争议的解决一拖再拖。如果败诉方坚称自己已经履行裁决的义务，而胜诉方反对这种说法，原来的评审团，现在称执行评审团，必须就被诉方义务是否已经履行作出新的裁决。这一过程可能重复多次。截至 2008 年 3 月，在全部 111 份评审团报告中，其中 22 份还出具了执行评审团报告。这种所谓后续问题（Sequence Problems）是由于 WTO 协议中对“谁有权判定一成员违反义务”和“当事方何时可以对违反义务行为发动报复措施”这两个问题的规定语焉不详造成的，而这种情况的发生使得争端解决变得更为复杂 。

没有争议。例如，在 DS363 中，由于裁决所涉措施众多，并且所属知识产权等敏感领域，尽管中国已尽全力启动国内相应程序修改法律和规章，但美国仍对中国的执行结果表示不满。确实，中国在双方达成的合理期限内没有修改专家组和上诉机构报告中建议修改的全部措施。对此，国际关系理论中的管理学派或许可以做出最好的解释。与执行学派不同，管理学派认为不遵守或不执行并非国家故意而为，也不是成本-利益计算后的结果，而是出于疏忽或由于缺乏执行能力。所谓的执行能力，按照资源中心说的观点，是指国家行动的能力，既包括其财政、军事、人力资源的总和，还包括整合以及协调这些资源并将其输入执行程序的能力。新制度学派则在此基础上补充说，国内体制结构的限制也会影响一国的行动能力。例如，否决者（拥有否决权的人和机构）可以阻止对国际裁决结果的执行并降低国家做出必要调整以执行国际裁决的能力。管理学派还认为，除了缺乏能力，（持续的）不执行问题还可能是因为裁决对执行义务以及执行时间界定不明所导致。总之，按照管理学派的观点，发展中国家和拥有繁复制衡体制的国家在执行专家组和上诉机构裁决和建议时存在先天的困难和缺陷。

中国目前仍是发展中国家，其执行国际裁决结果的能力，尤其是协调相关资源并将其输入执行程序的能力仍然非常缺乏。包括国内经济发展水平的限制、观念上的差异、制度上的不匹配、人才方面的匮乏等。这都影响了中国对 WTO 争端裁决结果的执行。此外，尽管经过了 30 多年的经济体制改革，但中国原来的计划经济理念和制度框架并未完全消除，法出多门、部门间缺乏协调的现象仍有待改进，而国内宪法对于包括 WTO 法在内的国际法与国内法的效力层级问题没有明确的规定，这些国内体制上的限制也在一定程度上影响了中国快速良好的执行相关的争端解决结果。

再则，尽管 WTO 奉行的自由贸易使全球福利达到最大化，但迄今为止没有任何一个国家完全实行自由贸易政策。此外，WTO 作为一揽子协议，其必然会使特定的国家在特定的领域内做出过度、甚至是完全不符合其国内经济发展现状的承诺。[①] 一个不可否认的现实是，任何国家都会在现有国际规则的框架内以实现国家利益最大化为目的。因此，是否以及在多大程度上执行 WTO 的裁决，归根结底要考虑到本国核心的经济发展水平和需求。也即，如果一项 WTO 裁决和建议本身以及其体现的实体法律存在显著的实质不公平和

---

① 中国在加入 WTO 之际，也被迫在《入世议定书》中做出了诸项不公平的承诺，例如第 11 条规定中国原则上应取消适用于出口产品的全部税费，第 15 条确定补贴和倾销时的价格可比性，第 16 条特定产品过渡性保障机制，第 17 条 WTO 成员的保留等。

非正义，这势必也会影响到中国对该项裁决和建议的执行。

结论

根据以上数据统计以及理论分析，对于中国入世十年来执行 WTO 争端解决的状况可总结如下：

第一，中国作为 WTO 中一个日益重要的角色，其对 WTO 多边贸易体制始终持赞成和维护的态度。基于这样的立场，中国对通过磋商达成的谅解备忘录执行的非常出色，对 WTO 争端解决机构裁定中国败诉的案件也几乎全部给予了执行。其执行率远远高于多数拥有更强大的政治经济实力的发达成员方，且比一般的发展中成员方也高出许多。

第二，与西方国家政府出于争取选举投票的压力而不得不给予特定经济利益集团以特殊保护，从而拒绝执行 WTO 某些争端裁决结果的短视性做法不同，中国在是否执行专家组和上诉机构裁决和建议时较少受到国内不同利益集团的游说和压力，而是能更好地从体制和政策的完善角度进行考虑。中国的被诉措施往往反映了中国过去的经济体制与当今进一步持续改革开放政策的冲突与矛盾，折射出改革开放过程中法规、政策等未能及时跟进和革新等方面的不足。因此，中国更多地选择执行 WTO 争端解决结果，也是出于推进自身体制转型、进一步谋求发展的需求。

第三，由于前述执行能力以及国内体制的限制，并随着参与 WTO 争端解决的增多，未来不可避免地将出现执行不力的状况，主要是当执行涉及修改或废止与 WTO 义务相冲突的国内法律时，或当执行涉及大面积的行政法规或部门规章的立改废时，执行可能需要较长的时间或存在一些实际操作上的困难。中国应积极利用 DSU 第 21.3 条的规定为自己争取合理的执行期限，并充分利用 DSU 第 21、22 条项下授予执行方的所有其他权利。

第四，在坚持上述基本立场的同时，中国也应防止某些西方国家利用 WTO 争端解决机制的平台进行赤裸裸的利益争夺。例如，在刚刚结束的多种原材料出口措施案中①，申诉方所谓的关心环保和公平贸易都是借口，核心仍是利益，即希望从中国继续以低廉的价格获得大量的稀有资源供应，满足其国内工业，特别是高新技术产业的发展需要。② 中国一方面应该警惕部分国家为了追求自身利益，利用世贸组织争端解决机制平台，将不合规

① DS394, DS395, DS398, China-Measures Related to the Exportation of Various Raw Materials (Complainants: US, EU and Mexico).

② 有多个国内外媒体及专家表示美国、欧盟和墨西哥的此次申诉意在为稀土资源投石问路。

的利益合法化；另一方面，也应该更加熟悉和善用世贸组织规则，争取自身的合法权益。

最后，任何的执行问题归根结底涉及争议所涉及的实体法律。可以说，WTO 的现行规则基本上都是由世界上一些超级大国按照它们的利益制定的，这种形势对于发展中成员方来说是非常不公平的。作为世界贸易大国和 WTO 的重要成员之一，中国在履行义务的同时，必然也要行使合法权利，推动国际经贸规则向更符合自己期望的方向演化。从长远看，中国应积极参与 WTO 有关议题的谈判，尽量加强与发达成员方的对话与合作，争取发展中成员方的支持。只有 WTO 法更好地体现了实质公平和正义，更好地维护包括中国在内的所有发展中成员方的利益，中国也才能从根本上更加认同其争端解决机构做出的裁决，并对此予以更好地履行。

附　录

世界贸易组织教席计划背景资料和提议指导方针目标

世界贸易组织教席计划（WCP）旨在通过促进高等教育和研究机构在国际贸易和贸易合作方面的教学、研究和公开辩论水平来加深发展中成员方的学者、公民和决策者对贸易制度的认识和了解。

世界贸易组织教席计划将考虑在以下几个方面建立世界贸易组织教席方案以支持发展中成员方的学术机构和相关学者的工作：课程编制、教学、科研和信息。该计划并不要求所有教席申请必须包含以上所有这些项目，以及在甄选决定时在不同的领域有侧重地考虑提议。教席将公开竞标分配。

虽然这些教席将对发展中成员方的学术机构提供直接援助，但是世界贸易组织教席计划同时也欢迎发达成员方的学者和学术机构加盟，特别是那些参与和发展中成员方开展学术合作的同行。计划中涉及发达成员方的构件（旨在促进发达成员方和发展中成员方的机构和学者间的互利合作），一旦该计划确立后将会对其详细说明。该计划将重在培养年轻学者，而非已有建树的学者，同时也将考虑性别和地域因素，并且尽可能采用多国语言作为工作语言。

与各研究机构建立持久的合作关系

世界贸易组织教席计划将给予受惠机构为期四年的财政支持，推动通过一个世界贸易组织教席计划下机构和个人间的持久互动。此互动是基于互联网的服务和产品平台来实现的。鼓励参与并与世界贸易组织一起组织和教授区域贸易政策课程（RTPCs）的高校向世界贸易组织教席提出建议，在世界贸易组织教席计划中正是由于他们的参与才搭建了使现存关系更为巩固的平台。

发展中成员方机构申请教席必须得到提议机构校长/副校长/主席的支持和批准。尽管主要由主办机构负责，申请必须在机构内指派将负责该计划的专人，换句话说，就是指定代表机构行事的教席负责人。教席负责人必须在国际经济、国际法、政治学或国际关系领域担任教学或研究一职。

与此同时，世界贸易组织教席计划将建立与其他个人和机构相关的项目和行动方案，这些都取决于向咨询委员会（见下文）销售金点子供其考虑的个人所定制和促成的要求。

支持教学

通过世界贸易组织教席计划，世界贸易组织力求对在各个学术机构开发和教授的贸易政策和有关世界贸易组织的课程系统化。对发展中成员方大学的教学支持也可以由培训和技术合作研究所通过其学术合作计划来实现。

促进研究

教席负责人也将要求承担研究项目，最理想的是也让初级研究员参与其中。世界贸易组织教席计划旨在促进侧重于扩大专门知识和解释现有研究的政策相关性的研究。主办教席大学将加强世界贸易组织教席计划下与其他机构的学术合作，这些合作包括潜在联合研究，讲学和互访交流的合作协议等。

鼓励和拓展交流

被授予世界贸易组织教席的大学需做出组织公共活动的承诺。这些活动旨在宣传研究，发布信息，促进与国际贸易和贸易合作有关的讨论。同时，世界贸易组织秘书处在提供技术援助时，会将这些机构视为合作伙伴。在本项目中，为了节省成本和时间，秘书处会举办年会，并使该年会和全世界其他类似会议保持联系。秘书处会建立一个专用的网站，以方便查阅信息，鼓励讨论，并提供相关网址链接，以促进相关机构和个人之间基于因特网的网络作业。

与提供支持的大学和国家智库建立联系

此项目将与提供支持的大学和国家智库建立联系，以期为参加项目的发展中成员方的年轻学者提供更多的学习和研究机会。鼓励这类机构加入世界贸易组织教席计划。WTO 秘书处会协助他们募集参加教席计划活动所用的资金。这类活动和 WTO 的其他所有项目相联系，只需向咨询委员会报告，不受 WTO 秘书处的指挥和监督。

资助

教席计划将在四年内向教席受惠机构提供资金，每年最高可达 5 万瑞士法郎。若独立的研究员被教席计划资助，研究员会直接收到上文提到的资金援助，但其他被资助活动的资金须经教席负责人转送。在这期间，WTO 秘书处与其他的研究人员和机构致力于建立经常的联系和获得额外的资源，以保证与项目相关的活动在更长的时期内持续进行。

管理部门：咨询委员会

为了确保教席计划的质量和信誉，将会建立咨询委员会。咨询委员会参与牵涉该项目的所有实质性的决定。在秘书处的主持下，咨询委员会的成员包括学术伙伴，受资助的学术机构，做出贡献的代表和捐赠者。除必要情况需会面外，秘书处尽可能通过电子的方式履行其职能。咨询委员会将建立一套评价体系，对本项目成果和质量进行独立和连续的评价。每年，咨询委员会向贸易和发展委员会报告秘书处所有培训和技术合作活动的情况。

选拔和奖励

WTO 教席合作机构的挑选需经历两个阶段，择优录取。第一阶段关键审核书面申请表的质量和大学是否符合条件。如上文所言，高度重视和 WTO 已经建立合作关系的机构提出的关于区域贸易课程的高质量的提议，仔细考虑曾经申请并且到达第二阶段的候选机构。在第二阶段，候选人可能需提供额外的信息，并且可能受到教席计划的代表团访问。

我国教席申请过程及结果

2008 年 10 月 7—8 日，根据“一国一人”的原则，经有关方面推荐和 WTO 秘书处邀请，上海对外贸易学院 WTO 研究教育学院院长张磊教授代表中国参加了 WTO 秘书处举办的“学术网络构建和学术支持动议”会议。此次会议的宗旨是分享全球范围内与 WTO 教学和研究活动有关的院校和研究机构的经验，建立和确认全球 WTO 学术网络，并对 WTO 提出的“WTO Chairs Programmes（WTO 教席）”提议征求专家意见。“WTO Chair Programmes”是指在全球范围内根据国别选择学术带头人，由 WTO 秘书处对其提供研究资助，并负责举办年度论坛以及年度全球学术会议。

2009 年 11 月 13 日，世界贸易组织秘书处技术与培训司司长 HakimBenHammouda 先生、经济研究与统计局局长 PatrickLow 先生联合致函上海对外贸易学院 WTO 研究教育学院：上海对外贸易学院向世界贸易组织申请设立“世界贸易组织教席计划”申报成功，最终入围全球 12 所教席院校名单，荣获 WTO（含关贸总协定）历史上的首批教席，张磊教授荣获 WTO 史上首批 WTO 教席主持人，成为由 WTO 秘书处培养的 12 名国际学术带头人之一。